Man nennt es Pubertät

ECON Ratgeber

Hanna Molden

Man nennt es Pubertät

»Nachdem ich dieses hervorragende Buch gelesen habe, wüßte ich nicht, was ich über dieses Thema noch zu schreiben hätte.«

Prof. Dr. Erwin Ringel

ECON Taschenbuch Verlag

Die Deutsche Bibliothek – CIP-Einheitsaufnahme

Molden, Hanna:
Man nennt es Pubertät / Hanna Molden. – Düsseldorf ; Wien :
ECON-Taschenbuch-Verl., 1992
(ETB ; 20455 : ECON-Ratgeber)
ISBN 3-612-20455-6
NE: GT

Lizenzausgabe

ECON Taschenbuch Verlag GmbH, Düsseldorf und Wien
Oktober 1992

Umschlaggestaltung: Molesch/Niedertubbesing
Druck und Bindearbeiten: Ebner Ulm
Printed in Germany
ISBN 3-612-20455-6

Inhalt

Randbemerkungen zu einem Alltagswunder

Frühsommer am Ufer eines Gebirgsweihers. Sachte rascheln die langen, aus dem Wasser ragenden Binsen im Wind. Nur wer genau hinsieht, wird Zeuge eines Wunders, das sich auf der Strecke zwischen Seegrund und Halmspitzen vollzieht.
Auf dem moorigen Boden des Gewässers robben dunkle, unförmige Tiere an die Gräser heran und beginnen ihre plumpen Körper an ihnen emporzuquälen. Höher, immer höher, bis an die Wasseroberfläche, über den Wasserspiegel hinaus, ans Sonnenlicht. Die Pflanzen biegen sich unter der Last der kleinen Ungetüme, die sich mit ihren winzigen Füßen festklammern und nicht abschütteln lassen. Angestrengt winden sie ihre gepanzerten Leiber, als gehorchten sie einem geheimen Kommando. Sie krümmen sich so lange, bis die harte, dunkle Hülle zu springen beginnt und sich da und dort zartestes, schillerndes Blau zeigt. Feinstgenetzte Flügel entfalten sich. Atemlos vor Spannung und Entzücken sieht der Beobachter zu, wie eines der schönsten heimischen Flugobjekte den leblosen Chitinpanzer seines Larvenstadiums hinter sich läßt und als Libelle abhebt, um den Mikrokosmos Weiher zu erobern.
Vorgänge wie diese geben prächtige Metaphern für die Pubertät ab. Und wie auf Knopfdruck assoziiere ich sie mit August, Wanda und den anderen. August, mein Sohn. Wanda, Augusts Kindheitsfreundin, das Mädchen, das in mir eine Art Über-Freundin, fallweise auch die fehlerlose Übermutter sah. Die anderen – Ulrich, Martin, Victoria, Marie. Und Josef, das seltsame, kostbare Kind, das am Panzer seines pubertären Larvenstadiums beinahe erstickt wäre. August, Wanda und die Freunde der beiden pubertierten heftig, was mich immer wieder verblüffte. An meine eigene Pubertät erinnerte ich mich damals nur mehr vage. Es war, als erführe ich zum ersten Mal, wie mühsam, mitunter schmerzhaft dieser Entwicklungsprozeß ist; daß er zwischen dir, dem Kind, und dir, dem Erwachsenen, steht wie die drei magischen Tore des Orakels aus der Unendlichen Geschichte.

Mühsam, schmerzhaft und spannend, ja. Nur das Entzücken, wie ich es beim Anblick des Libellenwunders empfand, blieb hinsichtlich der Entfaltung meiner puberalen Larven zu Menschen aus. Wahrscheinlich muß man sich räumlich und emotionell in sicherem Abstand zum Pubertierenden befinden, um im Ablauf dieser spektakulären menschlichen Entwicklungsphase ein Wunder der Natur erkennen zu können. Nahe Menschen – Eltern, Großeltern, Geschwister, Lehrer, Erzieher – werden nämlich vom Jugendlichen in seinen Reifungsprozeß hineingezogen, ob sie wollen oder nicht. Und sie dürfen im Zuge der Ereignisse keine Schonung erwarten. Im übrigen sind sie für den Pubertierenden, was die Halme für die Libelle sind: lebenswichtig!

Für den Pubertierenden ist sein Zustand ein markerschütterndes Urerlebnis. Alte Ordnungen werden eigenhändig umgestoßen, und wenn man vor den lustvoll erzeugten Trümmern steht, empfindet man nicht Triumph, sondern Trauer oder Leere. Grenzen werden eingerissen, Chaos geschaffen, in dem man sich zum Verdruß seiner Umgebung – und machmal auch dem eigenen – wälzt wie ein Wildschwein im Sumpf. Leid- und lustempfänglich bis zur Hysterie, muß man mit seinem Körper, seinem Ego und mit seinen Mitmenschen auf einen neuen, tunlichst grünen Zweig kommen. Eine gewaltige Umstrukturierung. Und jede einzelne auf ganz besondere Art ein Wunder.

Entwicklungspsychologen behaupten, die Pubertät sei etwas völlig Normales. Weshalb benimmt sich der Pubertierende, als sei er von einer schweren Störung befallen?

Durch die Pubertät, das weiß man, muß jeder. Weshalb läßt sie sich nicht auf ein allgemein gültiges Verhaltensmuster bringen? Warum ist die Pubertät von Fall zu Fall verschieden? Wie kommt es, daß Pubertierende dennoch, und allen Unterschieden zum Trotz, im gleichen Boot sitzen? Und wie geht es zu, daß dieser Kahn, auch wenn er noch so schaukelt, irgendwann an einem ruhigeren Ufer landet?

August, Wanda und selbst Josef, dessen Schiffchen zeitweise lebensbedrohlich schlingerte, sind längst gelandet. Man kann ihre Geschichte also ruhig erzählen. Die Frage ist – was bringt es? Andererseits, wer diese Frage stellt, stellt das Geschichtenerzählen als solches in Frage. Was wiederum – von sentimentalen Gesichtspunkten abgesehen – aus rein rationalen Gründen unklug wäre. Denn da jede Geschichte ein besonderer Fall ist, von dem sich sowohl auf das Allgemeine als auch auf den besondersten aller Fälle, nämlich den eigenen, schließen läßt, ist jede Geschichte auf ihre Art subjektiv nützlich.

Über die Pubertät kann, ja sollte man Fachbücher lesen. Auch ich habe das getan. Aber erst, als August längst Libelle war. Hätte ich mich anders, klüger, cooler verhalten, wenn ich damals gewußt hätte, was ich heute weiß? Wäre ich Wanda, August und den anderen eine größere Hilfe gewesen, wenn ich von der Existenz der drei »I's« gewußt hätte, in die Psychologen die Pubertät branchenintern einteilen? Identität, Intimität, Individualisierung. August und Wanda, die wie alle gesunden Kinder dieser Welt das Ich in den Mittelpunkt all ihrer Betrachtungen stellten, formulierten das auf ihre Weise: Ich und die anderen – Ich und mein Körper – Ich und die Welt. Magische Kreise, die jedes Kind abtasten, erforschen und erkennen muß, um erwachsen zu werden.

Die Geschichte von August, Wanda und den anderen ist eine Alltagsgeschichte. Sie handelt von Beziehungen, die plötzlich aus den Fugen geraten, und von unheimlichen Veränderungen, die das vertraute Ich befallen. Sie handelt von Aggressionen und Ängsten, von schwärmerischer Verehrung ferner Idole, von zu langen Haaren, zu kurzen Röcken, zu dicken Lidschatten, von Weltschmerz und vom Wunsch, auf und davon zu gehen, Türen zu knallen und allen ins Gesicht zu schreien, was man von ihnen hält – nämlich nichts.

Es geht in dieser Geschichte um Kinderhaut, die plötzlich Pickel wirft. Um Leistungsabfall in der Schule, Irritationen. Und um die Frage, weshalb man zu groß, zu klein, zu dick oder zu dünn und in jedem Fall zu häßlich ist. Weshalb man sich bewegt wie ein Schrank und sich fühlt wie ein Wurm. Weshalb dieser Körper, den man haßt und heimlich betastet und erforscht, einen mehr und mehr beherrscht. Es geht um Pornohefte und beunruhigenden Tratsch in Pausenhöfen: »Die Sowieso hat schon ... ich hab schon halb ... was, du hast noch gar nicht?« Es geht um verbarrikadierte Badezimmer und das Fragezeichen Orgasmus, um den ersten Joint, den ersten Sex und die bange Frage: Werde ich geliebt? Liebe ich?

Und wenn die Geschichte von August und Wanda und den anderen

in die Endrunde geht, dann handelt sie von jener Bewußtseinserweiterung, die das Weltbild der handelnden Personen irgendwann zu dehnen beginnt, wie ein Atemzug ihren Brustkorb. Sie stecken sich Ziele, nehmen Herausforderungen an, lernen Kritik zu üben und Kritik zu ertragen. Sie finden ihre erste eigene Ordnung von Grundwerten. Und eines Tages heben sie ab, Libellen, und ihre Pubertät ist Geschichte.
Die Geschichte von August und Wanda und den anderen ist ein Augenzeugenbericht. Eine sehr subjektive Sicht von bestimmten Ereignissen, der allgemeingültige wissenschaftliche Erkenntnisse gegenübergestellt werden. Letzteres, um der Behauptung aller vernünftigen Menschen, die Pubertät sei etwas völlig Normales, Rechnung zu tragen. Unter uns gesagt, sie ist natürlich ein total verrücktes Stadium. Und mit Bestimmtheit läßt sich von ihr nur eines sagen: Sie ist kein Honiglecken.

Die Erzählerin

PS: Die Geschichte von August und Wanda könnte sich so oder ähnlich überall zutragen. In unserem Fall spielt sie in Österreich. Für alle Nicht-Österreicher, die im folgenden möglicherweise mit dem Schulsystem in Clinch geraten, eine kleine Hilfestellung: In Österreich beginnt das Gymnasium, nach vier Klassen Volksschule, wiederum mit einer ersten Klasse und endet mit der achten. Das Abitur heißt Matura. Das Schuljahr ist, wie das Universitätsjahr, in Semester eingeteilt. Im übrigen bleibt Schule Schule.

I.

ICH UND DIE ANDEREN

– pflegte August zu sagen. Daß er damit wesentliche Bestandteile der Vorpubertät – Abgrenzung, Identitätsfindung, beginnende Ablösung von der Familie – umschrieb, wußte er nicht.

Die Etruskerspitzmaus und andere Abgrenzungsversuche

August war noch nicht ganz zwölf, als er ohne Vorwarnung zu pubertieren begann.

Wir saßen beim Abendessen. Richard war wie üblich spät aus dem Büro nach Hause gekommen. Was gibt es Neues in der Schule, hatte er August routinemäßig gefragt, ehe er sich irgendeinem fesselnden politischen Tagesthema zuwandte. Mit dem verträumt-abwesenden Blick eines, der eine bessere Welt vor seinem inneren Auge hat, klatschte August noch einen großen Löffel Rindsgulasch auf seinen Teller, bekleckerte sein T-Shirt und das frische Tischtuch und unterlief meine Unmutsäußerungen, indem er seinem Vater ins Wort fiel und völlig zusammenhanglos fragte: Papa, was ist das kleinste Säugetier der Welt?

Richards rechte Augenbraue rutschte ärgerlich aufwärts. Er haßt es, unterbrochen zu werden; jeder in der Familie weiß, daß er von Zoologie keinen Schimmer hat; und Augusts Ton war ungewöhnlich aggressiv gewesen. Eine Häufung von Delikten, die Richard dazu veranlaßte, nicht gleich loszudonnern, sondern auf der Hut zu sein. Das weiß ich nicht, sagte er frostig. Was soll die Frage?

Na so halt, knautschte August leicht verunsichert. Dann fing er sich und ging erneut zum Angriff über. Es ist die Etruskerspitzmaus. Weißt du, wie schwer sie ist?

Schweigen.

Du weißt es nicht?

Keine Ahnung. Also sag schon, murrte Richard ungeduldig.

Zwei Gramm! Gespannt beobachtete August, wie sich ungläubiges Interesse auf des Vaters Gesicht breitmachte. Das halte ich kaum für möglich, sagte Richard. Du wirst dich geirrt haben.

Wette mit mir, beharrte August herausfordernd. Um hundert Schilling.

Du weißt, ich wette nicht, und schon gar nicht um Geld, versuchte Richard die Debatte zu beenden.

Wette, bohrte August weiter. In seinen Augen blitzte etwas, das mir verflixt nach Triumph aussah. Ich hatte plötzlich das Gefühl, Zeuge eines einschneidend verändernden Geschehens zu sein. Diesem kindischen Geplänkel lag etwas Ernsthaftes zugrunde, junger Hirsch kreuzt mutwillig Pfade des Platzhirschen, war der Vergleich, der sich mir aufdrängte. Kein Zweifel, mein August mit den sanften Kinderwangen legte es darauf an, die Autorität seines Vaters in Frage zu stellen.

Schon als feistes Baby besaß August Charme. Seinem zahnlosen, sabbernden Lächeln gingen wildfremde Menschen auf den Leim. So ein herziger kleiner Kerl, wie heißt er denn? pflegte man uns in öffentlichen Verkehrsmitteln und Geschäften anzusprechen, um dann wie das Amen im Gebet zu bemerken: August? Kein häufiger Name.
Ich war auf ihn verfallen, als ich schwanger war. In der sicheren Überzeugung, einen Sohn zu tragen, sprach ich vom Kind in meinem Bauch als er und erzählte ihm allerlei Geschichten. Richard neckte mich deswegen. Zwiegespräche einer werdenden Mutter mit dem »Göttlichen«, lachte er eines Abends. Der »Göttliche« hakte sich in meinem Hirn fest. Augustus, assoziierte ich. Haut nicht ganz hin, Augustus bedeutet »der Erhabene«, stellte mein gebildeter Mann richtig. Auch gut, fand ich. Und beschloß, das Kind Augustus zu nennen.
Der zukünftige Taufpate meinte, der Name besitze eine verpflichtende Bandbreite – vom Erhabenen zum Spaßmacher, zum dummen August –, und schenkte mir Henry Millers wunderschöne Erzählung von August, dem Clown, und seinem Lächeln. Richards Vater, ein Traditionalist, vermerkte säuerlich, niemals zuvor hätte es einen August in der Familie gegeben. Und meine Mutter probierte sicherheitshalber Koseformen durch – Gust, Gustl, nur Gusti wurde gleich verworfen.
Aber August hieß von seinem ersten Schrei an August, spaßhalber auch der Göttliche genannt. Er blieb ein Einzelkind, ohne darunter zu leiden. Er war von Natur aus neugierig, von rascher Auffassungsgabe und umgänglich bis zur Verbindlichkeit, wenn er ein Ziel verfolgte. Seinen ausgeprägten Egoismus hielt ich zuweilen für gesund,

dann wieder für eine Charakterschwäche. Sein ängstliches Bestreben, jeder physischen Auseinandersetzung auszuweichen, ärgerte mich grün, ich bezeichnete es als Feigheit und tat damit meinem Kind sicher unrecht. Augusts höchst individuelle Auslegung von Sachverhalten hingegen bezeichneten nur die Gutwilligsten als rege Phantasie. In Wahrheit nahm es August mit der Wahrheit nicht genau. Doch sein Charme machte es ihm immer wieder leicht, wo andere zu kämpfen hatten.

Kontakte mit Gleichaltrigen schloß August mühelos, Freundschaften entwickelte er zögernder. Ehe er aufs Gymnasium kam, waren wir ins zentrumsnahe, altmodische Villenviertel unserer Stadt gezogen. Gründerzeit und Buchsbaumhecken, radfahrende Kinder und alte Damen mit Hüten. Unsere Wohnung lag im ersten Stock eines phantasiebeflügelnden Backsteinhauses mit Türmchen und Zinnen. Im Nachbarhaus wohnte Ulrich, Augusts erster waschechter Freund. Die beiden hatten denselben Schulweg und besuchten dieselbe Klasse. Ihre Interessen waren total verschieden, sie ähnelten einander in nichts. Was sie miteinander verband, ist mir nie klar geworden. Ihre Freundschaft war immer bedingungslos und hält bis auf den heutigen Tag.

Augusts Volksschulzeit war reibungslos verlaufen. Er war zwar nicht, was man von Ehrgeiz zerfressen nennt, und die Wege des geringsten Widerstandes beschritt er mit traumwandlerischen Sicherheit. Zunächst aber rechtfertigte das Ergebnis seine Vorgangsweise, seine Zeugnisse waren gut. Auch seine Laufbahn als Gymnasiast hatte sich zufriedenstellend angelassen. Intelligent, manchmal vorlaut, im großen und ganzen angenehm. Könnte fleißiger sein, ist aber geistig rege, pflegten mir seine Lehrer an Sprechtagen über ihn zu sagen. Worauf ich wie ein eitles Huhn mein Gefieder plusterte. Ihr August liest ja soviel, sprach mich die eine oder andere, weniger glückliche Mutter bei solchen Anlässen neidvoll an. Wie haben Sie ihn dazu gebracht, haben Sie ein Rezept? Nie dachte ich daran, daß auch diese Art von Hochmut eines Tages vor dem Fall kommen könnte, und gab meine etwas gönnerhafte Standardantwort: Seine Großmutter und ich haben August schon Verse vorgesagt, als er noch ein Baby war. Und später haben wir täglich Geschichten erzählt oder vorgelesen. Das dürfte sein Lesebedürfnis frühzeitig geweckt haben.

In der Tat war Augusts Lesewut bemerkenswert. Es gab Zeiten, da las er heißhungrig und wahllos, was ihm in die Hände fiel, angefangen von den klassischen Kinder- und Jugendbüchern über läppische Romane, Heldenepen oder Asterixhefte bis zu Novellen von Hauff und Stifter. Erst als sich sein Interesse für Zoologie – mit einer deutlichen Vorliebe für Amphibien – auszubilden begann, wurde er, was seine Lektüre betraf, selektiver. Damals muß August elf gewesen sein. Seine Lieblingsautoren hießen jetzt Konrad Lorenz und Gerald Durrell. Tierbestimmungsbücher lagen auf seinem Schreibtisch, seinem Nachttisch und im Klo herum. Während andere Familien Goldfische, Hamster oder Kanarienvögel hielten, gab es bei uns Terrarien mit seltenen Fröschen und fetten Kröten. Hinter meinem Rücken, meist wenn ich beim Zahnarzt oder Friseur war, wurden sie in unserer Badewanne ausgesetzt, um, wie sich August auszudrücken beliebte, artgerecht planschen zu können. Unvergeßlich bleibt mir jener Abend, an dem ich entspannt in der Wanne lag, als sich plötzlich der Schwamm in der Seifennische bewegte, weil eine Kröte sich an ihm vorbeischob. Schon war sie am Rand der Seifennische, gleich würde sie zum Sprung in mein Badewasser ansetzen, blasiert sah sie mich unter halb geschlossenen Lidern an, eine Ader klopfte an ihrem Hals ... Ich schrie so lange gellend, bis Richard und August vor der Wanne standen. Sprachlos zitternd deutete ich auf den warzigen Badegast, den August mit den Worten: *Bufo bufo,* die gemeine Erdkröte, ich habe sie schon vermißt, zärtlich besorgt an sich nahm und sich gravitätisch mit ihr entfernte.
Die Sache hatte ein nicht sehr einschneidendes Nachspiel. Richard zog sich mit August ins Kinderzimmer zurück. Dem Gemurmel, das durch die verschlossene Tür zu mir drang, entnahm ich, daß vor allem der Kindesvater am Wort war und daß es um Rücksichtsnahme in der Gemeinschaft ging und darum, daß die Hobbys *eines* Familienmitgliedes die Lebensqualität der *anderen* nicht beeinträchtigen dürften. Indes – die Frösche und Kröten blieben. Wir gewöhnten uns an sie und an die mit Maden gefüllten Einmachgläser im Kühlschrank, an stets tümpelfeuchte Gummistiefel und tropfende Fischernetze im Flur. Wir gewöhnten uns an Augusts Amphibientick und seine endlosen zoologischen Exkurse, welche allerdings während der Mahlzeiten verboten waren. Eine väterliche Weisung, an

die sich August normalerweise hielt. Um so verwunderlicher die Sache mit der Etruskerspitzmaus, die mein heute so besonders aufmüpfiger Sohn noch nicht für beendet hielt.

Wette, forderte August seinen Vater ein drittes Mal heraus. Und Richard gab zu meiner Verblüffung nach. Er, den ich um seine Konsequenz in Sachen August stets beneidete, fiel einfach um. Also gut, sagte er, aber nicht um Geld. Worum dann, wollte August eher beiläufig wissen. Um Geld ging es ihm also sichtlich nicht. Um die Ehre, lachte Richard, der sich seiner Niederlage bewußt war, etwas schief. August war aufgesprungen, um, wie er sagte, sein Beweismittel zu holen. Das Kind ist heute so anders, ist irgend etwas vorgefallen? fragte Richard leise. Nichts. Ich überlegte noch einmal. Nein, nicht das geringste.
August kehrte mit einem riesigen Nachschlagewerk, auf dessen Einband eine Bibliotheksnummer aufgeklebt war, wieder. Er schob die Teller und das Besteck beiseite, wedelte mit seiner Serviette die Brösel vom Tisch auf den Boden und schlug den schweren Band vor seinem Vater auf. Da, bitte sehr, verkündete er. Die Etruskerspitzmaus. Zwei Gramm!
Richard starrte August, dann das Buch, dann wieder August an. Woher hast du das? Alarmiert deutete er auf den Monsterband, die Wette war vergessen. Von der Uni, sagte August, als wäre es das Selbstverständlichste von der Welt, daß ein zwölfjähriger Gymnasiast Bücher von der Universität entlieh. Und wieder glaubte ich diesen versteckten Triumph aus seiner Stimme zu hören, als er lässig hinzufügte, ein Freund hat's mir geborgt.
Richard schoß mir einen von jenen bedeutungsschweren Vaterblikken zu, mit denen er andeuten wollte, daß ich mit seinem Sohn unter einer Decke steckte. Wer ist dieser Freund, der Universitätseigentum an Kinder verteilt? fuhr er uns beide an. Hilfloses Schulterzukken meinerseits. Und August, ganz Kavalier: Mama weiß davon nichts, sie kennt ihn ja gar nicht.
Jetzt ging Richard der Hut hoch. Verdammt und zugenäht, schnaubte er, darf ich endlich erfahren, wer dieser saubere Herr ist? Darauf August großspurig, Professor Biener, vom Zoologischen Insti-

tut der Universität. Und dann, etwas kleinlauter, du kannst ihn ja anrufen und fragen, Papa, wenn du mir nicht glaubst.
Die Geschichte, die August uns nun erzählte, war glaubwürdig. Während eines seiner Fischzüge am Tümpel war er mit dem ebenfalls anwesenden Froschlaich begutachtenden Professor ins Gespräch gekommen, der über das limnologische Interesse des Buben so erfreut war, daß er ihn einlud, sich das Institut, insbesondere die präparierten Tiere anzusehen. August, nicht faul, war hingegangen, es war nicht bei einem Besuch geblieben, in der Tat hatte sich eine, wie Professor Biener Richard später in einem Telefongespräch versicherte, Froschfreundschaft entwickelt. Sonderbar war lediglich die Tatsache, daß August, der sonst so mitteilsame, zu Hause über diese Freundschaft bis heute kein Wort verloren hatte.
Später, als August schlief, versuchten Richard und ich, dem veränderten Wesen unseres Kindes, seinem herausfordernden Benehmen und seiner Geheimniskrämerei auf den Grund zu kommen. Es kam nicht viel dabei heraus. Wir waren hilflos. Aber damals gestanden wir es uns noch nicht ein. Wieso hast du denn nichts davon gewußt? bohrte Richard immer wieder, obwohl ich ohnehin schon waidwund war. Wieso, ja wieso hatte ich, die ich über alle Sünden, Kümmernisse und Glücksgefühle meines August so gut Bescheid zu wissen glaubte, wieso hatte ich ausgerechnet von diesem Froschlaich-Professor, der ihm so wichtig war, nichts gewußt?
Dann schloß Richard die Akten über dem Fall. Er könnte ja auf blödere Ideen kommen, als mit Universitätsprofessoren zu verkehren, sagte er, schon wieder ganz zufrieden mit seinem Sohn, ehe er einschlief. Ich lag noch lange wach. Mein August, mein geliebtes Kuschelkind, entwickelte plötzlich Eigenleben. Erst die provokante Wette, und dann diese beabsichtigte, geradezu inszenierte Preisgabe seines Geheimnisses ... anders, fremder ist er geworden, mein August ...
Ich war traurig. Sah seinen hochaufgeschossenen Körper vor mir, die eckigen Knie, den schmalen, gern ein wenig schmuddeligen Nacken, den zu schrubben sich kaum mehr Gelegenheit fand, weil August neuerdings die Badezimmertür verschloß. Kein Baby mehr, es hat sich ausgegluckt, sagte ich mir. Und plötzlich fiel mir ein, daß August in der Pubertät sein könnte. Der Gedanke beruhigte mich, weil er

mir eine Erklärung für die Ereignisse des Abends lieferte. Ich hatte eine Erkenntnis gewonnen und damit die Dinge so gut wie im Griff. Davon war ich überzeugt, als ich einschlief. Es sollte sich als gewaltiger Irrtum erweisen.

Die tiefere Bedeutung brombeerroter Lidschatten

Wanda war gut sechs Jahre vor der Geschichte mit der Etruskerspitzmaus in unser Leben, nein, nicht getreten: getrippelt; und für jeden von uns sollte sie eine andere Rolle spielen. August betrachtete sie eine kurze, gefühlsmäßig heftig bewegte Zeit hindurch als Hauptperson in seinem Dasein, ehe er sie wie Wundschorf abstieß und unter Vergessenes ablegte. Für Richard war und blieb sie eine bloß schattenhaft umrissene Figur am Rande. Aber in meiner Existenz schlug Wanda Wurzeln.

Augusts erster Schultag. Unvergessen der irgendwo zwischen Gurgel, Herz und Magen angesiedelte Wehmutsklumpen, der sich in mir breitmachte, als August durchs Schultor verschwand. Die erste von vielen Türen, durch die mein Kind fortan allein gehen würde. Die Illusion von der undurchschnittenen Nabelschnur war nicht mehr aufrechtzuerhalten. August seinerseits sah das Abenteuer Schule vorerst positiv, schon damals jener für ihn typischen Lebenseinstellung folgend, die er später, als er erwachsen war, im Schlachtruf Jede Veränderung ist ein Fest! ausdrückte.

Also erzähl, August, wie war's, fragte Richard, der an diesem ersten Schultag eigens zum Mittagessen nach Hause gekommen war. Gut, gut, gut, sagte August. Die Lehrerin sei dick und eher lieb und schon ziemlich alt. Im Klassenzimmer hänge das Foto von einem Mann an der Wand. Und ein Kruzifix. Und ein Blumentopf in einem Bastkorb. Wie viele Kinder sie seien, wisse er nicht. Vier kenne er aus dem Kindergarten. Aaaber ... Er legte eine Pause ein, um Spannung zu erzeugen, seine Augen glänzten. Aaaber ich sitze neben einem Mädchen, die hat einen so langen Zopf, daß sie drauf sitzen kann. Und die heißt Wanda!

Als ich August am nächsten Tag von der Schule abholte, stürzte er mit diesem Strahlen, das bisher nur ihm und mir gehört hatte, auf mich zu. Schau, forderte er und zog aufgeregt am Ärmel meiner Jacke, schau, dort drüben ist Wanda. Aus dem Schultor quollen Kinder wie Zahnpasta, wenn man zu fest auf die Tube drückt. Mit hellen spitzen Schreien, wie Schwalben am Sommerhimmel, machten sie ihrer Freude am Freisein Luft. Mitten im Gewühl, von all dem Wirbel scheinbar unberührt, als befände es sich auf einer Insel, trippelte ein winziges Mädchen im Schottenrock. Ernst, artig, adrett. Den Kopf trug es sehr gerade, was wohl auch an der Schwere des dunkelbraunen Zopfes lag, der ihm fast bis zu den Kniekehlen reichte. Kein hübsches Kind im landläufigen Sinn, aber es hatte einen eigenen Stil. Ohne links oder rechts zu sehen, ging es auf ein wartendes Auto zu, dessen Türe offenstand, und stieg ein. Erst als der Wagen an uns vorbeifuhr, warf Wanda August einen Blick durchs Fenster zu. Ich vergesse diesen Blick nie. Ein scheinbar absichtsloses, beiläufiges Streifen, in dem alles weibliche Urwissen um die Mechanismen der Verführung lag. Und August fuhr voll drauf ab. Wie erstarrt stand er da und sah dem Auto nach, auf seinem Gesicht ein unbewußtes, etwas dämliches Lächeln.

In den nächsten Wochen erwähnte August Wanda nicht. Nur einer ältlichen Tante, die ihn fragte, ob er schon einen kleinen Freund in der Schule habe, antwortete er patzig, nein, aber ich hab eine winzigkleine Freundin, und die ist super. Ich sah Wanda täglich, wenn ich August von der Schule abholte. Meistens stieg sie in das wartende Auto, das, wie sich später herausstellte, von einem Fahrer aus der Baufirma ihres Vaters gefahren wurde. Nur bei ausnehmend schönem Wetter wurde Wanda von ihrer Mutter abgeholt. Ein dünnes Frauchen mit dem verhärmten Zug der geschlauchten Mehrfachmutter um den Mund, das einen Zwillingskinderwagen vor sich herschob. Sieben Kinder habe sie geboren, erzählte sie mir eines sonnigen Septembertages, als wir, vor der Schule wartend, ins Gespräch gekommen waren. Zwei Buben seien bereits im Gymnasium, ein Mädchen und ein weiterer Bub besuchten die zweite, beziehungsweise vierte Klasse dieser Volksschule hier. Wanda sei ihr fünftes Kind, die Zwillinge seien vor einem halben Jahr gekommen. Ohne schwatzhaft zu sein, ließ sie mich ferner wissen, daß sie aus Polen stamme, daß sie den Dechant unserer Pfarre seiner Unnachgiebigkeit in religiösen Grundfragen wegen für einen außergewöhnlichen Mann halte und daß sie in ihrer kargen Freizeit karitativ am Werke sei. Meine Vermutung, es würden unter diesen Umständen die Zwillinge am Ende ihre letzten Kinder nicht gewesen sein, schien ihr zu gefallen. Wenn Gott will, seufzte sie sanft.

Frauen wie Wandas Mutter empfinde ich als Anachronismus. Sie erfüllen mich mit einem aus vager Achtung und totalem Unverständnis gemischten Gefühl. Wann, fragte ich mich, hat die wohl Zeit für das Einzelwesen Wanda. Und spontan schlug ich vor, Wanda solle doch einmal zum Spielen zu August kommen.

Sie kam an einem Donnerstag. Der Fahrer hatte sie vom Ballettunterricht abgeholt und bei uns abgeliefert. Um 18 Uhr würde er sie wieder holen. August trat verlegen von einem Fuß auf den anderen. Er wußte nicht recht, was er mit dem Gegenstand seines Entzückens anfangen sollte. Wanda hingegen schien völlig sicher. Interessiert sah sie sich um, während sie ins Wohnzimmer trippelte. Nichts schien ihren hellgrauen, sehr schräg stehenden Augen zu entgehen. Der lange schwere Zopf stand zu ihrem kleinen Körper in krassem, aber keineswegs reizlosem Mißverhältnis. Wanda wirkte wie eine Zwergin aus einem Märchen. Ein apartes Persönchen, fand Richard, der nach Hause kam, als Wanda sich eben wohlerzogen verabschiedete.

Die Donnerstag-Nachmittage wurden zur festen Einrichtung. Wanda erschien mit der Regelmäßigkeit einer Pendeluhr um 15 Uhr und wurde um 18 Uhr abgeholt. Ist schon bald Donnerstag? pflegte August mich ab Montag zu nerven. Eine gute Stunde vor Wandas Eintreffen drückte er sich am Fenster herum, um zu sehen, ob sie vielleicht ausnahmsweise früher käme. Jetzt ist sie da! plärrte er schließlich, triumphierend, als hätte er einen Sieg zu verkünden. Die Kinder verschwanden augenblicklich in Augusts Zimmer. Ich hörte sie murmeln, lachen, mitunter etwas streiten, singen, schweigen. Wenn ich sie zur Jause rief, erschienen sie mit rosigen Gesichtern, machten pflichtbewußt etwas Konversation mit mir und tauchten wieder weg. Sie waren sich selbst genug. Um sie war eine eigenartige Aura, die uns Erwachsenen signalisierte: Rührt uns nicht an.

Die Idylle dauerte etwa ein halbes Jahr. Wandas Dominanz schien mit der Zeit zu wachsen. Zu meinem Erstaunen fand sich der zur Herrschsucht neigende August damit ab. Seine Abhängigkeit von Wanda bereitete mir manchmal Kopfzerbrechen. Als ich Richard gegenüber eine diesbezügliche Bemerkung machte, nahm er mich

nicht ernst. Was willst du, lachte er, Himmelsmacht Liebe, auch ich bin Wachs in deinen Händen.
Aber ich fand an der Sache nichts zu lachen. Und Wanda offenbar auch nicht. Eines Donnerstags, kurz vor dem jähen Ende ihrer Love-Story, saß sie bei mir in der Küche, während August etwas vom Kaufmann holte. Ihr Zopf baumelte schwer über die Stuhllehne. Mit graziös durchgestreckten Zehen versuchte sie immer wieder, den Boden zu berühren. Ich möchte gern Frau August werden, sagte sie laut und ernst und sah mich dabei nicht an. Das ist ja ein richtiger Heiratsantrag, bemerkte ich etwas blöde. Ja, sagte Wanda sachlich und schob den Träger ihres Schottenrocks, der über die Schulter geglitten war, zurecht. Hast du August denn so lieb, fragte ich, weil mir nichts Besseres einfiel. Herablassend sah mich Wanda an. Man heiratet doch nur, wenn man sich lieb hat, sagte sie. Ich hab August furchtbar lieb.

Ich mag sie nicht, Mama, schick sie weg! schrie August drei Wochen später. Mit hochrotem Kopf war er ins Wohnzimmer gestürzt, wo ich saß und Rechnungen sichtete. Panik lag in seiner Stimme. Was ist los, fragte ich und raste zu Augusts Zimmer. Wanda stand in der Tür. Ihr Gesicht war blaß, ihre Ärmchen hingen starr herunter. Tränen standen in ihren Augenwinkeln. Melodram im Kinderzimmer, schoß es mir durch den Kopf. Aber ich wußte, daß sich hier eine kleine Tragödie abgespielt hatte.
Keines der Kinder wollte sagen, was vorgefallen war. Hysterisch verlangte August immer wieder, ich solle Wanda wegschicken. Wanda blieb stumm. Zwei Stunden noch bis 18 Uhr, ich konnte das Kind doch nicht per Schub daheim abliefern. Es gelang mir schließlich, August etwas zu beruhigen und vor dem Fernseher zu deponieren. Wanda nahm ich mit mir in die Küche. Ich machte für uns beide dünnen Tee und versuchte zu erfahren, was geschehen war. Wanda blieb stumm. Ich holte das Bügelbrett hervor und begann zu bügeln, schwätzte dabei über dies und jenes. Blaß hockte Wanda auf der Eckbank und sah mir zu. Sie blieb stumm. Endlich wurde es 18 Uhr, der Fahrer läutete an der Haustür. Einem Impuls folgend, umarmte ich das verstörte Kind, ehe es ging.

August war knapp vor dem Einschlafen, ich hatte das Licht schon gelöscht und die Decke um ihn zurechtgestopft, wie er es liebte, als er noch einmal auf Wanda zurückkam. Bitte, Mama, sagte er leise, schon ganz entspannt, sie soll nicht mehr kommen. Sie hat mich so glitschig auf den Mund geküßt, und gestreichelt hat sie mich und festgehalten . . . ich mag sie nimmer . . .–

Ich war sicher, daß Wanda am nächsten Donnerstag nicht mehr auftauchen würde, aber ich täuschte mich. Punkt 15 Uhr stand sie vor der Tür. Als August sie sah, lief er rot an und tat so, als hätte ich ihn verraten. Dann machte er auf dem Absatz kehrt und verschwand in seinem Zimmer, wobei er die Tür demonstrativ hinter sich zuwarf. Was sollte ich tun? Ich konnte August ja nicht dazu zwingen, mit Wanda zu spielen, also nahm ich sie wieder mit in die Küche. Hol zwei Tassen aus dem Schrank, sagte ich. Ich mach uns Tee. – Im Laufe der nächsten Stunden lud Wanda einiges bei mir ab, was sie offenbar sonst nirgendwo loswurde. An diesem Nachmittag legten wir den Grundstein zu unserer Freundschaft.

Ich hab so gern, wenn es still ist. Aber bei uns ist immer Lärm. Ich habe keinen Platz, der nur mir gehört. Ich habe meine Mama nie für mich allein. – Mit diesen und ähnlichen Sätzen skizzierte Wanda ihr Elternhaus und ihre persönliche Situation ziemlich genau: das große, solide gebaute Eigenheim mit Garten und Garagen. Repräsentationsräume im Erdgeschoß, die für die Kinder tabu sind. Drei ineinandergehende Kinderzimmer im ersten Stock, in denen immer dann zwei Kinder streiten, während ein drittes versucht Aufgaben zu machen. Wo eines lärmintensiv spielt und ein zweites die Hitparade hört, während ein anderes lesen möchte. Wo immer irgendwo ein Baby plärrt. Und wo übelgelaunte, überlastete Hausmädchen vor sich hinschimpfen und spätestens zwei Monate nach Dienstantritt wieder kündigen. Die Mutter, von Schwangerschaften ausgelaugt, wird keiner ihrer Aufgaben ganz gerecht. Für das leibliche Wohl ihrer Familie ist zwar gesorgt, aber der Haushalt läuft unrund. Den gesellschaftlichen Anforderungen an der Seite ihres Mannes kommt sie mehr schlecht als recht und immer stöhnend nach. Matt dirigiert sie den vom ehrgeizigen Vater vorgegebenen Kulturfahrplan ihrer Brut – Ladislaus zum Cellounterricht, Wanda in die Ballettschule, Frank und Veruschka zur Klavierlehrerin, der Legastheniker Paul in die Förderstunde. Aber für das Wesentliche – mit dem Herzen auf die Seelen ihrer Kinder horchen – fehlt ihr die Kraft. Und die heimliche Hoffnung der Kinder, die Mutter möge doch *einmal* für sie gegen den lauten, fordernden Vater mit dem Machogehabe auftreten, erfüllt sich auch nicht; dazu fehlt ihr der Mut. – Wanda war für mich die lebende Widerlegung der Theorie, daß Kinder mit Geschwistern glücklicher sein müssen als Einzelkinder.

Auch am zweiten Donnerstag nach der Katastrophe war sie erschienen. August entfloh prompt in sein Zimmer. Weiß deine Mutter nicht, daß du mit August gestritten hast? fragte ich. Wanda schüttelte den Kopf. Was willst du denn hier bei mir, es wird dir ja fad. – Ich war hilflos. Wanda sah mich flehentlich an, ihre Stimme hatte etwas Beschwörendes. Nein, mir wird nicht fad, sagte sie, du mußt auch nicht immer mit mir reden. Wir können still sein. Oder die Kinderstunde im Radio hören. Oder ich male dir ein Bild, und du kannst solange bügeln.

Wanda blieb. Sie hockte sich auf die Küchenbank und sah zu, wie ich das Bügelbrett hervorholte und zu bügeln begann. Manchmal stellte sie mir Fragen. Warum sagt August Mamá und nicht Máma zu dir? Warum hast du kein eigenes Auto? Warum hast du nur ein Kind? Dann verstummte sie für eine Weile, zog mit dem Finger das Muster der Tischdecke nach, untersuchte vorsichtig meine Sammlung von kitschigem Krimskrams auf dem Fensterbrett. Einmal seufzte sie tief auf. August hat's gut, sagte sie.

Einer unausgesprochenen Übereinkunft folgend, behielten Wanda und ich den Donnerstagrhythmus bis zum Schulschluß bei. August murrte zunächst, dann gewöhnte er sich daran und benützte die Donnerstagnachmittage dazu, sein Eigenleben zu intensivieren. Während Wanda bei mir saß, spielte er mit den wilden serbischen Knaben aus dem Nachbarhaus im Park, oder er versenkte sich in den Bau von Legolandschaften, oder er rang mir eine zeitlich nicht begrenzte Fernseherlaubnis ab. Keines der beiden Kinder unternahm den Versuch, das vertraute Verhältnis von früher wiederherzustellen. Aus, liebe Maus, sagte August schnippisch, als ich vorschlug, er und Wanda könnten doch wenigstens zusammen Aufgaben machen oder das Kinderprogramm im TV anschauen.

In den Ferien schrieb mir Wanda eine Ansichtskarte. Und ziemlich

bald nach Schulbeginn, als ich eines Mittags vor dem Schultor auf den trödelnden August wartete, schoß sie wie ein kleiner Vogel auf mich zu und fragte atemlos: Darf ich dich wieder besuchen kommen? – Damals wurde mir klar, daß Wanda mich adoptiert hatte. August maulte: Die soll mich doch endlich in Ruhe lassen. – Als ich ihm auseinandersetzte, daß Wanda nicht zu ihm, sondern zu mir kam, war sein ichbezogenes Weltbild vorübergehend erschüttert, und er war eifersüchtig. Erst als er merkte, daß Wanda ihm nichts wegnahm, beruhigte er sich und nahm ihre Besuche als gegeben hin. Mit der gewissen hemdsärmeligen Schnoddrigkeit von Männerrunden machten sich Richard und er über Mamas Wanda-Tage – mir selbst öfter Last als Vergnügen – lustig. Manchmal fragte ich mich, weshalb ich sie mir antat. Ich fand keine befriedigende Antwort. Auch meine Mutter grübelte über meiner Beziehung zu Wanda. Ich kann mir schon denken, weshalb du an diesem Kind so hängst, sagte sie. Du siehst in ihr die Tochter, die du gerne hättest. – Wahrscheinlich hatte sie mit ihrer Vermutung recht. Wahrscheinlich hatte auch Richard recht, als er mir in einer stillen Stunde auf den Kopf zusagte, die Anhänglichkeit des fremden Kindes schmeichle einfach meiner Eitelkeit. Mit Sicherheit hingegen irrte August, der behauptete: Eines Tages wird's ihr schon zu blöd werden, und sie wird wegbleiben.
Doch Wanda blieb mir treu.
In den Sommerferien vor Augusts Eintritt ins Gymnasium waren wir umgezogen. Die neue Wohnung lag weit von Wandas Elternhaus entfernt. Dies und die Tatsache, daß auch Wanda ins Gymnasium und damit in eine neue Welt gewechselt war, ließ mich annehmen, daß die Wanda-Tage ein natürliches Ende finden würden. Das Ende fand nicht statt. Drei Wochen nach Schulbeginn klingelte es an der Vorgartentür. Wanda war gekommen. Graziös balancierte sie auf einem nagelneuen roten Fahrrad, ihr Zopf schlenkerte schwer von einer Seite auf die andere. Ich betrachtete sie eine Weile durchs geschlossene Fenster, ehe ich es öffnete, um ihr zuzurufen, wie sich das Tor öffnen ließ. Mit einem Ruck hob Wanda den Kopf, legte ihn so weit zurück, daß das Ende ihres Zopfes ihre Waden berührte. Kann ich kommen? rief sie, vor Erwartung strahlend, zu mir herauf. In diesem Augenblick liebte ich sie, als wäre sie mein eigenes Kind.

Obwohl Wandas Besuche mit der Zeit weniger regelmäßig stattfanden, blieben sie ein Teil meines Lebens. Wanda war dazu übergegangen, telefonisch anzufragen, ob ich daheim sei. Bügelst du? Ich komme! ließ sie mich wissen, und eine halbe Stunde später war sie da. Ich bin nie dahintergekommen, weshalb sie es so sehr liebte, wenn ich während unserer Gespräche bügelte. Es mußte wohl mit jener ersten dramatischen Küchensitzung in Zusammenhang stehen, bei der ich ebenfalls gebügelt hatte. Übte die gleichmäßige Bewegung, der Geruch und das Geräusch des heißen Eisens auf frischer Wäsche eine beruhigende Wirkung auf sie aus? Lag es daran, daß ich beim Bügeln zwar meine Aufmerksamkeit, nicht aber meine Augen auf sie richten konnte, während sie von sich erzählte? Schuf ich ihr so eine Art Tarnkappe? Wie auch immer – der Tag, an dem Wanda anrief und fragte: Hast du Zeit? Super! Ich komme – aber nur wenn du *nicht* bügelst! – dieser Tag signalisierte eine Wende. Es muß im Fasching gewesen sein. Ich weiß noch, daß ich Wanda bei ihrem Eintreten fragte, ob sie auf einem Maskenfest gewesen sei. Wiesssso, erwiderte sie mit einem defensiv gezischten s. Na, weil du geschminkt bist, sagte ich.
Wanda war zwölfeinhalb Jahre alt, aber immer noch auffallend klein und unterentwickelt. Keinerlei Anzeichen von Busen oder sich rundenden Hüften. Ein Kind, flach wie ein Brett, das sich von der qualitätsbewußten, erzkonservativen Mutter noch immer widerstandslos in Schottenröcke, Twinsets und ewig rutschende englische Kniestrümpfe stecken ließ. Um so dramatischer wirkte an ihr die Kriegsbemalung, die sie rund um ihre hellen Augen aufgetragen hatte – dicke, zittrige Lidstriche, erbarmungslos getuschte Wimpern und schwere brombeerrote Lidschatten. Ist doch Spitze, hab ich mit Victoria gekauft. Ihrer ist grün, aber grün hat jeder, drum hab ich rot genommen. – Sie lief zum Spiegel, um ihr Werk zu begutachten. Maskenfest, sagte sie abfällig. Das ist ein *Tages*-Make-up. Also sag, wie findest du's?
Ich wollte, ich hätte mich hinter meinem Bügelbrett verschanzen können, aber Bügeln war ja heute nicht angesagt. Offen gestanden gräßlich, sagte ich möglichst sachlich. Wanda klapperte mit den Wimpern. Irgendwie schien sie mit dieser Antwort gerechnet zu haben. Was glaubst du, wird meine Mutter dazu sagen? wollte sie wis-

sen. Keine Ahnung, dazu kenne ich sie zuwenig. – Ich überlegte. Vielleicht wird sie lachen, vielleicht macht sie dir einen Krach. Wahrscheinlich nimmt sie dir das Zeug weg.
Plötzlich hatte Wanda einen ähnlich triumphierenden Zug um Mund und Augen wie August, als er die Affäre Etruskerspitzmaus inszenierte. Sie wird toben. Und sie wird versuchen, mir's wegzunehmen, schnurrte sie. Aber ich hab das von meinem Taschengeld gekauft, es gehört mir, sie hat gar kein Recht dazu ... – Zum ersten Mal fühlte ich mich mit der mageren Vielfachmutter solidarisch. Armer Teufel, dachte ich, diese brombeerroten Lidschatten sind eine Kampfansage an deine Adresse. Wanda hatte sich indessen in Rage geredet. Alle in der Klasse schminken sich, alle tragen abgefuckte T-Shirts und Jeans. Nur ich bin immer die Blöde, die nie was darf! Aber wart ... – Nach dieser vagen Drohung an unbekannte Adressaten verabschiedete sie sich un-wandahaft affektiert, als spiele sie eine Bühnenrolle. Ciao, flötete sie, bis nächste Woche.
Hätte ich ihr die Farbe von den Augen waschen sollen? überlegte ich, nachdem Wanda gegangen war. Aber die Probleme, auf die sie zusteuerte, hätte ich ihr damit doch nicht abgeschminkt. Für mich stand fest: Wanda war in der Pubertät. Wie mein August. Aber anders als bei August würde ich mich im Falle Wanda zurücklehnen und ihre Entwicklung mit klinischem Interesse verfolgen können. Wanda würde ich beraten, mit August würde ich in den Clinch gehen müssen. Wanda würde mich beschäftigen, berühren. Aber August würde mir unter die Haut gehen.

Von Weltschmerz bis Wonneangst

Das Kind hat sich verändert, sagte meine Mutter.
Ich glaubte, ihrer Stimme jenen Unterton entnehmen zu müssen, mit dem sie mangelnde Obsorge meinerseits anzudeuten wünschte, und sträubte mein Gefieder. Also wirklich nicht, fauchte ich defensiv, August ist halt stark gewachsen und kommt in die Pubertät . . .–
Meine Mutter machte ein Gesicht wie ein abgeklärter Uhu und befühlte die Blätter meiner maroden Pelargonien, deretwegen ich sie hergebeten hatte. Hab ich etwas anderes gesagt? Sie hob das Blumenkistchen aus seiner Halterung und stellte es auf die steinerne Balustrade unseres Balkons. Ich sah auf ihre »grünen« Hände nieder, die sachte in der Erde wühlten. Zuviel gegossen, konstatierte sie, und ich war nicht sicher, ob sie die Pflanzen oder August meinte.
August hatte sich in der Tat verändert. Seine Stimmungen schwankten zwischen exaltierter Fröhlichkeit und schwermütiger Innenschau. Und ich wußte nicht, wie ich mich ihm gegenüber verhalten sollte. Was ich auch sagte oder tat, im gegebenen Augenblick schien es immer das Falsche zu sein. Laß dir deine Sicherheit im Umgang mit dem Buben nicht nehmen, hatte Richard gewarnt, als ich über unser gestörtes Verhältnis lamentierte. Er hatte gut reden, die Vater-Sohn-Beziehung lief nämlich nach wie vor wie geschmiert. Niemand in der Familie teilte meine plötzliche Erkenntnis, daß Kindererziehung Nerven und Seele verschleißt. Als so beunruhigende Dinge wie Augusts Weinkrämpfe im vergangenen Winter einzureißen begannen, glich meine eigene Verstörtheit der meines Kindes.

Die Schiwoche in den Semesterferien: sie war stets Augusts und meine Unternehmung gewesen. Richard, der den zum Massensport degenerierten Pistenschilauf schauderhaft findet, pflegte uns lediglich an die Bahn zu bringen und mit einem »Paßt mir ja auf! Sport ist Mord!« zu verabschieden. Und voll Spitzbubenfreude fuhren Au-

gust und ich in das kleine Tiroler Dorf, das wir so liebten: Holzhäuser mit Schneehauben. Die gemütliche Pension, die nie umgebaut, höchstens einmal frisch gestrichen wurde. Der altmodische Sessellift, auf dem man so entsetzlich fror, daß man, oben angekommen, stracks in die Hütte neben der Bergstation einkehren mußte. Die gleichen Gesichter, Jahr für Jahr, Kinder, die man nur bei ihrem Vornamen kannte, die mit August von Schikurs zu Schikurs wuchsen. Ein paar spleenige Engländer. Ein paar Holländer und Schweden, die erfolglos, aber unverdrossen gegen die Tücken des alpinen Schilaufs kämpften. Die eigene Lust am Schifahren, die Schwerelosigkeit dieser Woche. Und die Abende in der alten Wirtsstube, an denen man mit Schifahrern und anderen Semestermüttern zusammensaß, während die Kinder, nimmermüde, als wollten sie um jeden Preis an die Grenzen ihrer physischen Leistungskraft stoßen, auf Schlitten durch den finsteren Hohlweg zwischen Kapelle und Gasthaus tosten. Immer mit der kleinen Angst im Bauch, die Mütter könnten auftauchen und sagen: Schluß jetzt, ins Bett!
Mit einer dieser Schiwochenmütter verstand ich mich besonders gut. Monika, Patentanwältin aus München. Eine starke Persönlichkeit, zehn Jahre älter als ich, geschieden. Ihre Schuld, gab sie zu, ihre Ehe sei an ihrer Karriere gescheitert. Ihre beiden älteren Söhne stünden ihr reserviert gegenüber, weil sie sich von ihr im Stich gelassen fühlten. An ihrem Jüngsten, Sigi mit den tausend Sommersprossen, wollte sie nun gutmachen, was sie an den Großen gesündigt hatte. Für den nehme sie sich Zeit, auch wenn sie keine habe. Wochenenden, Sommerferien, Schiurlaub.
Auch Sigi und August waren ein gutes Team. Sigi, das Sportas, und August, der Schalk, um verrückte Einfälle nie verlegen. Daß Sigi um zwei Jahre jünger war als August, schien bedeutungslos. Jeder akzeptierte die Überlegenheit des anderen auf seinem Spezialgebiet. Ihre Freundschaft blieb auf diese eine Ferienwoche beschränkt, sie setzten ein Jahr später nahtlos fort, wo sie im Jahr zuvor aufgehört hatten. Kaum im Dorf angekommen, flitzte August in das hübsche Hotel, in dem Monika mit Sigi abzusteigen pflegte. Und während ich auspackte, wanderten die Buben bereits mit einem kleinen Schlitten über den Dorfplatz, oder sie probierten die Gleitfähigkeit ihrer neuen Moonboots an der abschüssigen Stelle der Kirchhofmauer aus. Lieb-

gewordenes Gleichmaß, Jahr um Jahr, – und plötzlich war alles anders.
August war schon im Zug muffig gewesen. Er las nicht, unterhielt sich nicht mit mir, griff lustlos nach der Illustrierten, die ich am Bahnhof gekauft hatte. Daß du für so einen Mist Geld ausgibst, sagte er anklagend und begann das große Kreuzworträtsel, auf das ich mich so gefreut hatte, zu verpatzen. Als er in den Speisewagen gehen wollte, hatten sich die Fronten zwischen uns derart verhärtet, daß ich nun erst recht nicht ging, obwohl ich rasend gern einen Kaffee getrunken hätte. Erst knapp vor dem Aussteigen wurde August wieder August. Er drückte seine Nase an der Fensterscheibe platt, zeigte kindliche Freude, als das bekannte Ortsbild auftauchte, und war vollends sonnigen Gemüts, als er den verbeulten VW-Bus unseres Pensionswirtes, mit dem wir ins Dorf hinauffahren würden, vor dem Stationsgebäude entdeckte. Schau, Mama, er ist schon da, strahlte er und half willig mit Schiern und Koffern. Mei, isch der Bua g'wachsen, an echta Loder, wie alt bisch' denn hiazet, feixte der Wirt und drosch August mit seiner Riesenpranke zwischen die Schulterblätter. Der kippte um 45 Grad vorwärts. Dreizehneinviertel, japste er stolz. Erwartungsvoll hopste er auf dem ächzenden Beifahrersitz auf und nieder, als wir das enge Tal bergwärts fuhren. Nichts habe sich verändert, versicherte uns der Wirt, kein neuer Lift, kein neues Hotel, neu sei nur der Schnee. Dreißig Zanti am Köpfl. Und dei Freund, der kloane Sigi, is a scho do, er hat dir scho nachg'fragt. – August hörte zu hopsen auf. Super, sagte ich an seiner Stelle.
August lehnte am Fenster und sah auf den Dorfplatz hinunter, als ich die Koffer auspackte. Warum gehst du nicht zu Sigi, fragte ich. So halt, mümmelte er. Es klang verzagt. Du wirst doch nicht krank werden? Ich wollte seine Stirn befühlen, aber er wich meiner Hand aus, indem er den Kopf rasch zur Seite drehte. Ich konnte sein Gesicht nicht sehen. Mir fehlt nichts, sagte er. Also, ich geh jetzt. Die Tür fiel ohne rechten Schwung hinter ihm zu. Als ich später ans Fenster trat, um die Vorhänge zuzuziehen, sah ich August auf der Kirchhofmauer hocken. Er war allein. Seine Arme hatte er um die aufgestellten Beine geschlungen, sein Kopf lag auf den Knien. Das Kind machte einen so trostlosen Eindruck, daß sich die gewisse Stelle in meiner Magengrube im August-Krampf zusammenzog.

August-Krämpfe pflegen mich bis auf den heutigen Tag zu befallen, wenn mein Kind einen akuten physischen oder psychischen Schmerz erleidet. Auch der bloße Gedanke an die Möglichkeit eines solchen Schmerzes kann einen August-Krampf auslösen. Premiere hatte dieses Symptom mütterlicher Urangst, als August drei war und sich auf einer griechischen Hafenmole einen Angelhaken in eines seiner weichen kleinen Wurstfingerchen rammte. Beim Anblick des Drahtes in seinem Fleisch wurde mir übel, als säße der Widerhaken in meiner Magengrube, tief, tief drinnen, an einer ganz bestimmten Stelle oberhalb meines Nabels. Krampfartig zog sich dieser imaginäre wunde Punkt zusammen, verströmte gleichzeitig Wellen von Panik, die erst abebben mußten, ehe ich handlungsfähig wurde, den plärrenden August unter den Arm klemmte und einen Fischer hijackte, der mich mit seiner Zündapp Vollgas zum Arzt fuhr.
August-Krampf also. Er ließ nach, als ich den sommersprossigen Sigi auf die Kirchhofmauer zutraben sah. Der Kleine stubste August an, worauf sich letzterer aus seiner melancholischen Haltung löste und seine Gliedmaßen entfaltete. Sigi strahlte, gestikulierte, zupfte August am Ärmel, suchte ihn sichtlich zu irgend etwas zu animieren. August wirkte teilnahmslos, zog die Schultern hoch, bohrte die Hände in die Taschen seines Anoraks. Wie sehr er im letzten Jahr gewachsen war – Sigi mußte regelrecht zu ihm aufschauen. Ein Kind und ein Jugendlicher standen einander gegenüber, ein nicht bloß in Zentimetern zu rechnender Abstand war entstanden. Die Buben zogen schließlich gemeinsam ab. Aber diesmal würden sie nicht mehr nahtlos fortsetzen, wo sie im vorigen Jahr aufgehört hatten.
Zwei Tage ging alles gut. August und Sigi besuchten denselben Schikurs. Ich hatte mich mit Monika einer Gruppe von Engländern angeschlossen, die mit einem Schiführer Touren unternahmen. Abends saßen wir, angenehm müde und entspannt, in der Wirtsstube, redeten und lachten über Aufstieg, Abfahrt und Stürze des Tages. Dann und wann hörten wir die rodelnden Kinder im Hohlweg juchzen. Ich glaubte, August herauszuhören.
Postkartenwetter am dritten Tag, dunkelblauer Himmel, Sonne, Glitzerschnee. Euphorisch kam ich von unserer Tour zurück, rief Richard an, um ihm zu erzählen, wie gut es uns gehe. Als ich ins Zimmer trat, war August schon da. Er lag auf meinem Bett und las.

Hallo, sagte er und hob mir sein braungebranntes Gesicht entgegen, wie war's? Seine Stimme klang gedrückt. Herrlich! Und bei dir? – So wie immer, seufzte er, ganz Moll, und las weiter. Mutterliebe hin oder her, ich beabsichtigte, in meinem Stimmungshoch zu verharren, und ging unter die Dusche.

Wir aßen in der holzgetäfelten Stube des alten Gasthofes am Dorfplatz zu Abend. Vier Tische, an denen man zusammenrückte, solange es Platz gab. Freunde aus der Schigruppe, Semestermütter, ein paar Semesterväter, zahllose Kinder. Alles redete, lachte, schimpfte durcheinander. Ein Glas Saft wurde umgestoßen. Soßen tropften auf frischgewaschene Pullover, einer wollte nicht aufessen, weil die anderen schon zum Rodeln aufbrachen. Dazu die stereotypen Kommentare der Erziehungsberechtigten: Jeden Abend dasselbe, kannst du nicht aufpassen ... Schau dich an, du Ferkel! Bind dir halt eine Serviette um ... Nein, du ißt fertig, ehe du gehst! ... Nimm den Schal mit ... Hier, deine Handschuhe ... Paßt auf, nicht zu wild ... Als die Kinder endlich draußen waren, lehnten sich die Erwachsenen zurück, streckten die Beine von sich. Es war ruhiger geworden, Wohlbehagen machte sich breit. Monika, eine mitreißende Erzählerin, berichtete von einer Reise nach Finnland, die sie im letzten Sommer unternommen hatte. Ich hörte ihr gespannt zu und übersah, daß August immer noch neben mir saß. Dann wurde die Stubentür aufgerissen, und der vermummte Sigi reckte sein kälterotes Gesicht herein. Aaaugust! schrie er durch den Raum. Komm schon! August schüttelte den Kopf. Was ist los, warum gehst du nicht mit den anderen? fragte ich. August preßte die Lippen aufeinander und starrte auf das Tischtuch. Er sagte nichts, aber ich spürte, wie sein Körper vor innerer Anspannung ganz steif wurde. Geh nur, Sigi, rief ich in Richtung Tür, er kommt gleich nach. Ich rückte näher an August heran. Habt ihr gestritten? fragte ich leise. Keine Antwort. Er senkte den Kopf noch tiefer, ich sah eine Träne langsam über seinen Nasenrücken laufen. Vorsichtig tastete ich unter dem Tisch nach seiner Hand. Sie fühlte sich kühl an und umklammerte hilfesuchend die meine.

Uns gegenüber saß einer von den Engländern, ein schrulliger Mann mit einem zerfurchten Gesicht, den die Kinder seit Jahren kannten und mochten. Er beugte sich vor, klopfte mit seiner Pfeife auf das

Stück Tischplatte, auf das August so beharrlich starrte, und sagte laut, als wolle er einen Schlafenden wecken: Hello, old boy, wake up, it's Rodeling-Time, all your friends have gone ...

Als sei es ein Stichwort, auf das er gewartet hatte, verfiel August in einen Weinkrampf. Die Plötzlichkeit, mit der ihn das Übel antrat, mußte ihn überrumpelt haben. Da wir strategisch ungünstig, nämlich von Schifreunden flankiert, saßen, schaffte er es nicht mehr, rechtzeitig das Weite zu suchen. In seiner Not ließ er die verschränkten Arme auf die Tischplatte fallen, vergrub sein Gesicht in einer Armbeuge und begann zu schluchzen. Im Bemühen, möglichst leise zu weinen, krümmte sich sein Rücken. Er weinte, weinte mit einer Heftigkeit, die etwas von einem Dammbruch hatte. Es fiel mir nicht ein, ihn zu fragen, was los sei. Hilflos strich ich mit beiden Händen immer wieder über seine spitzen Schulterblätter, die so herzerweichend zuckten, über das zerzauste Haar am Hinterkopf, begann ihn leise zu wiegen, als wäre er ein kleines Kind. Als ich einmal die Augen hob, sah ich, wie uns alle, die um den Tisch saßen, befremdet, gebannt, schweigend betrachteten.

Der schrullige It's-Rodeling-Time-Engländer fing sich zuerst. Well, Monika, what happened then, in Finland – sagte er, als sei nichts geschehen. Mit einem Auge zwinkerte er mir aufmunternd zu. Monika begriff und fuhr fort zu erzählen. Auch sie tat ganz so, als sei es das Selbstverständlichste von der Welt, daß ich mit dem schluchzenden August am Wirtshaustisch saß.

Wäre es besser gewesen, aufzustehen und August wegzubringen? Ihn zu fragen, ihn zu trösten? Oder über die ganze Angelegenheit hinwegzulachen? Nichts von alldem tat ich. Saß einfach da, unfähig, einen Gedanken zu fassen, Panik oder auch nur Sorge zu empfinden. War nur Hände und Wiegen, während Augusts Kopf, den er irgendwann von der Tischplatte weg auf meine Knie verlagert hatte, sich in meinen Schoß bohrte und langsam meinen dicken Tweedrock durchweinte.

Monika und der Engländer milderten auch die Peinlichkeit unseres Abgangs. Sie wolle nach den Rodlern sehen, sagte Monika, was soviel hieß, wie – geh jetzt, ehe die Kinder zurückkommen und den verheulten August mit Fragen löchern. Der Engländer meinte, August sei wohl müde – sleep well, old boy, see you tomorrow –, ich sollte mich nicht aufhalten, er würde sich um meine Rechnung kümmern. Ich stemmte den erschöpften August hoch, nickte einen kurzen Abschied, schaffte den Buben in unsere Pension und legte ihm, sobald er ins Bett gekrochen war, einen nassen Waschlappen auf seine verquollenen Augen. Dann saß ich mit einem Buch, in dem ich nicht las, bei ihm, bis seine immer noch stoßweise gehenden Atemzüge ruhig wurden und er eingeschlafen war.

Die Schwerelosigkeit der Schiwoche war dahin. Aber der Rest der Ferien verlief vergleichsweise undramatisch. Am Morgen nach dem Weinkrampf war August matt gewesen, wie nach einer Krankheit. Er ging zwar zu seinem Schikurs, bat aber, ob wir abends zu zweit in der Pension essen könnten, statt ins alte Gasthaus am Dorfplatz zu gehen. Das Rodeln ließ er sein. Er ging früh zu Bett, um zu lesen oder vor sich hinzuträumen. Gleich am ersten Abend nach dem Weinkrampf hatte ich versucht, mit ihm darüber zu reden; es war mir klar, daß seelisch irgend etwas auf-, ein- oder umgebrochen sein mußte. August legte seine Stirn in Dackelfalten. Ich weiß es nicht, Mama, ehrlich nicht, eigentlich war gar kein Grund. Ich war nur so furchtbar traurig ... Ich freu mich schon so auf den Papa, fügte er, scheinbar zusammenhanglos, hinzu.

Ich hatte Richard, mit dem ich täglich telefonierte, nichts von dem Vorfall erzählt. Was hätte er von ferne tun können, außer sich Sorgen zu machen. Daheim würden wir darüber reden. Aber mit Monika besprach ich die Tränenaffäre bei einem Glas Wein, das wir am letzten Ferienabend zusammen tranken. Glaub einer dreifachen Bubenmutter, erklärte sie mir nachdrücklich, deinem August fehlt gar nichts, er ist schlicht in der Pubertät. – Sie gab allerhand Wissenschaftliches über Wachstumsschübe, die entwicklungsbedingte Abkehr pubertierender Knaben von ihren Müttern, über hormonelle Umstellung, seelische Labilität und Reizzustände von sich. Dieser Anfall von grundloser Traurigkeit ist typisch für Augusts Alter und läuft unter der Bezeichnung Weltschmerz, meinte sie heiter. Nenn es Abschied von der Kindheit.

Das war mir kein Trost. Ich fand es grauenhaft. Ich wollte nicht, daß die Dinge zwischen August und mir anders würden. Ich wollte diese Rolle nicht, in die mich das veränderte Verhalten meines Kindes zwang. Eine Rolle, die ich nicht ausfüllte, weil ich ihren Text nicht

beherrschte. Dennoch war das Gespräch mit Monika informativ und nützlich gewesen. Als August in seinen zweiten – und gleichzeitig letzten – pubertären Weinkrampf verfiel, reagierte ich nicht mehr ganz so verdattert wie bei seinem ersten acht Wochen zuvor in den Schiferien.
Richard befand sich im Ausland. Ich saß nach dem Abendessen im Wohnzimmer und arbeitete an einer Übersetzung – ein Job, den ich aufgegeben hatte, als ich mit August schwanger war, und den ich, weil er zu Hause zu betreiben war, wieder aufgenommen hatte, als August aufs Gymnasium gekommen war. August hatte in Richards Arbeitszimmer ferngesehen. Irgendwann trat er leise ein und setzte sich in den großen Ohrensessel. Er sagte nichts. Nach einer Weile drehte ich mich nach ihm um. Wie eine Pagode saß er da, ganz starr. Aus seinen Augen liefen Tränen, unaufhaltsam, wahre Sturzbäche. Diesmal schluchzte August nicht, noch krümmte er sich. Da war nur diese Flut von Tränen, die breitflächig über seine Wangen lief, wie die Kaskaden eines römischen Brunnenwunders.
Unwillkürlich muß ich ein wenig gelacht haben. Ich finde das leider überhaupt nicht komisch, schniefte August, ganz sterbender Schwan, und wollte beleidigt abgehen. Bleib sitzen, ich lach dich nicht aus, ich lach dich an, sagte ich. Und wiederholte, was ich von Monika wußte. Du bist in der Pubertät, daher seelisch sehr labil, dieses Weinen ist typisch für dein Alter. Weltschmerz nennt man das. – Der erste Weinkrampf hatte fast eine Stunde gedauert, dieser war nach zwanzig Minuten vorbei, einfach abgezogen wie eine Wolkenbank. Es folgten einige Wochen Schonzeit. Nichts Gravierendes geschah. Ich war drauf und dran, mich zu entspannen, als mich die nächste pubertäre Welle überrollte. Auch sie traf mich unvorbereitet. August suchte plötzlich Anschluß, wo er meiner Ansicht nach nicht das geringste verloren hatte.

Nachdem meine Mutter die Pelargonien verarztet und die Erde von den Händen gewaschen hatte, saßen wir in den neuen weißen Korbstühlen am Balkon. Hübsch, sagte sie und strich über das Geflecht, englisch? – Ich wußte genau, daß sie nicht Life-Style, sondern immer noch August auf dem Herzen hatte. Je älter wir beide wurden, desto

weniger Worte bedurfte es zwischen uns, wir verstanden uns auch ohne. Also, Mami, lachte ich, komm zur Sache.
Meine Mutter beugte sich vor, sah mich eindringlich an und holte Luft. Es ist der Umgang, auf den man in diesen Jahren besonders achten muß, sagte sie. August ist jetzt in dem Alter, in dem die mitteilsamsten Kinder plötzlich verschlossen werden. Sie wollen ein Eigenleben. Eines, das sich möglichst von dem der Eltern unterscheidet. Wetten, daß er jetzt seine Freunde dort sucht, wo ihr nicht wollt, daß er sie findet! – Rhetorische Pause. Dann, bedeutungsschwer: Weißt du, mit wem August verkehrt?
Die Angst meiner Mutter vor dem Bazillus »Schlechter Einfluß« war mir noch aus meiner eigenen Kindheit und Jugend vertraut, also reagierte ich vorerst gelassen. In der Hauptsache immer noch mit seinem Busenfreund Ulrich, sagte ich. Du weißt ja, der herzige Strohblonde. Ich kenne seine Eltern und seinen Bruder, alles in bester Ordnung, kann ich dir versichern. Und dann hat er ein paar Freunde aus seiner Klasse. Sie gehen alle bei uns ein und aus. Mach dir keine Sorgen, alles unter Kontrolle.
Eben nicht! trumpfte meine Mutter jetzt auf. Und ihre Karte stach: Vor ein paar Tagen habe sie zufällig in der Nähe von Augusts Schule zu tun gehabt. Sie sei im Auto gesessen, habe darauf gewartet, daß die Ampel auf grün schalte, und plötzlich habe sie August entdeckt. Mit einem bulligen Kerl, zirka fünfzehn, ist er an der Straßenecke gestanden. Er war so ins Gespräch vertieft, daß er mein Hupen gar nicht gehört hat. Er hat den anderen angesehen, ich sage dir, wie verhext! – Meine Mutter redete sich in Rage. Und dieser andere – ein schauderbarer Kerl – Nietengürtel und so, schulterlange Haare, ausgefranste Jeans mit Totenkopfsticker. Und auf einem Moped, Fuchsschwanz an der Lenkstange, ist er gesessen. Und unser August ist zu dem Kerl aufs Moped gestiegen, und dann sind sie davongerast.
Juni. Milde Frühsommerluft. Im Nachbargarten blühte der Jasmin. Eine Zeit, die ich von jeher geliebt und genossen habe. Aus jetzt. Gallig stieg die Sorge um August in mir hoch und verdarb mir das bedenkenlose Frühlingsprickeln. Wie ein Detektiv aus einer Schmierenkomödie würde ich mich an die ungewaschenen Fersen meines Sohnes heften müssen, um herauszufinden, mit wem er zur Zeit zu verkehren beliebte. Denn meine Mutter hatte recht, ich wußte es.

Verdachtsmomente in dieser Richtung hatte es im Laufe der letzten zwei Monate einige gegeben. Steil und geil, sagte August neuerdings, wenn ihm etwas gefiel. Er lehnte es ab, Hemden zu tragen, und dehnte neue T-Shirts gewaltsam aus, bis sie fetzengleich um seinen Körper wehten. Er hatte seine lederne Schultasche gegen eine spekkige alte Army-Tasche eingetauscht und war nicht bereit gewesen, die Identität des obskuren Tauschpartners preiszugeben. Einem Wutanfall meinerseits begegnete er äußerst cool. Als Richard ihn deswegen zur Rede stellte, blieb er vage. Einer aus der sechsten, du kennst ihn nicht, hatte er geantwortet. Und schlau hatte er Richard, der die lederne Tasche wiedersehen wollte, mit einem »Papa, das kann ich doch nicht, es war ein Deal, *du* bist doch immer für bedingungslose Vertragstreue« den Wind aus den Segeln genommen.
Am Abend, nachdem meine Mutter gegangen war, stellte ich August des Mopedfahrens wegen zur Rede. Lüg doch nicht so penetrant! schrie ich ihn an, als er behauptete, noch nie auf einem Moped gesessen zu sein. Ah, das, sagte er scheinheilig, als ich ihm vorhielt, seine Großmutter hätte ihn mit eigenen Augen auf ein Moped steigen sehen. Unser Streit war in vollem Gange, als Richard nach Hause kam. Der Kindesvater griff, wie üblich, kalmierend ein und gab der Angelegenheit eine Wende ins Prinzipielle. Von der Gefährlichkeit des Straßenverkehrs im allgemeinen und von der des Mopedfahrens im besonderen war mit einem Mal die Rede. Die Sache endete schließlich damit, daß Richard seinem Sohn zu dessen neunzehnten Geburtstag ein altes Auto in Aussicht stellte, falls er bis dahin jedes motorisierte Zweirad meiden wollte. August dankte strahlend. Super, Papa, du bist einfach Spitze. – Das Incognito des geheimnisvollen Mopedbesitzers war nicht gelüftet worden.
Noch eine Woche bis Schulschluß. Keine Aufgaben mehr. Und Hitzewelle. August hatte gefragt, ob er mit Ulrich ins Schwimmbad gehen dürfe, und war abgezogen. Ich war beim Kirscheneinkochen, als es läutete. Ulrich stand vor der Tür. Ihr seid doch schwimmen, sagte ich dümmlich. Der herzige Ulrich sah mich, gleichfalls dümmlich, an. Nein, sind wir nicht. Seine Stimme gickste, er war wohl schon im Stimmbruch. Wir wollten zur Mauer. – Die Information war ihm kaum entschlüpft, als ihm klar wurde, daß er einen taktischen Fehler begangen und seinen Freund in eine Bredouille geritten haben

könnte. Nein, doch, o ja, stotterte er, schwimmen wollten wir gehen. Wiedersehen ...

Weg war er.

Ich starrte auf meine verfärbten Einkochhände und knirschte mit den Zähnen. Durch die lähmende Hitze gebremst, doch unaufhaltsam festigte sich in mir ein Verdacht zur Gewißheit: August war mit dem Mopedfahrer unterwegs. Ich ließ Kirschen Kirschen sein und machte mich auf den Weg.

Die Mauer. Halbverfallene hinterste Begrenzung eines riesigen Parks, der zwischen unserem Wohnviertel und einem Stück hügelig ansteigender, kaum verbauter Landschaft lag. Der stadtwärts gerichtete Teil war gepflegt und befand sich fest in Händen von Kleinkinder- und Altdamenriegen. Den Mittelteil beherrschten Radfahrer, Jogger und Hundebesitzer. An der Mauer, der ich eben entschlossen zustrebte, hielt sich – so unsere distinguierte alte Nachbarin – nur Gelichter auf.

Das durchdringende Gewimmer eines auffrisierten Mopeds drang an mein Ohr, lange bevor ich die Mauer erreicht hatte. Der Lärm verschluckte das Knirschen meiner Sandalen auf dem ungepflegten Kiesweg. Niemand hörte mich, als ich die staubige Hecke umrundete. Dicht vor mir, auf brüchigen Mauerresten, hockten geiergleich sieben Buben. Ihre Rücken waren mir zugewandt, gespannt beobachteten sie einen Vorgang, der sich auf der Straße jenseits der Mauer abspielte. Einen der Buben erkannte ich an seinem strohblonden Hinterkopf – Ulrich. Und den einen, der nicht hockte, sondern breitbeinig auf der Mauer stand, den hätte ich auch identifiziert, selbst wenn er keinen Nietengürtel getragen hätte. Gus! schrie er und hob seine feiste Bubenhand, zwischen deren Fingern eine Zigarette eingeklemmt war. Go! Die Hand sauste abwärts wie das Fähnchen eines Zielrichters.

Ich war an die Mauer getreten. Vor mir eine Bresche. Ich überblickte das Szenario. Eine Straße, auf der gegenüberliegenden Seite August auf einem Moped. Wie wild drehte er am Gashebel, der Motor jaulte immer wieder auf. August blickte gespannt nach rechts, von wo sich ein Auto ziemlich rasch näherte. Als das »Go« ertönte, gab »Gus« Vollgas und setzte haarscharf vor dem Auto quer über die Straße. Bremsen quietschten, der Lenker verriß den Wagen. August und das Mo-

ped verschwanden durch eine sorgfältig eingeebnete, zum Weg aufbereitete Mauerlücke.
Blitzartig waren die Buben von der Mauer in den Park gesprungen und hatten sich im umliegenden Dickicht versteckt. Das Geknatter des Mopeds verlor sich irgendwo im Labyrinth der verwucherten Pfade. Als der zornbebende Autolenker auf Augusts Fluchtweg auftauchte, sah er nur mich. Haben Sie das gesehen? schrie er. Diese gottverdammten Rotzbuben! Verbrecher! Ich fahre zur Polizei und mache die Anzeige. Und Sie bleiben da, als Zeugin!
Ich hörte ihn davonfahren. Knieweich lehnte ich an der Mauer. Die Buben tauchten aus dem Gebüsch auf, grinsten mich komplizenhaft an. Schaut nicht aus wie ein Verräter, sagte der mit dem Nietengürtel. Ich hatte nicht gewußt, wie unvermittelt mich weißglühende Wut überkommen konnte, bis August, aufgelöst lachend wie einer, der eben die letzte Kurve der großen Achterbahn genommen hat, auf dem Moped daherratterte. Das Lachen blieb in seinen Mundwinkeln hängen, als er mich sah, seine Augen wurden rund, wie Monde. In den meinen muß er Mord gelesen haben.
Ich glaube, mich recht zu erinnern: Wir gingen nach Hause, ohne ein Wort zu wechseln, August immer einen halben Schritt hinter mir. Zu Hause würde sich das Gewitter, das in mir zitterte, über seinem Haupt entladen, furchtbar würde ich mit ihm ins Gericht gehen. Indes, sobald wir daheim waren, begann ich zu heulen. Verständnislos sah August mich an. Weinst du wegen mir? frage er allen Ernstes.
Abends kam es endlich zum großen Krach. Auch Richard reagierte diesmal unmittelbar fallbezogen, mit Sanktionen, statt sich mit Appellen an Augusts Vernunft zu begnügen. Verbote aller Art. Hausarrest. Knappe achtundvierzig Stunden lang haderte August mit dem Schicksal, das ihn mit derart engstirnigen Eltern gestraft hatte. Dann fand er sich mit seiner mißlichen Lage ab und versuchte, »Hafterleichterungen« zu erreichen.
In mir wirkte der Schock, den Augusts Darbietung auf dem Moped ausgelöst hatte, erheblich länger nach. Dieser selbstzerstörerische Aberwitz, den mein Kind an den Tag gelegt hatte, diese deutliche Lust an der Gefahr. Am Ende ein geistiger, ein seelischer Defekt? Papa, wieso verstehst du mich denn nicht, hatte August seinen Vater

im Laufe des großen Krachs beschworen. Es ist einfach ein tolles Gefühl, wenn man so knapp am Kotflügel vorbeirauscht ... Idiotie! Du hast den IQ eines Neandertalers, hatte Richard zurückgebrüllt. Und just in diesem Augenblick mußte ich an die Geschichte denken, die Richards Vater immer wieder erzählte: Ferien in den Bergen, ein steil bergabführender Schotterweg, und der zwölfjährige Richard auf einem uralten Fahrrad ohne Bremsen, die Füße von den Pedalen weggestreckt, im Freilauf immer schneller talwärts rasend, laut schreiend vor schierer Lust ...

»Wonneangst« nennen manche Jugendpsychologen diese gesteigerte Abenteuerlust und Unfugbereitschaft; auch sie ein typisches Phänomen der Pubertät, vor allem bei Knaben. Und wo bleibt der gesunde Selbsterhaltungstrieb, fragte ich erst kürzlich einen mir befreundeten Psychiater, mit dem ich mich über das Thema Pubertät unterhielt. Den hat man unter sechzehn nicht, meinte der Fachmann, und wenn man ihn hätte, wäre das ein bedenkliches Stadium von Frühreife. Das Kind habe selbstverständlich nicht die Absicht, sich zu vernichten. Diese Art von kindlichen Mutproben seien ein Zeichen, daß man Grenzen niederreißen will. Und – so mein Freund, der Psychiater, mit einem Schamanenlächeln – man akzeptiert nur mit Mühe, daß man nicht alles aushält.

»I don't want to talk about it«

Die Umstände, unter denen Wandas Vater und ich Bekanntschaft schlossen, hatten etwas von einer abgegriffenen Slapstick-Komödie an sich.

Ich war im Supermarkt gewesen und hatte wie stets zu teuer, weil zuviel, eingekauft. Als ich meinen gigantischen Bevorratungskauf auf einem dieser unrund holpernden Transportwägelchen zum Auto schaffte, fiel die oberste Lage – eine Packung Klopapier zu vierundzwanzig Rollen – bei Überquerung eines Randsteins zu Boden. Beim Aufprall barst die Plastikhülle, und die vierundzwanzig Röllchen verhielten sich form-konform: sie rollten in alle Richtungen davon.

So geschehen an einer durch das Industriegebiet unserer Stadt führenden Straße, an der auch das Bauunternehmen von Wandas Vater liegt. Kein allzu großer Zufall also, daß der Wagen, den meine umherkollernden Klopapierrollen zum Abbremsen zwangen, just der von Wandas Vater war.

Wandas Erzählungen hatten mich dazu inspiriert, ihn insgeheim »il padrone« zu nennen. Nun bot sich mir die Gelegenheit festzustellen, daß die Bezeichnung auf ihn paßte. Raumfüllend saß er vorne neben seinem Fahrer. Sein mißbilligender Blick streifte mich kurz, ehe er wieder geradeaus sah. Der Fahrer hingegen, der mich von den Donnerstagen, an denen er Wanda zu uns gebracht und abgeholt hatte, kannte, nickte grüßend und sagte etwas zu seinem Boß, das letzterem offenbar zu denken gab. Denn schließlich stiegen beide aus dem Wagen, um mir beim Einsammeln der Rollen zu helfen.

Wandas Vater besaß die Selbstsicherheit des erfolggewohnten Geschäftsmannes. Er ließ zunächst eine knappe, der Situation angepaßte Floskel vom Stapel, dann stellte er sich vor. Ein geübtes »Küß die Hand«. Ein gewandtes »Mein Versäumnis, gnädige Frau, daß es dieses Zufalls bedurfte, um Sie kennenzulernen. Wanda schwärmt ja seit Jahren von Ihnen. Und Sie opfern dem Kind soviel Zeit.« – Bei dem Wort Zeit sah er automatisch auf seine Uhr – ein teures Schweizer Modell. Das Hemd mit Sicherheit maßgeschneidert, wenngleich es den starken Hals des Mannes etwas einengte. Wandas Vater war nicht dick, aber er vermittelte den Eindruck, alles Beengende sprengen zu wollen, aus allen Nähten zu platzen. Es lag wohl an der überwältigenden Vitalität, die der Mann verströmte.

Als die Röllchen wieder auf dem Transporter waren, dankte ich und wollte mich verabschieden. Wandas Vater sah mich abschätzend an, dann nochmals auf seine Uhr, dann wieder auf mich. Haben Sie einen Augenblick Zeit, sagte er, ich brauche Ihren Rat. Es war wohl als Bitte gedacht, klang aber wie ein Befehl. Geben Sie mir Ihre Autoschlüssel, mein Fahrer wird die Sachen für Sie einladen, ordnete er an. Ich rührte mich nicht. Es geht um Wanda, sagte er. Ich legte die Schlüssel in seine ausgestreckte Hand. Er griff nach meinem Ellbogen, schob mich auf seinen vor Sauberkeit schillernden Mercedes zu und hielt mir die Tür zu den Rücksitzen auf.

Da saßen wir nun, Seite an Seite, im Fond seines Wagens. Wenn Richard mich so sehen könnte, er würde sich krummlachen, schoß es mir durch den Kopf. Wanda ist meine Lieblingstochter, sagte der Padrone im gleichen Augenblick, von allen meinen Kindern ist sie mir am ähnlichsten. Ich musterte den Vierkant-Mann und verglich ihn im Geiste mit dem Püppchen Wanda. Der Padrone begriff und grinste. Ich meine natürlich intellektuell und hinsichtlich Willensstärke, präzisierte er. Sein Lachen erlosch. Körperlich, sagte er, gerät sie eher nach meiner Frau. Sie sah wie Wanda aus, als ich sie kennenlernte.

Perversling, dachte ich, macht einer unterentwickelten Kindfrau sieben Kinder. Auch der Ton seines letzten Satzes war mir nicht sympathisch gewesen. Es hatte vorwurfsvoll geklungen, als gäbe der Mann seiner Frau die Schuld, daß sie nicht mehr so knackig war wie früher. Arme Seele, sie war den Großteil ihres erwachsenen Lebens schwanger gewesen ... Meine Frau, sagte der Padrone eben, hält Wanda für psychisch gestört ...

Das reichte. Mir riß die Geduld. Wanda gestört? keifte ich, so ein Unsinn. Stocknormal ist sie. – Ich hätte nicht heftiger reagieren können, wenn es um mein eigenes Kind gegangen wäre. Wandas Vater schüttelte den Kopf. Vielleicht verhält sie sich anders, wenn sie bei Ihnen zu Besuch ist, sagte er. Aber glauben Sie mir, zu Hause ist das

Mädel wie verwandelt, wie besessen, möchte ich sagen. Sie ist launenhaft, streitsüchtig, zerfahren. Ihre Leistungen in der Schule sind unterm Hund. Sie schließt sich stundenlang mit ihrem Plattenspieler am Dachboden ein, hört grauenhafte Musik, und wenn sie wieder zum Vorschein kommt, ist sie geistig weggetreten. Aber das Ärgste sind die Szenen, die sie ihrer Mutter macht. Wenn es darum geht, meine Frau zu verletzen, wird Wanda geradezu erfinderisch. Der Padrone geriet immer mehr in Fahrt. Während er Wandas Sünden aufzählte, hatte er einen zornroten Kopf bekommen, wiederholt ballte er seine großen Hände zu Fäusten, was gewalttätig aussah. Wanda werfe der Mutter Bigotterie vor und weigere sich, sonntags mit der Familie in die Messe zu gehen. Sie kritisiere ihre Mutter, wo sie könne, und äußere sich zynisch über deren Geschmack. Ihre teuren Schottenröcke, die direkt aus London bezogen würden, habe sie im Second-Hand-Shop gegen eine schauderhafte schwarze Existenzialistenkluft eingetauscht. Ihre Augen bemale sie neuerdings schwarz. Kurz, sie sehe aus wie ein Rauchfangkehrer und sei aufsässig wie ein Halbstarker. Fazit: seine Frau dränge darauf, Wanda von einem Psychotherapeuten begutachten zu lassen.
Der Padrone zwängte einen Finger zwischen Hals und Kragen, als wolle er sich mehr Luft verschaffen. Ich bin ein vielbeschäftigter Mann, schnaufte er, und sehe meine Kinder zuwenig. Gut möglich, daß mir der Überblick fehlt. Ich muß mich auf die Informationen meiner Frau verlassen. Andererseits widerstrebt es mir, Wanda einem von diesen Seelenklempnern auszuliefern. Darum meine Bitte an Sie, gnädige Frau, schloß er, Sie haben Wandas Vertrauen, Sie können ihr auf den Zahn fühlen und mich anrufen, wenn Sie herausgekriegt haben, was mit ihr los ist. Hier - er zückte eine Visitenkarte - meine Direktnummer im Büro . . .
Streckenweise hatte ich ihn gemocht, jetzt wurde er mir wieder unsympathisch. Ich eigne mich nicht zum Spitzel, sagte ich, so kühl ich konnte. Ihre Tochter betrachtet mich als Freundin, ich denke nicht daran, ihr Vertrauen zu mißbrauchen. Aber an Ihrer Stelle würde ich die Dinge weniger dramatisch sehen und das Nächstliegende annehmen: Wanda ist in der Pubertät.
Mit Genugtuung sah ich den blanken Ausdruck von Unverständnis auf seinem Gesicht. Ob ich ähnlich ausgesehen hatte, als ich von Au-

gusts ersten pubertären Wehen überrascht wurde? Je intelligenter ein Kind ist, sagte ich, hemmungslos auf Monikas Weisheiten zurückgreifend, desto heftiger pubertiert es. Und gerade bei Mädchen ist die Ablösung von der Mutter mit starker Auflehnung und Aggressivität verbunden. Wanda liebt ihre Mutter, aber sie verletzt sie, um sich von ihr als wichtigster Bezugsperson zu befreien. Anders kann sie nicht erwachsen werden.

Ich glaube nicht, daß der Padrone begriffen hatte. Und ich konnte es ihm nachfühlen. Pubertät ist um vieles leichter zu begreifen, wenn es nicht um das eigene Kind geht. Ich sah im Fall Wanda ziemlich klar. Im Fall August hingegen verschwammen die Konturen immer wieder im Nebel meiner Emotionen. Vergessen Sie den Psychotherapeuten; beruhigen Sie Ihre Frau; machen Sie sich keine Sorgen um Wanda, sagte ich zum Padrone und merkte, daß es überheblich klang. Im Grunde hatte sich der Mann ein nettes Wort zum Abschied verdient, es konnte für diesen Macho nicht leicht gewesen sein, sich hilfesuchend an eine fremde Frau zu wenden. Also lächelte ich ihn an und versicherte ihm, daß ich Wanda sehr mochte und auf sie achten würde, so gut ich konnte.

Und weil ich überzeugt war, daß es dazu nicht kommen würde, versprach ich, ihn anzurufen, falls ich etwas wirklich Besorgniserregendes entdecken würde.

Wanda erschien längst nicht mehr so häufig wie früher. Und wenn sie kam, trachtete sie, den Nachmittag zu erwischen, an dem August Turnunterricht hatte; die beiden gingen einander noch immer aus dem Weg. Manchmal brachte sie Victoria mit. Meine allerbeste Freundin, wir haben überhaupt keine Geheimnisse voreinander, auf Victoria ist Verlaß, hatte sie mir einmal erzählt. Magst du sie kennenlernen? - Und als sie das nächste Mal vor meiner Tür stand, hatte sie Victoria im Schlepptau. Da ich nicht recht wußte, was ich mit dem zweiten Gör anfangen sollte, griff ich – möglicherweise aus einer gewissen Verlegenheit, die Erwachsene Kindern gegenüber zuweilen empfinden – nach dem Bügelbrett. Hab ich dir nicht gesagt, daß sie bügeln wird? Wanda strahlte ihre Freundin mit einem Siegerlächeln an. Wenn sie bügelt, kann man am wunderbarsten mit ihr reden.

Und dann macht sie Tee. – Es hatte mich gerührt und meiner Eitelkeit geschmeichelt, wie sie mit mir prahlte.
Etwa zwei Wochen nach dem Gespräch mit dem Padrone schneite Wanda wieder einmal bei mir herein. Unwillkürlich betrachtete ich sie genauer als sonst. Sie sei wie ausgewechselt, hatte der Vater geklagt. Hatte sie sich tatsächlich verändert? Im Gegenteil, fand ich, überhaupt nicht. Daß auch darin ein Grund zur Besorgnis liegen könnte, wurde mir eine Stunde später klar.
Victoria kommt mich abholen, sagte Wanda, ehe sie auf meinem Schreibtisch die letzte Nummer von *House & Garden* erspähte und an sich riß. In einer einzigen, fließenden Bewegung ließ sie sich mit gekreuzten Beinen auf dem Teppich nieder, stützte ihr Kinn in eine Hand und vertiefte sich in das Magazin. Schwer wie eine Riesenschlange lag der Zopf auf ihrem biegsamen Kinderrücken. Kindlich, viel zu kindlich, stellte ich fest, als ich Wanda dann neben Victoria sah und beide verglich.
Victoria war im letzten Jahr in die Höhe geschossen und ein wahrer Traum von Teenager geworden. Makelloser Teint, perfekte Zähne, schimmernder blonder Pony. Ihre weiße Hemdbluse stand weit genug offen, um den Ansatz eines vielversprechenden kleinen Busens bloßzulegen. Ihre Hüften in den engsitzenden Jeans begannen sich zu runden, ihre Bewegungen waren bereits auf Verführung angelegt.
Wie alt bist du eigentlich, fragte ich diese fleischgewordene Fernsehwerbung. Fast so alt wie Wanda, sagte Victoria. Sie lispelte ein wenig, und auch das wirkte bei ihr sexy. Ich sah auf meine Wanda nieder, die immer noch am Boden hockte. Mein Gott, sie wird demnächst vierzehn und sieht immer noch aus wie elf! Kaum gewachsen in den letzten Jahren, drahtig, total flach. Schlagartig wurde mir ein Faktum klar, über das ihre tänzerisch geschulten Bewegungen hinweggetäuscht hatten: Wanda war körperlich total unterentwickelt.
Das Zeug zu einer Diplomatin, behauptet Richard, hätte ich mit Sicherheit nicht, weil man mir meine Gefühle an der Nasenspitze ablese. Wahrscheinlich hat er recht. Wanda, ein Kind mit ausgeprägter Beobachtungsgabe und sensiblen Antennen für Stimmungen und Gefühle anderer, schien meine Gedanken zu lesen. Ihre schrägen grauen Augen wanderten zwischen Victoria und mir hin und her. Schick, meine Freundin, gelt, sagte sie etwas spitz. Victoria lächelte

einfältig. Sie sah den Funken wehgeborener Bosheit in Wanda nicht glimmen. Die sprang unvermittelt auf beide Beine, wie ein Gummizwerg. Theatralisch warf sie den Zopf in den Nacken, stützte ihre Hände in die Hüften und begann popowackelnd auf und ab zu gehen. Victoria auf der Pirsch, sagte sie und sah die Freundin herausfordernd an. Dann verdrehte sie die Augen und begann »Cesare, Cesare, Cesare« zu stöhnen.

Die keineswegs gut gemeinte Parodie auf ein liebestolles Gänschen trieb Victoria die Röte ins Gesicht. Du bist gemein, fauchte sie Wanda an, worauf sich diese, ganz gespielte Gelassenheit, zu mir drehte und die Freundin mit der Perfidie einer rivalisierenden Frau preisgab. Du mußt wissen, sagte sie genüßlich, daß Victoria diesen absolut beknackten Cesare anbetet. Hör auf, Wanda, schrie Victoria. Wanda lächelte zufrieden und fuhr fort. Und jeden Dienstag nachmittag putzt sie sich heraus, fährt mit dem Bus zum Haus dieses Affen und wackelt vor seinem Gartenzaun auf und ab, weil sie hofft, daß er einmal sein Schmalzauge auf sie wirft.

Victoria waren Tränen der Wut in die Augen geschossen. Wieso Dienstag, sagte ich. Eine untaugliche Bemerkung, mit der ich mich in die Schlacht der Gigantinnen zu werfen suchte. Weil Cesare an Dienstagen sicher zu Hause ist, schnurrte Wanda. Da pennt er nämlich mit seiner Freundin. Die ist Ground-Stewardess und hat am Dienstag frei.

Cesare. Ein jugendlicher Popstar und Hitlistenkletterer. Er hieß mit bürgerlichem Namen Joseph Wilberbauer. Sowie ich seine Jeierstimme im Radio vernahm, drehte ich ab. Woher weißt du über diesen Menschen so genau Bescheid, fragte ich Wanda. Habe ich recherchiert, sagte sie affektiert. Alles für meine Freundin.

Die gepeinigte Victoria hatte sich inzwischen gefaßt. Sie ging zum Gegenangriff über. Breitbeinig pflanzte sie sich vor Wanda auf, stemmte die Hände in die Seiten und zischte: Und du? Und du? Wer sperrt sich am Dachboden ein und hört zum zweihunderttausendsten Mal »I don't want to talk about it«? Ihr hübsches Gesicht verzerrte sich, als sie Rod Stewarts Erfolgssong nachäffte. »How you broke my heart . . .« wimmerte sie. Das hättest du wohl gern, einem das Herz brechen, aber dich schaut ja keiner an. – Wandas Augen wurden dunkel vor Wut, sie ballte die Fäuste wie der Padrone. Und schon holte Victoria zum Vernichtungsschlag aus. Du, du stehst ja immer drüber, du bist ja so super, reitest die Intellektuellenwelle. Und was tust du wirklich? Träumst auf einer alten Matratze auf dem Dachboden von einem Piraten, der dich entführt, und fährst dir dabei über den Busen, den du nicht hast...

Nach dieser Szene sah ich Wanda lange nicht. Offenbar schämte sie sich für den Auftritt, den ich, als die verbale Auseinandersetzung der beiden Kontrahentinnen in eine physische auszuarten drohte, mit einem scharfen »Jetzt ist aber Schluß!« beendet hatte. Ihrem Gesichtsverlust wußten die Mädchen nur eines entgegenzusetzen: Flucht. Zuerst verschwand Victoria, mit rotem Kopf. Kurz darauf schlich Wanda, blaß vor innerer Erregung, beschämt Entschuldigungen murmelnd, von dannen.

Ein Monat verstrich. Funkstille. Kein Lebenszeichen von Wanda. Es war mir klar, daß das Kind nadelspitze Qualen der Peinlichkeit litt und daß ich ihm eine Brücke bauen mußte. Gelegenheit dazu bot sich an einem Wochenende, an dem Richard und August zum Konzentrationslager Mauthausen fahren wollten. Ein Projekt, das sich im Anschluß an eine hitzige Debatte zwischen Vater und Sohn zum Thema Diktatoren und Genozide ergeben hatte.

Richard war ein theoretisch liebender Babyvater gewesen. Er hatte seinem Kind nie die Windeln gewechselt, noch ihm die Flasche gereicht. Phasenweise hatte ich das bedauert und mir, aus einsichtigen Gründen, etwas praktischer angehauchte Liebe gewünscht. Als Vater eines heranwachsenden Sohnes hingegen war Richard Spitzenklasse. Er nahm August grundsätzlich ernst. Im Rahmen von Diskussionen behandelte er ihn als gleichberechtigten Partner und wurde, im Gegensatz zu mir, nie ungeduldig oder ironisch. August dankte ihm das mit einer steten Bereitschaft zu sachbezogenen Gesprächen.

Ich wußte, daß die Exkursion nach Mauthausen von vornherein als Vater-Sohn-Unternehmung gedacht gewesen war. Also lehnte ich Richards und Augusts laue Aufforderung mitzukommen mit dem von ihnen erwarteten Nachdruck ab. Sobald die beiden fort waren, rief ich Wanda an.

Mein Anruf war eine Premiere. Denn dieser seltsamen, ins achte

Jahr gehenden Freundschaft zwischen Wanda und mir lagen eigene Regeln zugrunde. Etwa die, daß ich Wanda nie Fragen stellte, die ihr Elternhaus betrafen; oder niemals ich sie, sondern stets sie mich kontaktierte.

Sie war von einem ihrer Geschwister ans Telefon geholt worden. Ja –, sagte sie gedehnt, zurückhaltend. Hast du heute Zeit, kannst du kommen? fragte ich. Pause. Dann, sehr leise: Warum? – Weil du mir abgehst, sagte ich. Ein kleiner Seufzer, möglicherweise Erleichterung, am anderen Ende der Leitung. Ist August nicht zu Hause, fragte sie, schon weniger beklommen. Er ist mit seinem Vater übers Wochenende weggefahren. Also gut, ich komme, sagte sie. Eine Stunde später war sie da.

Was Wanda und ich noch Jahre später lachend als »das große Gespräch« bezeichnen sollten, begann ziemlich verklemmt. Wanda suchte verzweifelt nach einer Lösung, wie sie unter die immer noch im Raum stehende Szene mit Victoria einen eleganten Schlußstrich ziehen könnte. Ich wiederum wußte nicht, wie ich Wandas anstehende Probleme – die von ihrem Vater gewitterten und die von mir entdeckten – aufs Tapet bringen sollte, ohne das Kind kopfscheu zu machen. Ich hätte mir ein Konzept zurechtlegen sollen, überlegte ich, ärgerlich, weil sich die gewohnte Selbstverständlichkeit des Umgangs zunächst nicht einstellen wollte. Indes, am Ende erübrigte sich alle Dramaturgie, der Einstieg ergab sich von selbst.

Wir saßen im dämmrigen Wohnzimmer. Ein verregneter Spätnachmittag im Frühling, der in einen feuchten grauen Abend überging. Ist dir kalt, fragte ich Wanda, die mit hochgezogenen Schultern in einem der großen Ohrensessel kauerte. Sie schüttelte den Kopf, ich stand dennoch auf, um das Fenster zu schließen. Möchtest du noch Tee? – Erneutes Kopfschütteln. Ich brauch noch welchen, sagte ich und ging in die Küche, wo ich länger als nötig hantierte, in der Hoffnung, Wanda würde mir folgen und sich auf dem vertrauten Terrain gesprächiger zeigen. Aber Wanda kam nicht. Als ich mit dem Teetablett ins Wohnzimmer zurückkehrte, war es beinahe dunkel. Machst du bitte Licht? – Sie sprang auf, um die Stehlampe anzuschalten. Der warme Lichtkegel fiel auf den verspiegelten Seitentisch. Familienfotos, silberne Döschen, ein blühender Zweig in einer schmalen Vase – und mittendrin ein angebissener, grau gewordener Schokola-

deriegel auf einer schmuddeligen Schirmkappe. August! sagten Wanda und ich gleichzeitig und lachten endlich.
Die Kappe war für mich ein Brechmittel und für August eine Art Fetisch. Wann immer er sich zu irgendeiner Freizeitunternehmung aufmachte, saß sie schräg über seinem rechten Auge. Seine Versuche, das Ding auch als fixen Bestandteil seiner Schulkleidung zu institutionalisieren, hatte ich im Keim erstickt. Nicht zu zählen waren die wütenden Wortwechsel, die wegen dieses einstmals zinnoberroten, jetzt rostbraun verschossenen Stofflappens zwischen meinem Sohn und mir stattgefunden hatten.
Was glaubst du, hat er sie freiwillig hiergelassen, oder weil sein Vater es wollte? – Mit spitzen Fingern hielt Wanda die Kappe in die Höhe, um sie zu betrachten. Ich glaubte, ihre Frage sei rhetorisch, und schwieg. Wanda stülpte die Kappe über den aufwärts gestreckten Zeigefinger ihrer rechten Hand, begann sie zu drehen und ließ sich gleichzeitig langsam, mit gekreuzten Beinen, auf den Boden nieder. Akrobat schööön, sagte sie und fuhr fort, die Kappe zu drehen. Dann nahm ihr Gesicht einen versonnenen Ausdruck an, die Hand mit der Kappe sank auf ihr Knie. Ist August nach Mauthausen gefahren, weil *er* wollte oder weil sein Vater es wollte, fragte sie. Ich denke, sie wollten beide, antwortete ich. Wanda ließ die Kappe von neuem rotieren. Sie sah mich nicht an. Und warum bist du nicht mitgefahren? – In ihrer Stimme lag plötzlich ein Ton dringlichen Interesses. Weil ich die beiden allein lassen wollte. – Ich merkte, daß die Erklärung zu mager war, stellte meine Teetasse ab und versuchte zu formulieren, was ich empfand: Mutter und Kind erleben soviel gemeinsam ... Vater und Kind brauchen auch ihre Chance ... Ganz abgesehen davon, daß jeder sein Eigenleben braucht ...
Wandas Reaktion auf meine tastenden Sätze war von bestürzender Heftigkeit. Sie knüllte Augusts Kappe zusammen und schleuderte sie in eine Ecke. Dann warf sie ihren Oberkörper nach vorne und trommelte mit beiden Fäusten auf den Teppichboden. Ebenso unvermittelt, wie sie zu trommeln begonnen hatte, hörte sie auf. Immer noch im Schneidersitz hockend, richtete sie ihren Rücken kerzengerade. Entschuldige, sagte sie, hoheitsvoll wie eine Kronprinzessin. Und dann, ganz cool: Ich möchte nie in meinem Leben Kinder. Nie! Nie! Nie!

Es würde zu weit führen, das »große Gespräch« im Detail wiederzugeben. Außerdem habe ich Wanda versprochen, einiges daraus zu vergessen. So, als hätte ich es nie gesagt? – Ich hatte die Schwurhand gehoben. Als hättest du es nie gesagt. – Geblieben ist meine Erinnerung an Wandas wehes, zerzaustes, verlorenes, großartiges, vielversprechendes vierzehnjähriges Ego. Geblieben ist meine Verwunderung über ihre Bereitschaft, sich selbst und andere zu erkennen, Eigenschaften, die bei August im gleichen Alter nicht einmal ansatzweise vorhanden waren. Geblieben ist mein Staunen über Wandas Fähigkeit, ihre Gefühle zu verbalisieren.
Aus Schreck über Wandas eiskalte Negation ihrer möglichen Mutterrolle hatte ich zunächst zu scherzen versucht. Sie scherzte nicht zurück. Ich will über diese Dinge nicht reden, wehrte sie meinen zweiten Verharmlosungsversuch ab. Ich wüßte auch nicht, mit wem. – Ich überlegte eine Weile, atmete durch. Mit mir, wenn du möchtest, sagte ich. Wanda sah mir mit unbestechlichem Ernst, wie ihn nur sehr junge Menschen besitzen, in die Augen. Lange. Dann ergab sie sich. Ich möchte keine Kinder, weil ich nicht werden will wie meine Mutter, begann sie.
Diese Mutter, die laut Wanda ihre Kinder nur so lange liebte, wie sie sie säugte. Die ihre Kinder zu fürchten begann, sobald sie selbständig wurden; sich von ihnen zurückzog, sie allein ließ; und Erlösung aus ihrer eigenen Isolation in immer neuen Schwangerschaften suchte. Ich glaube nicht, daß sie meinen Vater liebt, sagte Wanda. Sie hätte Nonne werden sollen.
Die emotional gestörte Mutter also. Der autoritäre Vater, den zu lieben man nicht wagte, den zu lieben es vielleicht nicht einmal lohnte? Ich kenne ihn ja kaum, er ist ja nie da, sagte Wanda. Geschwister, zu denen man keine oder plötzlich gestörte Beziehungen hatte. Die beiden ältesten Brüder, einst Freunde, waren Feinde geworden, von den anderen drifte man weg, wie eine Insel vom Festland. Es gab auch noch eine elegante Großmutter, die ihre Witwenrente vornehmlich in teuren Kurorten verjubelte, dann und wann auftauchte und zu Wandas Grimm »Jetzt bist du ein Backfisch, mein Liebchen, die schönste Zeit des Lebens« flötete, ehe sie wieder abfuhr. Und es gab Wandas Zuhause. Groß und zugig. Ein Haus voll Babys, aber ohne Zärtlichkeit, voll mit Gästen, aber ohne Gesprächs-

partner. Ein puritanisches Haus, voll sexueller Tabus, ohne einen Hauch von Erotik.
Keine Chance für Wanda, zu erfahren, was sie so dringend wissen wollte. Niemand, der ihr sagte, daß die Natur sie nicht im Stich ließ, bloß weil sie noch keinen Busen und keine Regel hatte. Niemand, der ihr zu verstehen gab, daß es weder falsch war, von einem Piraten tagzuträumen, noch schlecht, den eigenen Körper zu erforschen. Niemand, der ihr versicherte, daß Victoria zwar hübsch, sie selbst aber apart sei und Charme besitze und letzteres allemal die bessere Ausgangsposition darstelle . . .
Ich versuchte Wanda in zwei Stunden zu sagen, was man ihr im Laufe ihrer vierzehn Lebensjahre langsam hätte beibringen sollen. Versuchte ihr klarzumachen, daß die Pubertät ein Stadium mit vielen Gesichtern sei. Sie fragte, ich antwortete. Sie zeigte verschämt ihre Wunden, auf die ich, so sanft ich konnte, blies. Wir sprachen und hörten einander mit einer Intensität zu, die uns erschöpfte. Als ich auf die Uhr sah, war es acht. Ich rief mit schlechtem Gewissen bei Wandas Mutter an, um ihr zu sagen, sie solle sich keine Sorgen machen, wir hätten uns vertratscht, ich würde Wanda in ein Taxi setzen und nach Hause schicken. Oh, sagte Wandas Mutter mit müder Stimme, ich habe gar nicht bemerkt, daß sie noch nicht da ist. Wir haben Gäste.
Ich begleitete Wanda vors Haus. Das Taxi wartete. Im dunklen Vorgarten blieb Wanda plötzlich stehen. Sie umarmte mich mit der ihr eigenen Heftigkeit und sagte laut: Danke für alles. Ich liebe dich.
Ich erinnere mich deutlich – es regnete noch immer. Wenn ich die Augen schließe und an damals denke, höre ich die Tropfen auf die Blätter der Kastanienbäume fallen und spüre Wandas heiße, pelzige Kinderwange an der meinen.

Die Kröten sind tot – es lebe die Gruppe!

Im Winter nach seinem vierzehnten Geburtstag ließ August die Kröten sterben. Eine entscheidende Wende zum Schlechteren.
Die Veränderungen, die im Laufe der letzten drei Jahre mit dem Buben vor sich gegangen waren, hatten mich so in Atem gehalten, daß ich nicht registrierte, was an ihm *un*verändert geblieben war. Augusts Vorliebe für Amphibien etwa; ich nahm sie wohl schon als wesensimmanent hin. Den Kröten und Fröschen meines Sohnes hatten bislang nicht einmal seine pubertären Sturmtiefs etwas anhaben können. Obwohl August neuerdings alles nur Denkbare vergaß – Hausaufgaben, Kleidungsstücke, Besorgungen, die man ihm aufgetragen hatte, Unterschrift der Eltern unter verhauten Schularbeiten etc. –, seine Terrarien vergaß er nie. Wohlgenährt und träge hockten die Lurche in leidlich frischem Grün. Sowie sich bufo bufo oder gar eine der in einschlägigen zoologischen Handlungen teuer erworbenen Exotinnen indisponiert zeigte, konsultierte August seinen amphibischen Freund, Professor Biener. Sein Taschengeld verjuxte er immer nur bis auf den vorletzten Groschen; für den letzten kaufte er Maden. Und sobald die Herbstnächte kalt zu werden begannen, entwendete August meinen besten Plastikkübel, um seine Kröten darin zu überwintern. Er ging mit professionellem Ernst vor. Befeuchtete Schaumgummischnipsel wurden in den Kübel getan, die Kröten hineingebettet, ein Deckel mit Luftlöchern auf den Kübel gesetzt und letzterer auf dem Dachboden abgestellt, wo er leicht zu erreichen war. Das Wesentliche hatte mir August, wohl im Bemühen, meine Vorbehalte gegen die unergründlichen Tiere etwas abzubauen, immer wieder erklärt, ist das Befeuchten. Die Lurche atmen in diesem Stadium, das man Winterstarre nennt, nur durch die Haut. Und die braucht Feuchtigkeit. – In den vergangenen Jahren war der Schaumgummi immer feucht gewesen.
Ein lauer Märztag. Ich stand, nachdem ich die Wäsche zum Trocknen aufgehängt hatte, an der Dachbodenluke und sah auf die Nach-

bargärten hinunter. Zu warm für die Jahreszeit, überlegte ich; aber schön, die Forsythien blühen schon. Ob ich die Etagenheizung abdrehen soll? – Als ich mich zum Gehen wandte, fiel mein Blick auf Augusts Krötenkübel. Verlassen stand er in einem Winkel. Allzu verlassen. Ich ging hin, lupfte den Deckel einen winzigen Spalt. Vorsicht war am Platze, möglicherweise setzte bufo bufo zum großen Sprung in den Frühling und die Freiheit an. Nichts. Ich lupfte etwas höher – nichts. Schließlich hob ich den Deckel zur Gänze. Verdorrt lagen die Lurche in ihrem trockenen Schaumgummibett, August hatte vergessen, sie zu befeuchten. Als sie am Leben waren, hatte ich nicht viel für sie übrig gehabt; aber der Anblick der verschrumpelten kleinen Kadaver stimmte mich traurig. Saukind, schimpfte ich halblaut auf August, hat er euch sterben lassen! – Ich nahm den Kübel mit in die Wohnung und stellte ihn – eine stumme Anklage – mitten in den Flur. August mußte ihn sehen, sobald er aus der Schule nach Hause kam.

Ich stand in der Küche, um Augusts Suppe aufzuwärmen, als die Tür ging. Sie fiel nicht, sie flog ins Schloß. Ein Pfeifen, das plötzlich verstummte. Aha, jetzt hat er den Kübel entdeckt. Ich verspürte einen Anflug boshafter Genugtuung, ein unlauteres »Geschieht-dir-schon-recht«-Gefühl. Es verflog, während ich horchte. August ging in sein Zimmer, blieb eine ganze Weile dort, ging dann ins Badezimmer. Ein Wasserhahn rauschte. Lange. August, komm endlich essen! Ich schrie, um das Geräusch des fließenden Wassers zu übertönen. August erschien prompt, unbewegten Gesichts. Er setzte sich an den Küchentisch, an dem wie stets, wenn er nach zwei Uhr aus der Schule kam, für ihn gedeckt war. Mein Schweigen war gespannt, das seine verhangen. Er hielt länger durch, ich sprach zuerst.

Hast du deine Kröten gesehen? – Er nickte. Das hätte nicht sein müssen. Ein bißchen denken ... – August verdrehte gequält die Augen. Schau nicht so, fuhr ich ihn an. Wer Tiere hält, übernimmt eine ... – August unterbrach mich. Verpflichtung, ich weiß, ergänzte er hämisch. Jawohl, eine Verpflichtung, wiederholte ich und verbiß mich rechthaberisch in das Thema, während ich mit dem vollen Salatsieb auf das Waschbecken klopfte, daß die Wassertropfen von den Blättern spritzten. Als ich mich umdrehte, war August nicht mehr da. Ich hörte ihn durch die Diele gehen. Eines sag ich dir, noch einmal wärme ich die Suppe nicht, rief ich böse. Als keine Antwort kam, setzte ich zum Sprint an. Zu spät, als ich die Diele erreichte, war er fort. Ich lief zum Fenster, um ihm einen Ordnungsruf nachzubrüllen, und ließ es sein.

August ging durch den Vorgarten. In der linken Hand trug er den Kübel mit den toten Kröten. Mit dem rechten Arm umklammerte er ein schweres gläsernes Behältnis. Das Terrarium, in dem er seine Teichfrösche hielt. Die Teichfrösche wurden nicht wie die Kröten in Winterstarre versetzt, sondern durchgefüttert. Manchmal, wenn August in der Schule war und ich sein Zimmer aufräumte, beobachtete ich die kleinen Tiere, klopfte an die Scheibe, sah, wie sie ihre Hälse blähten, und wußte nicht, ob sie mich an oder durch mich hindurchsahen. Im Gegensatz zu den Kröten hatte ich mich an die Frösche gewöhnt. Jetzt trug er sie fort. Ein trauriger Gang, eindeutig. Augusts Kopf war tief gesenkt.

Nach einer Stunde kehrte er mit leerem Terrarium und Kübel wieder. Ich geh Aufgaben machen, sagte er, ehe ich nach dem Verbleib der Frösche fragen konnte, und verschwand in seinem Zimmer. Indes, ganz ohne Nekrolog wollte er seine Lurchära offenbar nicht zu Grabe tragen. Als er seinen Vater abends nach Hause kommen hörte, tauchte er umgehend auf und peilte Richard, der, noch im Flur stehend, seine Post überflog, mit einem wehmütigen »Hallo, Papa« an. Hallo, mein Sohn. Wie war dein Tag, fragte Richard, in Gedanken beim Posteinlauf. Ich habe heute meine Frösche freigelassen, sagte August leise, deutlich und mit jenem ergreifenden Tremolo in der Stimme, das auf eine große Entscheidung nach schweren inneren Kämpfen schließen ließ.

Ich war eben dabei, die widerborstigen, mit Heftklammern festgezwackten Nummernschildchen aus Richards frischgeputzten Anzügen zu lösen, und hatte mich dabei schon mehrmals in die Finger gestochen. Ärgerlich drehte ich mich von der Garderobe weg und holte Atem, um Richard die ganze Wahrheit, also auch die Affäre Krötentod, wissen zu lassen. Mit einem diskreten Wedeln seiner Finger bedeutete mir Richard, den Mund zu halten. Wo? fragte er August und sah ihn ernst an. Im Tümpel, du weißt schon, auf der Wiese hinter der Mauer . . . – August brach ab, die Tränen saßen locker. Richard überlegte, nickte, fragte mit keinem Wort nach Augusts Gründen. Ich glaube, dein Entschluß war richtig, sagte er sachlich und gab August die Option auf ein letztes Wort. Der mußte mehrmals schlucken, ehe er sich zu einem »Ich glaube, der Entschluß war epochal« ermannte.

Es schien, als wären mit den Lurchen die letzten Ordnungsfaktoren aus Augusts Existenz gewichen. Anarchie machte sich breit.
August nahm meine morgendlichen Weckversuche fluchend oder gar nicht zur Kenntnis, woraus folgte, daß er an drei von sechs Tagen zu spät zum Unterricht kam. Es regnete Klassenbucheintragungen. »... stört ... schwätzt ... schläft ... hört trotz wiederholter Ermahnung nicht auf, provokant zu grinsen und mit dem Stuhl zu wakkeln.« Sein Notendurchschnitt sank beklemmend. Hausaufgaben erledigte er bestenfalls sporadisch. Sein Interesse am Lesen war versiegt, am liebsten griff er jetzt zu Comics. Er hörte aggressive, nervenzermürbende Musik, telefonierte nicht mehr mit Professor Biener und setzte sich demonstrativ von allen Kindern seiner Klasse ab, die ich jemals als nett bezeichnet hatte. Nur Ulrich blieb er treu. Aber der war inzwischen auch arg verkommen; vom nackenlangen Haar über den fleckigen Army-Parka bis zu den schiefgetretenen Clarks ein höchst unerfreulicher Anblick.
Auch August besaß einen Parka – eines meiner zahllosen Waterloos im Nervenkrieg gegen meinen pubertierenden Sohn. – Alle haben einen! Bitte, Mama, bitte, bitte, hatte er mich angefleht, als wir im Herbst ausgezogen waren, einen Mantel zu kaufen. Zuweilen bot er seinen Charme von ehedem auf. Warum eigentlich nicht, hatte ich mir gesagt, sei nicht so spießig, geh mit der Zeit. Ich ließ mich von August in ein verwinkeltes Stadtviertel führen, wo Geschäfte Shops hießen und die Ladenbesitzer, ähnlich wie auf Jahrmärkten, die Passanten mit Zurufen und Billigangeboten ins Innere ihrer Ali-Baba-artig vollgestopften Gewölbe lockten. Jeans, Lederjacken, Parkas, Nietenstiefel und Stickers. In vielen Farben, allen Größen und sämtlichen Preislagen. August wußte, was er wollte. Er griff nach einem zeltartigen, militärgrünen Riesending mit Kapuze und allerlei Schnüren, schlüpfte hinein und sah mich beschwörend an, als hinge seine Seligkeit am Besitz dieses unattraktiven Kleidungsstücks. Ich

wurde weich. Schön find ich's nicht, sagte ich, aber wahrscheinlich ist es praktisch.
Wenige Wochen später glich Augusts Parka dem von Ulrich. Fleckig; da und dort Risse, die aussahen, als wären sie vorsätzlich entstanden; ein Brandloch, von dem August behauptete, es sei rein zufällig dahin gekommen, Ulrich habe geraucht – nein, er August, doch nicht, wo dächte ich hin! –, ein Windstoß habe die glühende Asche auf den Ärmel seines Parkas geweht. Und die grauenhafte Anstecknadel? Und die englische Flagge auf der Rückennaht? Welcher Wind hat die da hingeweht, fragte ich giftig und machte mich daran, die erwähnten Embleme zu demontieren. August entriß mir den Überzieher. Das ist *mein* Parka und *mein* Sticker und *meine* Fahne, schrie er mich an. Du weißt ja nicht einmal, was das alles bedeutet! – Er hielt mir den Sticker vor die Nase. Na, was heißt THE WHO? Weißt du nicht. Die beste Musikgruppe von der Welt ist das! Quadrophenia ... Seine Stimme schraubte sich hysterisch höher. Halt den Mund, schrie ich zurück. Der Krach war fertig. Abends verpetzte ich August bei Richard. Der Bub ist unausstehlich, klagte ich, du mußt endlich mit ihm reden.
Im Gespräch mit dem Vater war August wie stets um Sachlichkeit bemüht. Parka, Stickers, die fanatische Verehrung von THE WHO, die Britenfahne am Outfit und das zur Schau getragene lockere Gehabe, all das seien integrierende Bestandteile einer jugendlichen, aus England stammenden Weltsicht, deren Vertreter unter der Bezeichnung »Mods« firmierten. So setzte er es dem verblüfften Richard auseinander. Daß es sich dabei schlicht um die britische Version unserer Halbstarken handelte, daß die Mods vorzugsweise auf Motorscootern durch die Gegend rasten, Passanten provozierten und Haschisch rauchten, verschwieg er. Und du bist also ein Mod, fragte Richard. August bejahte so stolz, als hätte man ihn gefragt, ob er Ritter der Ehrenlegion sei.
Wahrscheinlich hätten Richard und ich bald gewittert, daß die Mods nicht gerade von der Heilsarmee waren und der Umgang mit ihnen für August gefährlich werden könnte, wenn wir nicht plötzlich andere Sorgen gehabt hätten.
Richards Vater erkrankte schwer; er würde bald sterben, hatten uns die Ärzte mitgeteilt.

Richard und sein Vater. Die beiden verband eine tiefe, aber scheue Liebe, die sich nicht in Worten oder Gesten, sondern in Achtung voreinander ausdrückte. Richards Mutter war gestorben, als er eben zwölf geworden war, sein Vater hatte nicht mehr geheiratet, sondern sein einziges Kind mit Hilfe einer Wirtschafterin großgezogen. Als Richard mich seinem Vater vorstellte, hatte mich der strenge ältere Herr zunächst eingeschüchtert. Er war Richter; ich fand, daß seine Profession zu ihm paßte. Für ihn ist das nicht bloß ein Beruf, bestätigte Richard, sondern eine Berufung, ein Amt im höheren Sinn. – Er ist ein wandelndes Gesetzbuch, hatte ich meinen Eltern nach jenem ersten Besuch erzählt. Ich kam erst später dahinter, daß mein Schwiegervater in erster Linie Humanist war, der im Recht eine der großen Errungenschaften der Menschheit sah und die strikte Wahrung der Rechtsordnung und ihrer Normen als Dienst am Menschen auffaßte.

Der Mann bestand auch als Vater. Zwar hatte er Richard nie geherzt und kaum geküßt, weil das nicht in seiner Natur lag; Zärtlichkeit, Hautkontakt, mit einem Wort, die sinnliche Seite der Eltern-Kind-Beziehung, die ich von meinen Eltern so reichlich erfahren habe, sie hat Richard nicht erlebt. Dafür entließ sein Vater ihn mit einem Unterbau an ethischen Grundwerten, der sich sehen lassen konnte, ins Leben.

Als mir mein Schwiegervater zu unserem ersten Hochzeitstag eine Perlenkette seiner verstorbenen Frau schenkte und ich ihm spontan um den Hals fiel, stand er stocksteif da und wußte nicht, ob er mich seinerseits umarmen sollte. Keine Gefühlsduseleien, bitte, sagte er gepeinigt. Aber er hatte feuchte Augen bekommen. Auf sentimentaler Ebene geradezu wehrlos wurde er freilich, als August zum Angriff überging. Dicke kleine Hand des Krabbelkindes, die nach der tadellosen Bügelfalte im großväterlichen Hosenbein faßt, um sich daran hochzuranken. Befehl des Dreijährigen an den Großvater: Buch lesen! Und als der nicht reagiert: Bitte, bitte! – während klebrige Fingerchen Aufmerksamkeit heischend die Altmännerwange zwacken. Der besiegte Großvater schließlich dicht am Kinderbett sitzend. Liest. Hatschi Bratschi Luftballon, liest stockend, weil ihm Platons Dialoge auf altgriechisch soviel geläufiger sind als die Hexe Kniesebein.

August ist die Liebe meines späten Lebens, gestand mir mein Schwiegervater lächelnd, wenige Wochen, bevor er ins Krankenhaus ging. Er hatte sich entschlossen, das Magengeschwür, das man konstatiert hatte, operieren zu lassen. Ein paar Tage später hatte sich das Geschwür als inoperabler Krebs entpuppt. Fortgeschrittenes Stadium, wir haben gleich wieder zugemacht, sagte der Arzt zu Richard, der weiß um die Lippen geworden war. Wir haben es Ihrem Vater gesagt, ein stolzer Mann wie er will wissen, wann es ans Sterben geht. Wie lange noch? fragte Richard. Wochen, vielleicht zwei, höchstens drei Monate, sagte der Arzt.

Richards Vater wollte in seiner Wohnung, in der er die letzten vierzig Jahre seines Lebens zugebracht hatte, sterben dürfen. Wir schaffen das schon, hatte ich Richard versichert. Der Kranke wurde vormittags von seiner Wirtschafterin betreut, die ich mittags ablöste, um so lange zu bleiben, bis eine Nachtschwester ihren Dienst antrat. Meinen darniederliegenden Haushalt hielt meine Mutter in Schwung, so gut sie konnte. Sie sah auch nach August, der im übrigen versichert hatte, er sei schließlich alt genug, um für sich zu sorgen. Ist ja richtig, überlegte ich und fand nichts dabei, den Buben sich selbst zu überlassen.

Richard machte mir in diesen Wochen und Monaten weit größeres Kopfzerbrechen als das Kind. Er brachte es nicht zuwege, seine Trauer um den Vater auszuleben. Mit zusammengebissenen Zähnen wahrte er sein Alltagsgesicht. Keine der zahlreichen Auslandsreisen und endlosen Konferenzen, die sein Beruf mit sich brachte, wurde abgesagt. Gehetzt raste er, sooft seine Zeit es erlaubte, ans Krankenbett seines Vaters, um dort so zu tun, als hätte er jede Menge Zeit. Und nachts konnte er vor innerer Anspannung und Übermüdung nicht schlafen.

Auch ich war überlastet und oft erschöpft. Die Hetzerei am Vormittag, die zähflüssigen Stunden am Bett des kranken Mannes, dessen Schmerzen ich nicht lindern, dessen Verfall ich nicht aufhalten konnte. Die Qual dieses Ästheten, mir Unästhetisches zumuten zu müssen. Sein Warten auf Richard, auf ein Wunder, auf den Tod. Spät abends, wenn Richard und ich endlich zu Hause waren, saßen wir oft schweigend da, hielten uns an den Händen, fühlten, ohne sie zu bereden, die Erschöpfung nach den Stürmen des Tages. Im Wind-

schatten der Ereignisse bewegte sich August, unbeobachtet, ungehindert. Wir merkten nicht, daß er sich den Mods immer enger anschloß.
In der Pubertät befindliche Buben haben ein starkes Gruppenbedürfnis; je mehr sie sich von der Familie ablösen, desto wichtiger wird für sie die Zugehörigkeit zu einem Kreis von Gleichaltrigen. In der Gruppe will man etwas gelten, ihren Ehrenkodex hält man ein, ihren Regeln, selbst wenn sie asozial sind, fühlt man sich bedingungslos verpflichtet. Fakten wie diese zählt jeder angehende Jugendpsychologe schon sehr bald zu den Binsenwahrheiten seines Berufs. Doch, Hand aufs Herz, wie viele Eltern pubertierender Kinder wissen über sie Bescheid? Auch Richard und ich hatten von diesen Dingen keine Ahnung. Wir tasteten uns in dem geheimnisvollen Seelendschungel unseres Sohnes vor, wie weiland Stanley und Livingstone in das Innere Afrikas.
Wieder war es meine Mutter, die mich warnte. Du mußt dich mehr um August kümmern, er ist kaum einen Nachmittag zu Hause, bohrte sie. Englischstunde, Turnunterricht, bei Ulrich wird er sein, wehrte ich müde ab. Jeden Nachmittag? Ich sage dir, irgend etwas stimmt nicht, insistierte meine Mutter. Er ist verwahrlost, sieht elend aus, gibt mir freche Antworten, wenn ich ihn frage, wo er sich herumtreibt. Soll ich mit Richard darüber sprechen? – Nur das nicht, fuhr ich auf, der hat jetzt wirklich andere Sorgen. Er ist total fertig. Mit seinem Vater geht es zu Ende. –
Der Zustand meines Schwiegervaters hatte sich dramatisch verschlechtert. Der Arzt kam mehrmals täglich, um ihm schmerzstillende Mittel zu spritzen. Richard hatte auch eine Tagesschwester engagiert, weil die Betreuung des Kranken immer schwieriger wurde. Krankenhaus wäre besser, hatte der Hausarzt gemeint. Kommt nicht in Frage, hatte Richard sich geweigert.
Als ich August eines Abends sagte, daß sein Großvater bald sterben würde, ließ ihn das seltsam unberührt. August liebte seinen Großvater, eine Zeitlang war er regelmäßig am Krankenbett aufgetaucht, hatte ein wenig von der Schule erzählt, von den Freunden und davon, wie es draußen langsam Sommer wurde. Danke für deinen Besuch, hatte der Großvater nach einer Weile gesagt, und jetzt lauf, versitze deine Zeit nicht in der ungesunden Luft. – Und wenn August

sich niederbeugte, um ihn zum Abschied zu küssen, hatte er seinen Kopf zur Seite gedreht. Alte kranke Menschen soll man nicht küssen, hatte er gesagt, um dann den eiligen Schritten des abgehenden August so lange zu lauschen, bis er die Wohnungstür ins Schloß fallen hörte. Eines Nachmittags, nachdem August gegangen war, bat er mich um einen Handspiegel. Er betrachtete sein abgezehrtes Gesicht, die tiefliegenden Augen. August soll nach Möglichkeit nicht mehr kommen, sagte er ruhig. Er soll mich in guter Erinnerung behalten.

Es bedurfte keiner großen Erklärungen meinerseits – August blieb wie auf ein geheimes Kommando von selber weg. Er fragte nicht einmal mehr, wie es dem Großvater ging. Er fragte überhaupt nichts, sprach wenig mit uns, saß meistens vor dem Fernsehapparat, wenn Richard und ich nach Hause kamen, und rief uns irgendwann ein beiläufiges »Ich geh jetzt schlafen, gute Nacht« zu. In diese seltsam unkommunikative Zeit fiel meine Bekanntschaft mit Josef.

Richards Cousine hatte meinen Nachmittagsdienst beim Schwiegervater übernommen, weil ich eine Besorgung machen mußte. Ich war früher fertig geworden, als ich gedacht hatte, und ging nach Hause. August? rief ich, als ich im Flur stand. Und noch einmal: August! Keine Antwort. Offenbar war er nicht da. An meiner Enttäuschung merkte ich, wie sehr ich mich auf ihn gefreut hatte.

Plötzlich sah ich, wie die Tür zu Augusts Zimmer einen Spalt geöffnet wurde. Ein fremder Bub lugte um die Ecke. Wer bist du? fragte ich barsch, weil erschrocken. Was machst du denn da? – Unsicher trat der Bub von einem Bein aufs andere, ehe er sich entschloß, das schützende Zimmer zu verlassen und auf mich zuzugehen. Guten Tag, sagte er leise, ich bin der Josef. August hat mir erlaubt, in seinem Zimmer zu lesen, weil's hier so still ist ...

John-Lennon-Brille, Stoppelfrisur, kein T-Shirt, sondern Hemd. Was liest du? fragte ich, weil mir nichts anderes einfiel. Artaud, sagte er. Ich hatte keine Ahnung, wer Artaud war. Antonin Artaud, der Surrealist, versuchte er mir zu Hilfe zu kommen, verstummte gleich wieder. Ich betrachtete ihn neugierig. Bist du ein Mod? fragte ich. Josef lachte sympathisch. Nein, sagte er, ich bin kein Gruppenmensch, ich

bin ein Einzelgänger. – Er hatte mich erobert, noch ehe ich seine Geschichte kannte.
August erzählte sie mir abends auf mein Befragen. Er tat es eher widerstrebend, als hätte er Angst, seinen Freund damit preiszugeben: In einer als sehr konservativ bekannten ländlichen Gegend unehelich geboren. Mutter Kellnerin, Vater unbekannt. Großeltern Nebenerwerbsbauern, bei ihnen wächst Josef auf. Streng gehalten, stets sauber gewaschen und gekämmt, das, was man ein adrettes, stilles Kind nennt. Als der Klassenlehrer den Großeltern mitteilt, Josef sei überdurchschnittlich intelligent und solle unbedingt in die Stadt aufs Gymnasium gehen, ist der Großvater nicht erfreut. Besuch einer höheren Schule bedeutet finanzielle Opfer. Aber der Großvater ist ein obrigkeitsgläubiger Mann, der Lehrer ist die Autorität im Dorf, und der Pfarrer, der dem Lehrer sekundiert, schon gar; also gibt der Großvater widerspruchslos seine Einwilligung zu Josefs Gymnasiallaufbahn. Josefs Mutter wird nicht gefragt, sie ist ohnehin nicht da, ist irgendwo in Düsseldorf oder Hamburg in Stellung. Der Zehnjährige wird in die Stadt gebracht, wo er keinen Menschen kennt, und wohnt in einem Schülerheim, von wo aus er das Gymnasium besucht. Hervorragende Noten, Kontaktarmut. Der erste Mensch, der Josefs Isolation aufbricht, ist August. – Er ist nämlich irrsinnig gescheit, berichtet August abschließend, ein echter Philosoph. Was der alles liest, da schnallst du ab. Und weil er in dem Scheiß-Schülerheim nie einen Platz für sich hat, hab ich ihm gesagt, er kann in meinem Zimmer lesen. Ich bin eh fast nie da. – Ich war gerührt, fand August super und vergaß darob zu fragen, wo mein Sohn sich eigentlich aufzuhalten beliebte, wenn er nicht in seinem Zimmer war.

Eine Woche nach Schulschluß. Richard sollte geschäftlich für drei Tage ins Ausland reisen. Glauben Sie, daß ich es riskieren kann, fragte er den Hausarzt. Der Zustand Ihres Vaters hat sich etwas stabilisiert, meinte der, fahren Sie. – Am Tag nach Richards Abreise begann der Todeskampf. Sie sollten hierbleiben, riet mir die Krankenschwester, es kann jede Minute aus sein. Ich versuchte, Richard telefonisch zu erreichen. Er sei unterwegs, hieß es, man werde ihm alles

bestellen, sobald er zurückkomme. Ich rief meine Mutter an und bat sie, in unserer Wohnung zu übernachten, damit August nicht allein sei. Dann setzte ich mich ans Bett meines Schwiegervaters.
Zwölf Stunden, zwanzig Stunden, der alte Mann starb schwer. Richard, rief er immer wieder. Er ist schon auf dem Weg, Vater, versuchte ich ihn zu beruhigen und befeuchtete seinen trockenen Mund mit einem Gazetupfer. Ich war eingedöst, als er plötzlich nach meiner Hand tastete. August, flüsterte er, ich möchte August noch einmal sehen. Sieben Uhr früh. Ich rief daheim an. Setz August in ein Taxi, sagte ich zu meiner Mutter, und schick ihn her. Hältst du das für richtig, fragte sie. Ich wußte es nicht und hängte ein. August kam. Auf Zehenspitzen trat er ans Bett. Seine Augen wurden weit vor Schreck, als er den Sterbenden sah. Sei ganz ruhig, streichle seine Hände, sagte ich leise. Der Großvater öffnete einmal die Augen, sein Mund verzog sich, wahrscheinlich war es sein letztes Lächeln. Geh wieder nach Hause, sagte ich zu August.
Er wird durchhalten, bis Ihr Mann da ist, hatte mir der Hausarzt versichert, und er behielt recht. Zwei Stunden, nachdem Richard zurückgekommen war und seinen Vater behutsam in die Arme genommen hatte, starb der alte Mann.
Rituale im Sterbezimmer, pietätvolle Geschäftigkeit, Amtswege. Richard bestand darauf, daß ich nach Hause fuhr. Du bist grau vor Erschöpfung, sagte er. Und du mußt es August sagen.
August. Er war nicht da, als ich nach Hause kam. Ich schlich ins Wohnzimmer, fiel in einen der großen Ohrensessel, griff nach dem Telefon. Mami? Richards Vater ist tot. Ist August bei dir? – Er war nicht bei ihr. Sie sei nur nach Hause gefahren, um ihre Blumen zu gießen und für meinen Vater einzukaufen. August wollte eigentlich auf sie warten. Vielleicht ist er bei Ulrich?
Ich lag mehr in dem Sessel, als ich saß. War todmüde und wollte nicht mehr reden, nicht denken. Irgendwann merkte ich, daß ich weinte. Und irgendwann hörte ich durchs offene Fenster Stimmen. Junge Stimmen. Lachen, das irgendwie zotig klang. Ich hörte August. Als die Wohnungstür aufging, stand ich im Flur. Sah zwei grinsende Burschen, älter als August, mit sämtlichen Insignien der vermaledeiten Mods geschmückt. Sah ein struppiges Mädchen mit pickeliger Haut, das einen Arm um Augusts Schulter gelegt hatte. Und ich sah

August. Verschmutztes T-Shirt, glasige Augen, ein dümmliches kleines Lachen um den Mund. Durch sein linkes Ohrläppchen war eine Sicherheitsnadel gestochen.
Wir fixierten einander wortlos. Ich glaube, ich vergaß eine Weile zu atmen. Großvater ist tot, sagte jemand. Das muß ich gewesen sein. Dann stieg etwas Unnennbares in mir hoch. Ein Druck in meinem Brustkorb, der stärker, immer stärker wurde und dann platzte. Raus, schrie ich, raus, raus, raus mit euch! Verschwindet!
Ich muß einen erschreckenden Anblick geboten haben. Die fremden Jugendlichen wichen zurück, drehten sich um, liefen die Stiegen hinunter. Ratten, sagte ich, griff den willenlosen August am Arm und zerrte ihn vor den großen Spiegel. Schau dich an! – Ich stand hinter ihm und schüttelte ihn. Schau dich an! – Reaktionsschwach gingen seine Augen zwischen seinem und meinem Spiegelbild hin und her. Ich zähle bis drei, sagte ich eiskalt, dann ist die Nadel aus deinem Ohr, oder ich reiß sie dir heraus. August schüttelte den Kopf. Eins, sagte ich. Zwei. Ich war jetzt ganz ruhig, hob die Hand und griff nach der Nadel. Nein, wimmerte August plötzlich und fuhr mit beiden Händen an sein Ohr. Laß mich, ich mach das selber.

Jahre später gestand mir August, daß er an diesem Nachmittag den Versuchungen der Gruppencapos erlegen war und zum ersten Mal Haschisch geraucht hatte. Der Anblick des Sterbenden war ein Schock gewesen. Er hatte sich unsicher, unverstanden, alleingelassen gefühlt. Zu Hause war niemand, der getröstet hätte, aber die Gruppe war da. Und die Nadel? Einfach so, eine Art Mutprobe wohl, ein Zeichen von Zugehörigkeit, Blutsbrüderschaft.
Ich glaube, es war niemandes Verdienst, allenfalls Glück, daß Augusts Verbindung zu den Mods schlagartig abriß. Die Kulmination dramatischer Ereignisse wirkte offenbar wie ein Elektroschock. Das Ende eines Zustandes war gewaltsam herbeigeführt worden. Ein neuer Zustand würde sich breitmachen. Er dämmerte schon herauf.
Das Begräbnis von Augusts Vater war eine würdige Angelegenheit gewesen. Reden, Kränze, posthume Ehren. August war wie ausgewechselt. Er war voll Anteilnahme, benahm sich tadellos, suchte Richards Nähe und fallweise sogar die meine. Sein Großvater wäre stolz auf

ihn, sagte Richard ein paar Tage später, als wir schon im Bett lagen. Er ist so ein normaler, fröhlicher Bub, eigentlich noch ein Kind, findest du nicht? – Mhmmm, machte ich und war froh, daß das Licht schon gelöscht war und Richard mein Gesicht nicht sehen konnte. Ich hatte ihm nicht nur die Sicherheitsnadel im Ohr seines Sohnes, sondern auch einen pflaumengroßen Knutschfleck an dessen Hals verschwiegen. Als ich mit August vor dem Spiegel gestanden und ihn geschüttelt hatte, war sein T-Shirt verrutscht – und da sah ich ihn, den Fleck. Aber eigentlich gehörte der schon zu einem neuen Kapitel.

Heldin in Not

In vielen Fällen müßte man nicht das Mädchen, sondern die Eltern erziehen, sagte mein Gynäkologe, als ich ihm, ohne Namen zu nennen oder auf die näheren Umstände unserer Freundschaft einzugehen, von Wanda erzählte. Es gäbe nicht nur früh-, sondern auch spätreifende Jugendliche, und es sei kein Grund zur Panik, wenn ein vierzehnjähriges Mädchen noch nicht menstruiere. Manche Mädchen hätten ihre erste Regelblutung erst mit siebzehn, und auch das sei noch im Bereich des Normalen. Arg ist nur, meinte er, wenn solche Kinder verunsichert werden, wenn man ihnen das Gefühl vermittelt, nicht vollwertig zu sein. – Er berichtete Haarsträubendes. Von Müttern, die ihren Töchtern geradezu einhämmerten, daß etwas nicht mit ihnen stimme. Ich habe die Regel schon mit zwölf gehabt. Was kann nur mit dir los sein? Von Großmüttern, die die ohnehin vorhandenen Minderwertigkeitskomplexe ihrer Enkelinnen mit Bemerkungen wie »Hast du jetzt endlich deine Regel? Was, noch immer nicht? Armes Engelchen. Na ja, es wird schon werden« künstlich aufblähten. Im Vergleich dazu war Wandas Familie harmlos. Sie sparten bloß die Themen Sexualität und Körperlichkeit aus, als gäbe es sie nicht.

Seit dem »großen Gespräch« wußte ich, daß Wanda unter ihrer mangelnden körperlichen Reife litt. Sie hatte das freilich nicht wörtlich so ausgesprochen, wäre dazu wohl auch nicht in der Lage gewesen. Denn die Wurzeln des eigenen Unbehagens zu erkennen ist eine Kunst, an deren Übung sich selbst die klügsten Erwachsenen mitunter die Zähne ausbeißen. Von einem Kind, das eben den Kraftakt der Pubertät zu bewältigen suchte, war eine derart reife Leistung nicht zu erwarten. Nein, Wanda hatte einfach erzählt, und zwischen den Zeilen ihrer Geschichte war zu lesen gewesen, was sie quälte. Kein Busen, kein Längenwachstum, keine Regel. Während ihre Freundin-

nen sich zu Weibchen mauserten und von ersten Küssen und Schmusen tuschelten, blieb sie das knabenhafte Kind und wurde von den anderen auch als solches abgetan. Du, kleine Wanda, tanze! hatte Mara, die Sexbombe der Klasse, zu ihr gesagt und sie als noch nicht genügend erwachsen aus dem Kreis von Mädchen ausgeschlossen, dem sie unter dem Siegel absoluter Verschwiegenheit verriet, was der Tennislehrer in der Clubgarderobe tatsächlich von ihr gewollt hatte. Die Unzufriedenheit mit dem eigenen Körper drückte Wandas Selbstwertgefühl, was wiederum in die Isolation führte. »Dem Vergleich mit den anderen kann ich nicht standhalten, auch gut, bleib ich halt allein.« Was Wanda zu ihren Träumereien auf dem Dachboden trieb, waren nicht nur vage, ihrem Alter übrigens durchaus entsprechende Sehnsüchte, sondern auch eine Art Flucht vor der Wirklichkeit. Und da ihre Mutter, aus welchen Gründen immer, nicht gewillt oder nicht in der Lage zu sein schien, ihr Kind vom Dachboden in die Realität zurückzuholen, hatte ich beschlossen, einzugreifen.
VORSICHT, IMPULSIV! hatte mein Vater einst mit Rotstift auf ein Schildchen gemalt und es an die Tür meines Zimmers geheftet. Damals muß ich etwa in Wandas Alter gewesen sein, und meine gefühlsbetonten Reaktionen waren in der Familie gefürchtet. Das Pflänzchen Vernunft, so mein Vater, neige in meinem Fall zum Verkümmern und müsse ständig begossen werden. Weshalb er mir noch heute gerne predigt: Erst denken, dann handeln.
In bezug auf Wanda und ihr spezifisches Problem hatte ich ausnahmsweise nachgedacht, ehe ich zur Tat schritt. Wer oder was gab mir das Recht, mich in das Leben dieses Kindes einzumischen? Wanda war weder Waise noch mit mir verwandt, ich war weder ihre Lehrerin noch ihre Patin, ich war mit ihrer Familie nicht befreundet, ja nicht einmal näher bekannt. Ich war lediglich Wandas ältere Freundin. Und just das war der springende Punkt.
Wanda betrachtete mich je nach Bedarf als eine Art Ideal-Mutter, glorifizierte ältere Schwester oder Über-Freundin. Sie hatte mich als ihre außerfamiliäre Bezugsperson adoptiert. Eine Funktion, die – wie mir erst kürzlich eine erfahrene Jugendpsychologin erklärte – gerade für Kinder in der Pubertät wichtig ist. Auf der Suche nach Identität bräuchte der Jugendliche Menschen außerhalb seines engsten Fami-

lienkreises, mit denen er sich identifizieren könne. Lehrherren, Priester, Lehrer oder vom Jugendlichen rein zufällig entdeckte Personen. Leute jedenfalls, die nicht ins Kernfamiliengeschehen involviert sind; Neutrale, mit denen der Jugendliche nicht im Clinch liegt und zu denen er oft viel mehr Vertrauen hat als zu Eltern, Großeltern oder Geschwistern.

So gesehen war ich also längst nicht mehr unbeteiligte Außenstehende. Dafür hatte Wanda, indem sie mich zu ihrer Vertrauten erkor, gründlich gesorgt. Im übrigen glaubte ich zu wissen, was Wanda in ihrer gegenwärtigen Verfassung nötig hatte: einen Besuch bei einem sympathischen Frauenarzt, der wohl zunächst auch ohne gynäkologische Untersuchung würde feststellen können, ob mit Wandas Entwicklung etwas nicht stimmte oder ob sie einfach ein Spätzünder war; der ihr erklärte, daß ihr Körper auch ohne deutlich sichtbare Zeichen im Umbau begriffen sei und daß mit ihr alles zum Besten stehe. Ein solches Okay, von einem Fachmann ausgesprochen, würde das Kind entkrampfen und sein Selbstwertgefühl heben. Aber ich konnte Wanda schließlich nicht bei der Hand nehmen und mit ihr zu meinem Gynäkologen gehen, wie es seinerzeit meine Mutter mit mir getan hatte.

Eine tolle Tat, wenn man bedenkt, mit wieviel unnatürlicher Verschämtheit man damals dem Thema »Besuch beim Frauenarzt« begegnete. Ich glaube, ich war fünfzehn. Unvergessen der schneeweiße Ordinationsraum, das Gespräch mit dem kugelrunden älteren Herrn, in dessen Glatze sich die Nachmittagssonne spiegelte. Ich habe dich auf die Welt gebracht, jetzt muß ich dir die Hand küssen, hatte er mich lachend begrüßt und dann meine Mutter weggeschickt. Nichts wurde an mir untersucht, wir haben nur geplaudert; über den weiblichen Körper, wie fabelhaft es sei, eine Frau zu sein, über Liebe und Eros. Das Wort Sex fiel nie. Als ich mit siebzehn zum ersten Mal auf den gynäkologischen Stuhl kletterte, tat ich es ohne Scheu. Ich vertraute dem Arzt, er war mein Freund, er wollte mir wohl.

Auch der Nachfolger des inzwischen verstorbenen alten Herrn weiß um die Empfindlichkeit des Verhältnisses Gynäkologe–Patientin. Sorgsam horcht er auf sämtliche, in seelische Bereiche gehende Wünsche und Fragen, auch die unausgesprochenen. Ich hatte beschlossen, ihm bei der nächsten sich bietenden Gelegenheit Wandas Fall zu schildern und ihn um Rat zu fragen.

Mit einem »Erste-Hilfe-Paket« für Wanda verließ ich meinen Frauenarzt. Informationen und Tips, viel Physiologisches, allerlei für die Psyche. Ich würde ihr das nach und nach füttern, sie möglicherweise dazu bringen, sich ihrer Mutter anzuvertrauen, einen Besuch bei einem Gynäkologen ins Auge zu fassen. Alles sanft, alles behutsam, hatte der meine mir eingeschärft. Ich würde also vorerst abwarten, bis Wanda sich meldete . .

Zu meiner sorgfältig ausgetüftelten Therapie sollte es nicht mehr kommen. Wanda meldete sich mehrere Wochen hindurch nicht; und ein nächstes Lebenszeichen gab nicht *sie*, sondern ihr Vater. Es war grotesk, beinahe hätte ich laut gelacht – der Padrone benützte fast wörtlich die altvertraute Redewendung seiner Tochter, als er mich eines Morgens anrief. Sind Sie zu Hause, gnädige Frau, fragte er, kann ich kommen? –

Wir verabredeten uns für den späten Nachmittag, achtzehn Uhr, aber nicht bei mir, sondern in der bekanntesten Bar unserer Stadt. Nein leider, ich sei heute den ganzen Tag über unterwegs, hatte ich gesagt. Ob irgend etwas mit Wanda passiert sei. O ja, in der Tat! – Die Stimme des Padrone dröhnte fröhlich wie eine Festfanfare. Aber das ist nichts fürs Telefon, ich möchte Ihnen das persönlich erzählen, so viel Zeit muß sein. – Als er hörte, daß ich in der Innenstadt sei, schlug er als Treffpunkt die elegante kleine Hotelbar vor, in die mich Richard, der wußte, wie sehr ich sie liebte, an besonderen Festtagen auszuführen pflegte.

Ich bin ein pünktlicher Mensch. Ergo sank ich punkt achtzehn Uhr in einen der mauvefarben gepolsterten, weichen Sessel, die so gut zum behaglichen Dämmerlicht des Etablissements paßten. Der Padrone war noch nicht da. Ich wartete, Aug' in Aug' mit dem Barpianisten, der so tat, als spiele er nur für mich. »Strangers in the Night«, »Red Roses for a blue Lady«. Schleicher, hätte August verachtungsvoll gesagt. Schmalzfetzen, hatte das zu meiner Zeit geheißen. Als der Padrone zwanzig Minuten später die Bar betrat, brachte er die schwebende Atmosphäre der blauen Stunde zum Platzen, als wäre sie eine

Seifenblase. Schnelle, große Schritte; runder schwerer Schädel, über meine Hand gebeugt; kräftige Stimme. Verzeihen Sie die Verspätung, der Verkehr, Rushhour... Was darf ich für Sie bestellen? Herr Ober... – Der Kellner paßte sich dem Tempo an, das der Padrone vorgab. Er legte seine auf das Ambiente zugeschnittene Lässigkeit ab und servierte klirrend und präzise. Ganz Action, hätte August anerkennend gesagt.
Gnädige Frau –. Der Padrone schenkte mir einen ans Innige grenzenden Blick und hob mir sein kältebeschlagenes Glas entgegen. Ich danke Ihnen. Was Sie an Wanda vollbracht haben, ist ein wahres Wunder. – In einem Zug leerte er das schmale, hohe Glas Pils, deutete dem Ober, noch eines zu bringen, wandte sich wieder mir zu und sah mich erwartungsvoll an. Ich hatte nicht die blasseste Ahnung, von welchem Wunder der Mann sprach und was er von mir hören wollte. Stumm, mit blöde gerundeten Augen starrte ich zurück. Mama macht wieder ihr erstauntes Karpfengesicht, hätte August respektlos gesagt.
Es dauerte eine Weile, ehe der Padrone begriff, daß ich tatsächlich nicht wußte, worauf er anspielte; und daß ich sein Entzücken über seine angeblich schlagartig vom Rabenbraten zum Musterkind gewordene Tochter nicht zu teilen vermochte, weil ich Wanda seit Wochen weder gesehen noch gesprochen hatte. Sie hat es Ihnen also nicht erzählt, wiederholte er mehrmals verwundert, ehe er sich faßte, noch ein Pils für sich und ein Glas Weißwein für mich bestellte und die geheimnisvolle Geschichte endlich zum besten gab.

Vor drei Wochen hatten Wandas Eltern eine Reise angetreten. Für die Familie stellte das insofern ein außergewöhnliches Ereignis dar, als der Vater zwar laufend, die Mutter hingegen so gut wie nie auf Reisen ging. Der alljährliche Transfer ihrer sieben Kinder in die Sommerfrische und zurück erschöpfte die Frau dermaßen, daß jeder weitere Ortswechsel sie mit Schaudern erfüllte. Allein der Vorschlag ihres Mannes, sie möge ihn auf eine Geschäftsreise begleiten, konnte zu einem ihrer gefürchteten, bis zu achtundvierzig Stunden dauernden Migräneanfälle führen. Meistens jedoch erübrigte sich diese ihre Flucht ins Leiden, weil sie ohnehin schwanger oder eines der Kinder krank oder das Personal gerade weggelaufen war. Als der Padrone vor einem Monat vorgeschlagen hatte, seine Frau solle ihn zu einer Bauverhandlung nach Bologna begleiten, sah sie sich plötzlich in der Zwickmühle. Schwanger war sie das letzte Mal vor acht Jahren mit den Zwillingen gewesen, die Familie war rundum gesund, und auch das neue Kindermädchen bewährte sich. Wer wird kochen? hatte sie mit ängstlich flatternden Augenlidern einen letzten Rückzieher unternommen. Himmelherrgottnocheinmal, die Köchin! hatte ihr Mann geflucht und gleich darauf einen unwiderstehlichen Köder ausgelegt. Anschließend fahre ich drei Tage mit dir nach Rom, sagte er, Kleider kaufen und Papstaudienz. Ja, wenn das so ist, hatte sie überrascht aufgeseufzt und die ihr ultimativ verbleibende Möglichkeit, die Migräne, glatt vergessen.

Die Kinder fanden es aufregend, eine Woche Hausherren zu spielen, und freuten sich diebisch aufs Alleinsein. Die älteren Buben versprachen, auf die jüngeren Geschwister aufzupassen. Die Zwillinge fragten pausenlos, ob die Eltern Geschenke aus Italien mitbringen würden. Und Vera, die auf Nummer Sicher gehen wollte, legte der etwas vergeßlichen Mutter einen Wunschzettel – Schuhe bitte, Pulli bitte, Tasche bitte – in den Koffer. Nur Wanda war bis zum Schluß ekelhaft gewesen. Als die Eltern mit den Koffern in der Vorhalle standen und sich von den Kindern verabschiedeten, hatte sie rasch noch einmal die Gelegenheit ergriffen, die Mutter zu kränken. Und was soll ich dir mitbringen, Wanda, hatte die Mutter gefragt. Darauf Wanda, maliziös lächelnd: Weihwasser aus dem Vatikan. Das vergißt du sicher nicht.

Eine Woche würden die Eltern fort sein. Drei Tage lief alles wie am Schnürchen. Ladislaus, mit neunzehn der Älteste der Brut, studierte bereits und kümmerte sich nicht viel um die Geschwister. Unbehelligt zogen sie ihre Kreise, stritten kaum und sahen sich eigentlich nur zu den Mahlzeiten. Um neun Uhr morgens kam die Köchin; sie verließ das Haus um siebzehn Uhr, nachdem sie das Abendessen für die Kinder vorbereitet hatte. Dem segensreichen Wirken einer täglich erscheinenden Putzfrau war es zuzuschreiben, daß sich das Chaos im Haus in Grenzen hielt. Das Kindermädchen Helga hatte im Grund nicht viel mehr zu tun, als auf die Zwillinge aufzupassen. Wie ein Haftelmacher! hatte ihr der Padrone eingeschärft und ihr drei freie Tage versprochen, wenn sie diese eine Woche auf ihren freien Abend verzichten und das Haus nicht verlassen würde; mit Kindern könne immer was sein, sie, Helga, sei der einzige erwachsene Mensch im Haus, er zähle voll auf sie und ihr Verantwortungsgefühl.

In der Nacht nach dem dritten reibungslos verlaufenen Tag wurde Wanda durch ein Stöhnen geweckt. Vera, die mit Wanda ein Zimmer teilte, schlief wie ein Murmeltier, das Stöhnen kam von nebenan, aus dem Zimmer der Zwillinge. Als Wanda die Tür öffnete, bot sich ihr ein Bild des Jammers. Mit fieberglänzenden Augen lag Jan, die männliche Hälfte des unzertrennlichen Zwillingspärchens, zusammengekrümmt in der unteren Etage des Stockbettes. Seine Schwester Ida hatte Kissen, Stofftiere, ihre eigene Bettdecke und etliche Handtücher um den Körper des Kranken gestopft; sie kniete vor dem Schmerzenslager des Bruders und betätschelte dessen Stirn mit einem tropfnassen Waschlappen. Was hat er? fragte Wanda. Bauchweh, solches Bauchweh, klagte Ida verzweifelt, als hätte sie selber Schmerzen. Wo ist Helga? wollte Wanda wissen. Fort, schniefte Ida, sichtlich froh, daß endlich jemand Kompetenter in das Geschehen eingriff.

Wanda fegte zu Helgas Zimmer, riß die Türe auf, sah ein unberührtes Bett. Mistvieh, fluchte sie laut. Kein Zweifel, das pflichtvergessene Kindermädchen war dem Ruf der Leidenschaft erlegen und hatte sich, sobald im Hause alles schlief, zu ihrem Freund geschlichen. Ohne lange zu überlegen, griff Wanda nach dem Telefonbuch, suchte die Nummer eines in der Nachbarschaft ansässigen Arztes heraus und rief ihn an. Der Fehler, den der Medicus im folgenden beging, war zwar nicht verzeihlich, aber begreiflich; es war zwei Uhr morgens, als Wanda ihn aus dem Bett läutete. Sie müssen kommen, befahl sie energisch, mein kleiner Bruder hat Bauchweh. – Langsam, langsam, wehrte sich der in seiner Nachtruhe Gestörte und wollte zunächst wissen, wo genau es weh tat, und wie, und was das Kind zu Abend gegessen hatte. Wanda lief zwischen Telefonapparat und Krankenbett hin und her und beschaffte die gewünschten Informationen. Als sich im Zuge ihrer Recherchen herausstellte, daß Jan nach dem Abendessen das restliche Schokoladeeis aus dem Tiefkühlschrank stibitzt und zur geschmacklichen Abrundung die restliche

Mayonnaise aus der Tube verdrückt hatte, ließ der Arzt sich zu einer Ferndiagnose verleiten. Verdorbener Magen, sagte er. Falls sich der Bub am Morgen nicht besser fühle, würde er gegen Mittag vorbeischauen.

Indes, Jan fühlte sich nicht nur nicht besser, es ging ihm zusehends schlechter. Tränen liefen über seine Wangen, »aua, aua«, wimmerte er leise. Einmal stieß er ein lautes »Au« aus. Es sticht so, sagte er, als Wanda ihn fragte, was jetzt wieder los sei. Er wird sterben, plärrte die kleine Ida und sah Wanda flehentlich an, als sei diese eine Schutzmantelmadonna.

Mehr instinktiv als rationell dürfte Wanda erfaßt haben, daß Jans Zustand ernst war.

Sie wurde später immer wieder gefragt, warum sie weder Ladislaus noch einen von den anderen geweckt, weshalb, um Himmels willen, sie denn alles allein gemacht habe, wie sie überhaupt auf die Idee gekommen sei, zu tun, was sie getan hatte. Wanda wußte auf diese Fragen keine Antwort. Sie zuckte mit den Schultern, legte den Kopf ein wenig schief und lächelte. Weiß ich nicht, weiß ich wirklich nicht, es war ganz automatisch ...

Um 3.30 Uhr schlüpfte Wanda in Jeans und Pullover, ging in die Küche, wo in einer Keksdose immer etwas Geld für Lieferanten oder den Briefträger bereit lag, und steckte, was sie finden konnte, zu sich. Dann lief sie in den ersten Stock zurück, riß im Badezimmer den Bademantel eines ihrer größeren Brüder vom Haken und ging zu Jan zurück. Vorsichtig richtete sie das vor Fieber bibbernde, schmerzverkrümmte Kind auf und hüllte es in den Bademantel. Wohin gehen wir? fragte Jan. Sei ganz ruhig, sagte Wanda bestimmt, ich bring dich zu einem tollen Doktor, der dich wieder gesund macht. – Als die todmüde Ida das hörte, rappelte sie sich noch einmal auf und begann zu heulen. Nimm mich mit, Wanda, bitte, bitte ... Wanda drückte ihr einen Teddybären in den Arm, führte sie an Veruschkas Bett und schubste die im Tiefschlaf befindliche ältere Schwester an. Rück, sagte sie ihr laut ins Ohr, laß Ida zu dir ins Bett. Vera drehte sich herum, tat einen kleinen Grunzer, als Ida sich an sie kuschelte, und schlief weiter.

Wanda kehrte zu Jan zurück. Kannst du gehen? fragte sie, faßte ihn unter und hievte ihn treppab. Am untersten Stiegenabsatz hieß sie

ihn niedersetzen. Ich bin gleich wieder da, sagte sie, ich ruf nur ein Taxi.
Es war 4.02 Uhr, als Wanda, den Kopf des rollmopsartig eingeringelten Jan in ihren Schoß gebettet, sich in die Polsterung des Taxis zurücksinken ließ und den Fahrer anwies: zum Städtischen Krankenhaus, bitte. So schnell Sie können. – Achtundfünfzig Minuten später war Jan operiert und Wanda zum Maskottchen der Chirurgischen Station avanciert.
Wir haben so etwas noch nicht erlebt, hatte der Chefarzt Wandas Vater später erzählt. Da taucht dieses Mädelchen auf, das kaum länger ist als sein Zopf, besteht darauf, mitten in der Nacht »den besten Arzt für Kinderbäuche« zu sehen, und legt uns ihren kleinen Bruder sozusagen eigenhändig auf den Operationstisch. Blinddarm, kurz vorm Durchbruch, hätte böse ausgehen können, wenn Ihre Tochter nicht gewesen wäre.

Die Details der Geschichte, das Atmosphärische sozusagen, mußte ich mir mit der Zeit aus den verschiedensten Quellen zusammentragen. Der Padrone selbst hatte mir nur blanke Fakten geliefert. Aber auch die waren eindrucksvoll genug. Was sagen Sie, strahlte er und bestellte einen letzten Drink; er wolle mit mir anstoßen, schließlich sei diese neue Wanda mein Werk. Ich wehrte ab, aber der Padrone war nicht zu bremsen. Das Tolle sei, fuhr er fort, Wanda mache gar kein Aufhebens um ihre Heldentat. So hätten die Eltern von der Geschichte erst nach ihrer Rückkehr erfahren, weil Wanda gefunden hatte, die Sache sei gelaufen, warum den Eltern die Ferien verpatzen.
Überhaupt, so der pfauenstolze Vater, sei Wanda nun wie ausgewechselt; nett zu ihrer Mutter, fröhlich, angenehm. Der Padrone beugte sich vor, ergriff mit seinen beiden Händen meine rechte, drückte sie, daß es knackte, und ließ sie wieder los. Ich weiß, wem wir das zu danken haben, gnädige Frau, sagte er und nahm schon wieder nicht zur Kenntnis, daß ich mit Wandas Metamorphose nichts zu tun hatte. Ich wollte ihn nicht kränken und verschluckte, was zu sagen mir auf der Zunge lag: Kinder sind Überraschungskünstler. Und manche Eltern leben mit Scheuklappen. Da gibt es welche, die glau-

ben, sie haben eine Niete gezogen, dabei haben sie einen Jackpot ausgebrütet.
Beim Abendessen erzählte ich von Wandas Heldentat. Blöd war sie ja nie, war alles, was August dazu zu sagen hatte. Richard sah die Angelegenheit nuancierter. Erfreulich, aber nicht außergewöhnlich, meinte er. In Notsituationen verhalten sich Kinder in Wandas Alter, und sogar jüngere Kinder, erstaunlich reif, zeigen Geistesgegenwart, handeln richtig. – Er verlor sich in Betrachtungen über Fehler, die wir Eltern machten, indem wir unsere Kinder unterschätzen und sie nicht genügend forderten. Man denke bloß an die Stellung Jugendlicher in vergangenen Jahrhunderten; übergangslos seien sie mit zwölf, dreizehn, vierzehn Jahren ins Erwachsenenleben integriert worden. In unserer heutigen Gesellschaft hingegen werde die Kindheit künstlich prolongiert ... Als August gähnte, brach Richard ärgerlich ab und murmelte etwas, das nach »... erat demonstrandum« klang.
Im Gegensatz zu Richard fand ich Wandas Verhalten durchaus bemerkenswert und wollte sie das auch wissen lassen. Zur Abwechslung einmal nicht bei Bügelbrett und Teetablett, überlegte ich. Etwas Festliches sollte es sein. Schließlich entschied ich mich für die Bar, in der ich den Padrone getroffen hatte. Wanda war hingerissen, als ich ihr vorschlug, mich am Mittwoch um siebzehn Uhr dort zu treffen, um ihre Großtat zu feiern.
Ich hatte noch gut in Erinnerung, wie grauenhaft ich es in diesem Alter empfunden hatte, allein ein Lokal betreten zu müssen und dort, gottbehüte, niemanden anzutreffen, zu dem ich gehörte. Feucht die Handflächen und Achselhöhlen, heiße Wangen, tausend kleine Peinlichkeitstode. Um Wanda ein solches Entrée zu ersparen, war ich etwas früher gekommen.
Sie war nicht im geringsten verlegen, als sie den Raum betrat. Graziös war sie um die Ecke geglitten und stehengeblieben, hatte die Augen zusammengekniffen, um sie an das schummrige Licht zu gewöhnen. Dann sah sie mich, lachte übers ganze Gesicht und kam auf mich zu. Sie trug einen Minirock, einen weiten Jumper und weiche, flache Schuhe. Ihr Haar war geöffnet. Es glänzte und knisterte und reichte bis an ihre Hüften. Ich hatte Wanda bisher immer nur mit Zopf gesehen. Der Anblick der dunklen Mähne war sensationell

– was im übrigen auch der Barpianist so empfunden haben dürfte. Als Wanda an ihm vorbeihuschte, hingen seine Finger einen Atemzug lang bewegungslos über den Tasten, ehe er sie senkte, um einen zärtlichen französischen Walzer und später Chansons von Edith Piaf zu spielen.

Der Padrone hat recht, dachte ich, während ich Wanda betrachtete, sie ist verwandelt. Gelöst und fröhlich erzählte sie auf mein Befragen ihre Version von Jans Blinddarmgeschichte. Sie fragte, wie ich ihr Haar offen getragen fände, und deutete auf den Minirock. Hat mir meine Mutter aus Italien mitgebracht. Schick, findest du nicht, sagte sie und berichtete ohne die üblichen galligen Kommentare, wie ihre Eltern auf ihre nächtliche Krankenhaus-Initiative reagiert hatten. Genüßlich nuckelte sie an dem Glas Sekt-Orange, das ich zur Feier des Tages für sie bestellt hatte. Einmal blickte sie rundum, langsam, als wolle sie sich genau einprägen, was sie sah. Toll ist es hier, sagte sie. Danke, daß du mich eingeladen hast. Wirklich Spitze! – Kurzes, vergnügtes Wippen auf der weichen Sitzbank, Spitzbubengrinsen. Viel besser als in der Turnstunde, fügte sie hinzu. O je, du hättest Turnstunde gehabt, hast du geschwänzt? fragte ich.

Einen Augenblick lang blieb Wanda stumm. Sie streckte ihre Zehen durch und tupfte mit den Spitzen ein paar Mal staccato auf den Boden. Ich hätte eh nicht können, sagte sie gedehnt und sah auf ihre Finger nieder, die sie wiederholt spreizte und schloß. Plötzlich entspannte sie sich. Sie hob den Kopf und sah an mir vorbei, als dächte sie an etwas anderes, als wäre, was sie mir beiläufig mitteilte, das Nebensächlichste von der Welt. Ich hab nämlich meine Regel, sagte sie. Und ihre Augen funkelten.

II.

ICH UND MEIN KÖRPER

– habe ich weder August noch Wanda je sagen hören, obwohl das Thema sie total beherrschte. – Ambivalenz der Gefühle, geliebter Feind Körper. Er quält und lockt ins Diffuse, denn noch versteht man seine Sprache nicht. Der Prozeß des körperlichen Reifens wird nur selten als Glück empfunden. Die Sexualität ins Leben integrieren – was für eine schreckliche Mühsal!

Haarspaltereien

In unserer Diele hängt seit Jahr und Tag ein Spiegel, der aus dem Nachlaß von Richards Großtante stammt. Er ist nicht gerade altdeutsch, aber ausgehendes 19. Jahrhundert. Knapp nach unserer Heirat habe ich das solide Schnitzwerk des hölzernen Rahmens grün-weiß streichen lassen, um ihm etwas von seiner Schwülstigkeit zu nehmen. Der Spiegel ist etwa 1,80 Meter hoch und garantiert Totalansicht, was ich für hygienisch wichtig im weitesten Sinne halte, denn auch das Gesamterscheinungsbild des äußeren Menschen gehört regelmäßig kontrolliert. Daß dieser Spiegel eines Tages zum neuralgischen Punkt in unserem Familienalltag werden würde, hätte ich nie für möglich gehalten.
Er hängt zentral, gegenüber der Eingangstür, an einer Wand zwischen der Tür zum Wohnzimmer und dem schmalen Gang, der zu Augusts Zimmer führt; rechts vom Gang gehen die Türen zu Küche und Speisezimmer ab. An dieser Anordnung hatte es nichts auszusetzen gegeben, es war nie zu Problemen verkehrstechnischer Art gekommen. Bis August den Spiegel für sich entdeckte und nicht nur ihn, sondern den gesamten Luft- und Bodenraum darum herum zu usurpieren begann.
Eines Tages stand er davor, eine elektrische Gitarre, die ich nie zuvor gesehen hatte, umgehängt. Er studierte sein Spiegelbild. Woher hast du die Gitarre? – Betont gequältes Verziehen des Gesichts (Lider werden halb geschlossen, Augenbrauen in die Höhe, Mundwinkel säuerlich heruntergezogen). – Geborgt. Von einem Freund, sagte August und begann, sein Becken ruckartig vor- und rückwärtszustoßen. Dabei riß er seinen Mund sperrangelweit auf und kniff die Augen zusammen, als befände er sich in schmerzhafter Trance. Gott, schaust du blöd aus, sagte ich und ging ins Wohnzimmer.
Als ich nach zwanzig Minuten wieder in die Diele trat, war August noch immer vor dem Spiegel. Sein Auftritt mit der Gitarre, offenbar der Performance eines Rockstars nachempfunden, steuerte einem

Höhepunkt entgegen. Wie ein Irrer sprang er vor und zurück, riß dabei die Gitarre auf und nieder und glotzte mit weit aufgerissenen Augen und fliegendem Atem sein Spiegelbild an. Mich nahm er gar nicht wahr. Wir kollidierten im Zuge eines seiner Rückwärtssprünge. Das heißt, August kam wuchtig mit seinem linken Fuß auf meinem rechten auf. Der Gitarrenhals prallte gegen meine Stirn. Du Trottel, paß doch auf, schrie ich August an. Daß du immer alles verpatzen mußt, gab er in leidendem Ton zur Antwort und verschwand ohne ein Wort der Entschuldigung im dunklen Gang.

Wie die meisten pubertären Ticks meines Sohnes hatte auch die Spiegelphase schlagartig eingesetzt, um sich rasch zu einem Furioso zu verdichten und dann allmählich zu verebben; die Szene mit der Gitarre war sozusagen der Auftakt gewesen. Am Morgen, ehe August zur Schule ging, probierte er minutenlang den Fall seiner zu einem fadenscheinigen Lumpen heruntergekommenen Army-Tasche, die jetzt an einem Strick von seiner Schulter baumelte. Kommst du endlich, rief Richard, der morgens gemeinsam mit August das Haus verließ, von der Treppe. Gleich, Papa, säuselte August und drehte und wendete sich weiterhin vor dem Spiegel. Jetzt hau endlich ab, biß ich ihn giftig an. Der liebevolle Mutter-Kind-Ton, den wir einst gepflogen hatten, war längst im Eimer.

Auch mittags, nachmittags und abends legte August Spiegelstunden ein. Sie waren von unterschiedlicher Dauer und Dramatik. Manchmal drückte der Göttliche bloß Pickel. Sein in der genußvollen Qual des passionierten Mitesserquetschers verzerrtes Gesicht war dann stets so dicht am geputzten Spiegel, daß letzterer anlief. Situationsbedingt entstanden zwischen ihm und mir Dialoge; sie folgten einem ganz bestimmten Muster: August, drück nicht! – Mmwaah. – Wenn es schon sein muß, geh ins Badezimmer, hier versaust du mir den Spiegel. – Awwuuh. – Schau dir deine Nägel an, total verdreckt, die Pickel werden sich entzünden. – Igieehh. – Pickelpalaver zogen sich mitunter in die Länge, wurden schärfer im Ton und endeten oft mit Verbalinjurien meinerseits.

Manchmal suchte August unter Zuhilfenahme einer Taschenlampe seine Wangen nach Barthaaren ab. – August, sei nicht so läppisch. ––––. Hör endlich auf, da ist noch nichts. ––––. Such lieber deinen Anorak, der ist schon seit zwei Wochen verschwunden. ––––.

Zehn Minuten später will ich mit einem Tablett, auf dem sich unsere besten Gläser befinden, von der Küche in den Salon. August sucht noch immer Bart. Sein Körper drückt innere Spannung aus, er hat ein Bein nach hinten gestreckt, wie ein Sprinter am Start. Ich verfehle dieses Bein um Haaresbreite, die teuren Gläser beginnen zu rutschen, klirren aneinander, eines fällt, Gott, geht mir dieses Kind auf die Nerven. Mußt du mir denn immer im Weg stehen, keife ich, jetzt verschwind von hier! – Endlich würdigt mich August einer Antwort. Bitte sehr, sagt er mimosig und macht Augen wie ein verwundetes Kalb, ich kann auch für immer verschwinden, wenn ich hier im Weg bin.–

Augusts Spiegelvarianten in ihrer Gesamtheit aufzulisten, würde zuweit führen. Es waren viele, in ihren Grundstimmungen wechselten sie wie das Wetter im April, und keine einzige entsprang dem Motiv, das man gemeinhin als Eitelkeit bezeichnen würde. Sie waren eine entwicklungsbedingte, tiefinnere Notwendigkeit. Da gab es das ernsthaft-sachliche Testen diverser Haltungen, Gangarten und Mienenspiele. Es gab das Paradieren eines mit seiner Erscheinung zufriedenen Mannes von Welt. Es gab Augenblicke von elementarer, für den auf Selbstkontrolle getrimmten Erwachsenen nicht mehr nachvollziehbarer Wut. Rasendes Hämmern auf zwei schuldlose Oberschenkel: Warum seid ihr so fett! Eine dem eigenen Spiegelbild bösartig entgegengereckte Zunge: Ich hasse dich! Und es gab Momente, die meine pubertätsbedingt verschorfte Mutterseele umgehend zum Schwingen brachten: August vor dem Spiegel, lang, disproportioniert, mit linkisch hängenden Schultern. Gott, bin ich häßlich, sagt er traurig, weil sein Traumbild von sich und die Realität auseinanderklaffen. Und er läßt sich von mir trösten, als wäre er noch ein kleines Kind.

August war nicht ganz vierzehn Jahre alt, als er sich auf diese merkbare Weise mit seinem Körper auseinanderzusetzen begann. Ein Prozeß, der mehrere Jahre andauerte und dessen Phasen von Inhalt und Intensität her unterschiedlich und in ihren Übergängen fließend verliefen. Zunächst beschäftigte ihn bloß die äußere Beschaffenheit seines Körpers und die Veränderungen desselben, wobei er letztere mit fast ängstlicher Spannung verfolgte. Den sogenannten puberalen Wachstumsschub – jenes wilde In-die-Höhe-Schießen, das Erwachsene gern mit der profunden Floskel: Meine Güte, bist du groß geworden, kommentieren – hatte August gerade hinter sich gebracht. Daß sich parallel zu diesem Wachstumsschub auch die geschlechtliche Reife eines Kindes entwickelt, wußte ich damals nicht. Ich nahm wohl zur Kenntnis, daß Augusts Beine und Arme und Achselhöhlen sich behaarten und daß sein Kehlkopf sich vergrößerte. Aber ich hatte keine Ahnung, inwieweit sich sein Geschlechtsteil verändert hatte, da August sorgsam darauf bedacht war, es unseren Blicken zu entziehen. Richard und ich respektierten diese Scham, die wir als natürlich empfanden. Und das war sie; Verklemmtheit und Prüderie rieche ich zwei Meilen gegen den Wind.

Es war mir auch klar, daß Augusts bizarres Verhalten und die Disharmonie seines Körpers hormonell bedingt waren. Aber wann, wie und worauf sich diese beginnende Hormonproduktion auswirkte, wußte ich im Detail sicher nicht. Vielleicht *wollte* ich es auch gar nicht wissen; wollte mich nicht mit Pollution, Ejakulation und Zeugungsfähigkeit auseinandersetzen, wenn es um August ging. Diesen Schleier zwischen mir und der Sexualität meines Kindes empfand ich als angenehm. Möglicherweise hätten sich meine Gefühle einer Tochter gegenüber auf einer anderen Bewußtseinsebene entwickelt, wären cooler, mehr von Vernunft diktiert, vertrauter gewesen – was weiß ich. Bei August, dem Sohn, verließ ich mich jedenfalls auf meinen Instinkt. Wenn irgend etwas schief lief, würde ich es merken, davon war ich überzeugt.

Daß sowohl für August wie für mich manches leichter gewesen wäre, wenn ich mich mit der Pubertät auch sachlich auseinandergesetzt hätte, steht außer Frage. Ein Beispiel: Wer sich einmal vor Augen geführt hat, wie sehr die körperliche und die seelisch-geistige Entwicklung eines pubertierenden Jugendlichen divergieren, wird fortan zumindest ein schlechtes Gewissen haben, wenn er eine der gängigsten Sünden des Erziehers begeht: das Überfordern des Kindes aufgrund von Überschätzen. Ein Problem, das sich im Laufe der letzten Jahrzehnte durch das Phänomen der Akzeleration – die zeitliche Vorverschiebung der körperlichen Reifung – verschärft hat. Die Lehre ist sich nicht ganz einig, worauf die Akzeleration zurückzuführen ist –

bessere Ernährung, reichlichere Vitaminzufuhr, gesteigerte Reizüberflutung oder eine Mischung aus diesen Komponenten. Tatsache ist, daß der Mensch sich rascher entwickelt. Säuglinge sind bei ihrer Geburt heutzutage um einige Zentimeter größer als vor drei bis vier Jahrzehnten. Sechs- bis siebenjährige Kinder sind im Schnitt um zehn Zentimeter größer als um die Jahrhundertwende. Die Menarche bei Mädchen und der erste Samenerguß bei Knaben zeigen eine starke Tendenz, früher aufzutreten. Resultat: eine verkürzte Kindheit. Während Seele und Geist sich langsam auf den Weg machen, galoppiert der Körper davon. Dabei fällt das Kind aus dem Sattel. Und über ihm steht der Erwachsene und beschert ihm, statt ihm auf die Füße zu helfen, Wechselbäder: Du bist doch schon erwachsen, benimm dich entsprechend! – Kommt doch nicht in Frage, du bist doch noch ein Kind!

Da lobe ich mir die Primitivkulturen, hatte ich den bereits zitierten, mir befreundeten Psychiater einmal bei irgendeiner Abendgesellschaft sagen hören. Kulturen, die sich über Jahrtausende hinweg langsam entwickelt haben, in denen es für fast jeden Entwicklungsschritt eine ritualisierte Form gibt. – Die Vorstellung schien ihn zu begeistern, er wurde geradezu emotionell. Was uns in der Männlichkeitsentwicklung fehlt, sind Initiationsriten! Du ziehst wie ein Polynesier aus, um einen bestimmten Fisch zu fangen, dessen Blut du trinken mußt. Dann kommst du nach Haus und bist ein Mann. – Mein Freund, der Psychiater, machte an diesem Abend noch viele tiefsinnige Bemerkungen zum Thema. Einer entsinne ich mich besonders gut: Es ist für den werdenden Mann viel leichter, eine gestellte Aufgabe zu bewältigen, als eine nicht gestellte.

Armer August. Niemand stellte ihm eine derart konkrete Aufgabe. Ihn zwangen bloß die eigenen pubertären Wehen, nebulose Kraftakte zu vollführen. Sich mit dem Vater solidarisieren, sich von der Mutter distanzieren, sich selbst profilieren. Die Krücken, deren er sich dabei bediente, waren die für pubertierende Knaben typischen. Ein fast neurotisch anmutendes Erzeugen von Chaos im persönlichen Umfeld. Die Lust am Verdrecken. Freßgier, Rauchen und so weiter. Das Angebot aus dem Bauchladen der Pubertät ist breitgefächert. Und eine dieser Mucken pflegt meistens auszuufern. Wie ein Banner trägt sie der Pubertierende im verworrenen Kampf um sein

Selbstwertgefühl vor sich her. Sie wird zum Zankapfel, in den sich Jugendlicher und Erzieher – stellvertretend für alle übrigen Zores – verbeißen. Bei uns war das die Haareslänge. Ich weiß bis heute nicht, weshalb ich in diese Schlacht zog.

Das Thema wurde ein gutes halbes Jahr nach dem Einsetzen von Augusts Bespiegelungsphase zum Thema. Es war im Advent. Ich erinnere mich, Augusts Kopf jenseits eines oder zweier zitternder Kerzenlichtkegel wahrgenommen zu haben. Da war auch Tannenduft. Ich registrierte fettige Haarsträhnen, die Augusts Stirn verdeckten. Auch um die Ohren war Gestrüpp. Du mußt vor Weihnachten noch zum Friseur, sagte ich und beugte mich vor, um die Kerzen am Adventkranz auszublasen. Nein, sagte August. Doch, sagte ich. Nein, sagte August. In seinen Augen glomm ein stures Licht. Ich sank in den Sessel zurück und fühlte mich antizipatorisch müde.

Richard befand sich auf einer Geschäftsreise und würde erst in ein paar Tagen wiederkommen. Ich hatte eine Übersetzung zu liefern und war unter akutem Zeitdruck. An Weihnachtsvorbereitungen konnte ich gar nicht denken, ohne hysterisch zu werden. Ich hatte mir diese friedliche Stunde mit August abgerungen und würde bis lange nach Mitternacht sitzen müssen, um sie einzubringen. Ich hatte einen Streit, fand ich, wirklich nicht verdient. Also sag schon, wiederholte ich gottergeben meine Frage, warum willst du dir die Haare nicht schneiden lassen?

Heute glaube ich zu wissen, daß die Haar-Problematik sich anders oder gar nicht entwickelt hätte, wenn Richard an jenem Abend dagewesen wäre. Möglicherweise wäre auch ich nicht auf diesen Zug gesprungen, wenn August damals nicht so blöd geantwortet hätte. Als ich ihn nämlich – mit dem Vibrato der gereizten Nerven in der Stimme – zum dritten Mal fragte, weshalb er sich die Haare nicht schneiden lassen wollte, reckte er mir sein Kinn provokant entgegen und sagte: Weil ich sie wachsen lassen will.–

Der Krach war programmiert. Wir fuhren sämtliche Geschütze auf und landeten, da wir aufeinander eingeschossen waren, Treffer um Treffer. Ich eröffnete. Spiel nicht Lieb-Dummchen. In deinem Alter wirst du doch in der Lage sein, mir einen ernstzunehmenden Grund

anzugeben. – Vielleicht könntest du *einmal* einen schlichten Wunsch als Grund akzeptieren. – Den Wunsch kannst du dir erfüllen, wenn du selbständig bist. Dann laß dir meinetwegen einen Zopf wachsen wie Rapunzel. Aber solange du in unserem Haus lebst, wünsche ich, daß du anständig aussiehst. – Du und deine Vorstellungen von Anstand. Spießertum ist das, immer nur schauen, was die anderen sagen! – August, ich warne dich, überspann den Bogen nicht! – Was heißt *ich*, den hast doch *du* längst überspannt, mit dir kann man ja nicht mehr vernünftig reden! – Halt den Mund, ich lasse mir deine Frechheiten nicht bieten! Und morgen gehst du zum Friseur! – Ich denk ja gar nicht daran. Das ist *mein* Kopf, das sind *meine* Haare! – Und du bist *mein* Kind und noch lange nicht erwachsen und wirst zum Friseur gehen, wenn ich es sage! Das wär' ja gelacht, noch lebst du schließlich von uns ... – Na, auf das habe ich gewartet. Jetzt sind wir wieder soweit. Wer zahlt, schafft an. Dein Materialismus ist widerlich ... – Raus, sag ich, raaaus ...! –
Krach-bum, Tür zu. Ich übersetzte an diesem Abend keine Zeile. Erst zitterte ich vor Wut, dann erstickte ich sämtliche an meiner Argumentation aufkeimenden Zweifel. Dann versank ich in Selbstmitleid und schließlich in Schlaf. Am nächsten Morgen wechselten August und ich kein Wort. Und August ging natürlich nicht zum Friseur. Der schleichende Dschungelkrieg um Augusts Haarwald hatte begonnen.
Es war übrigens nicht so, daß uns das Thema pausenlos beschäftigt hätte, es lag nur ständig in der Luft. Es drängte sich auf, wie ein Virus sich einem geschwächten Organismus aufdrängt. Augusts Leistungen in der Schule ließen nach; in umgekehrter Proportion nahmen seine disziplinären Verstöße zu, weshalb ich ziemlich oft zu seinem Klassenlehrer zitiert wurde. Er hat halt einen Pik auf mich, verteidigte sich August. Wahrscheinlich lieferst du ihm Gründe. – Ich wüßte nicht, welche. – Na, da fallen mir schon ein paar ein. Allein wie du aussiehst, deine Haare ... – August klagte über Müdigkeit und Kopfschmerzen. Wir werden einmal zum Augenarzt gehen, meinte ich. Warum? – Vielleicht brauchst du eine Brille. – Blödsinn, ich seh doch wie ein Luchs. – Nicht mehr lang. Die Haare wachsen dir ja schon über die Augen ... –
In der Tat, bald würde es soweit sein. Von hinten sah August bereits

aus wie eine ungepflegte Version der Garbo in Königin Christine. Ich versteh dich nicht, sagte meine Mutter. Wie kannst du das zulassen, der Bub schaut ja grauenhaft aus. – Was soll ich machen, wenn er nicht zum Friseur geht. – Meine Mutter machte ein mißbilligendes Zu-meiner-Zeit-war-das-anders-Mündchen. Ja hast du denn gar keine Autorität? – Es war mehr eine Feststellung als eine Frage.
Hatte ich Autorität, hatte ich keine? War sie im pubertären Alltagskampf aufgerieben worden, oder sparte ich sie mir für wesentlichere Gefechte auf? Richard zum Beispiel, mein ordentlicher, gepflegter, konservativer Richard, maß der Haarfrage marginale Bedeutung bei. Er riet mir, ich solle August in Ruhe lassen, so tun, als sähe ich seine Haare nicht. Je mehr du bohrst, meinte er, desto fester wird er sich an seinen Schopf klammern. – Du bist mir überhaupt keine Hilfe, klagte ich. Siehst du denn nicht, wie August verkommt, wohin das alles führt? Unlängst hat er die halbe Verwandtschaft angepumpt, weil er sich eine Hair-Kassette kaufen wollte. Er träumt Tag und Nacht von Woodstock und ist der reinste Hippie-Verschnitt. – What's wrong with that, grinste Richard. Ich kenne da eine Dame, die zu ihrer Zeit ... – sympathisiert hat, mehr nicht, fiel ich ihm ins Wort. Außerdem war das *meine* Zeit. Diese Neuauflage, zwanzig Jahre später, finde ich irgendwie krank.
Woodstock. Hair. The Wall. Und davor waren es die Beatles gewesen. Rotes, blaues, weißes Album. Er betrachtete John Lennons Tod als Jahrhunderttragödie, ließ mich Augusts Freund Ulrich eines Nachmittags wissen. Ulrich teilte die musikalischen, weltanschaulichen und modischen Passionen meines Sohnes getreu und stellte nichts in Frage, was August gut und wichtig fand. Auch Ulrichs Haar wallte schulterlang herab. Im Gegensatz zu August, der seine meist fettige Mähne gerne zwischen seinen Fingern zwirbelte, pflegte Ulrich die seine zu schütteln. Aber Ulrich fiel nicht in meine Verantwortung. Im übrigen mußte man ihm einiges nachsehen, seine Eltern waren in Scheidung begriffen. Aus diesem Grund verbrachte der Bub ganze Nachmittage und Abende bei uns. Du kannst dir nicht vorstellen, Mama, hatte August mir erzählt, wie es bei denen zugeht. Wie bei den Hunnen. – Die Mutter habe einen jüngeren Freund, der Vater leide entsetzlich darunter und mache seiner Frau grauenhafte Szenen, Ulrichs älterer Bruder Martin sei kaum mehr zu Hause, weil er

es nicht aushalte, und Ulrich brauche einen neutralen Ort, wo er ein wenig Atem schöpfen könne. August reagierte wie ein Hirtenhund, wenn seine Freunde in Not waren. Er bot Asyl, wie er es Josef angeboten hatte. Haare hin, Haare her, für Dinge wie diese liebte ich mein Kind mit aller Inbrunst.

Bei euch geht's zu wie in einem Jugendzentrum, sagte meine Mutter einmal, als sie mich besuchen kam. Ich nahm diese Bemerkung für das, was sie war: eine Anerkennung. Meine Mutter war stets der Ansicht gewesen, es sei besser, die Kinder brächten ihre Freunde ins Haus, als umgekehrt – daß sie vom schützenden Elternhaus weg, zu unbekannten, zweifelhaften Ufern gelockt würden. Und Augusts Freunde gingen bei uns ein und aus; wobei ihnen Augusts Anwesenheit gar nicht so wichtig schien. Oft saß der eine oder andere unter dem Vorwand, auf August warten zu wollen, bloß in dessen Zimmer, durchstöberte die Comics, hörte Platten und ging wieder. Bei Ulrich und Josef lag die Sache etwas anders, die waren in unser Leben integriert. Sie blieben Stunden, tranken mit mir Tee, wenn ich Zeit hatte, aßen mit August Wurstbrote in der Küche, wenn Richard und ich ausgingen, und manchmal blieben einer oder beide zum Abendessen. Ich mochte das. Es kam wohl meiner brachliegenden Eignung zur Großfamilien-Mutter entgegen.

An sich gehörte August nicht zu jenen, die Gesellschaft brauchen wie einen Bissen Brot. Er konnte auch sehr gut mit sich allein sein. Waren die Freunde da, war's okay. Waren sie nicht da, war's auch gut. Mit Ulrich konnte er Nachmittage lang in seinem Zimmer hocken, ohne mehr als ein paar Sätze mit ihm zu wechseln. Manchmal saßen sie vor dem Fernsehapparat, wie ein altes Ehepaar, dem die Zweisamkeit zur Gewohnheit und die Lust zum Gedankenaustausch fremd geworden ist. Augusts Verhältnis zu Josef war anders gelagert. Josef war ein steter Stachel in Augusts pubertär erschlafftem Geist. Mit ihm suchte August das Gespräch. Josef kam etwa zweimal die Woche, um in Augusts Zimmer zu lesen oder zu lernen. Und August, der zur Zeit auf nichts und niemanden Rücksicht nahm, respektierte dieses Bedürfnis nach Ungestörtheit nach wie vor. Bist du fertig, hörte ich ihn mitunter fragen, wenn es Abend wurde und er zu Josef ins Zimmer trat. Dann begannen die beiden intensiv zu murmeln. Vom Ton her klang das vernünftig und erwachsen. Manchmal wäre

ich gern eine Maus gewesen, um zu hören, was sie sich zu sagen hatten.
Wir sprechen viel über Literatur, sagte Josef, als ich ihn einmal fragte, was August und ihn eigentlich verbinde. August war nicht zu Hause, und Josef, der bei uns gelernt hatte, war im Gehen begriffen. Der bewußte grün-weiße Spiegel zeigte mir Josefs Seitenansicht. Dünn war er und dabei, sich einen Katzenbuckel anzulesen. Das ewig adrette Hemd, geputzte Lederhalbschuhe, Stoppelfrisur, saubere Hände. Ich seufzte. Wenn August einmal so ordentlich aussehen würde wie du. – Meine Bemerkung schien Josef nicht zu freuen. Er grinste schief, fast gequält. Bei August ist alles anders, sagte er. Ja leider, fand ich. Josef drehte den Kopf rasch zur Seite. Seine Brillengläser spiegelten, ich konnte seine Augen nicht sehen. Sein schmaler Mund wurde noch schmaler. August hat's gut, sagte er. Diesen Satz kannte ich, woher bloß, wessen Satz war das ... Wanda war's gewesen, ja. Vor vielen Jahren hatte sie genau diesen Satz in einem ähnlichen Zusammenhang gesagt. Ich wollte Josef das sagen, wollte mit Josef darüber sprechen. Wollte mit Josef über Josef sprechen, weil ich plötzlich das Gefühl hatte, es sei wichtig. Aber Josef war nicht mehr da.
Abends saßen August und ich allein bei Tisch. Ich brachte das Gespräch auf Josef. Ich mag ihn sehr, sagte ich. Mmhh. – Ist er intelligent oder bloß belesen? – Der hat einen IQ wie Einstein. – Er ist sehr erwachsen, sehr reif für sein Alter. – Mmhh. – Und er schaut gepflegt aus. Wie nett er immer die Haare hat ... – Das war blöd, ich wußte es, sowie ich es sagte. Aber es war stärker als ich. August fuhr jäh mit dem Sessel zurück, was ein unangenehmes Scharren verursachte. (Tiefer Kratzer im Parkett, registrierte meine mittlere Bewußtseinsebene.) Du kannst es nicht lassen, sagte er verachtungsvoll, stand auf und wandte sich zum Gehen. Plötzlich machte er kehrt, kam zu mir zurück, stützte beide Hände auf den Tisch und beugte sich zu mir herunter. Sein Haar fiel wie ein Vorhang vor sein Gesicht. Er schob es beiseite, um mir geradeaus in die Augen sehen zu können.
Glaub mir, sagte er leise und scharf, der hat andere Probleme. An deiner Stelle würde ich jeden Abend drei Halleluja singen, daß es bei mir nur die Haare sind. –

Aber es waren auch bei August längst nicht mehr nur die Haare. Seine sexuelle Not nahm zu. An der Unausgeglichenheit seines Wesens, an den Bocksprüngen, die seine Stimmungen vollführten, an der wachsenden Zahl von Pornoheften unter seinem Bett und in seinem Schrank war das abzulesen. Du mußt etwas tun, sagte ich zu Richard. Der lachte. Was glaubst du, soll ich wohl tun? Ihn an der Hand nehmen und ins Bordell führen? – Nein, natürlich nicht, sagte ich, mit ihm reden. – Ich hatte den Verdacht, daß Richard es sich bloß leichtmachen wollte, als er sagte: Glaub mir, wenn er reden möchte, setzt er Zeichen. Aber das tut er nicht. Man muß ihn in Ruhe lassen. Er braucht Zeit. Laß den Dingen ihren Lauf. –
Selbst wenn ich gewollt hätte, wäre es mir nicht gelungen, die Dinge am Ihren-Lauf-Nehmen zu hindern. Die Vorsehung schlug zu. Knapp vor den Sommerferien. Im Sportclub, dem August seit einigen Jahren angehörte, war eine Gartenparty angesagt. Der Bub ist fast fünfzehn, es ist Samstag, und es ist nach Notenschluß, wischte Richard meine Bedenken beiseite und ließ ihn gehen. Augusts Vorfreude war beachtlich, seine Erwartungen hochgeschraubt. Auf seinem Bett lagen sämtliche in seinem Besitz befindlichen T-Shirts und Jeans. Er, der es schon lästig fand, beim Hosenkauf in eine zweite Hose zu schlüpfen, wenn die erste nicht paßte, hatte zwei Stunden lang probiert, ehe er sich zu einem Outfit entschloß. Er strahlte und sah daher hübsch aus. Fesch bist du, sagte ich, als er kam, um sich zu verabschieden. Wenn du jetzt noch ... – kürzere Haare hättest, ich weiß, lachte August und nahm mir mein ceterum censeo ausnahmsweise nicht übel. An diesem Nachmittag fiel mir zum ersten Mal auf, daß August sich ein klein wenig herunterbeugen mußte, wenn er mich küssen wollte.
Richard und ich lagen im Bett und lasen. Es muß gegen Mitternacht gewesen sein, als das Telefon läutete. Ich geh schon, sagte Richard. Er kam bald zurück. Es war Ulrich, sagte er und begann sich anzuziehen. August hat sich besoffen, ich werde ihn holen. – Seine Stimme klang ruhig wie immer. Nein, bleib da, wehrte er ab, als ich aus dem Bett fuhr und nach meinen Jeans suchte. Ich mache das besser alleine.
Ich stand am Fenster und wartete. Der Sportclub ist nicht sehr weit entfernt; eine halbe Stunde später waren sie da. Richard parkte un-

ter der großen Linde, die in unserem Vorgarten steht. Ein paar von den kleinen weißen Blüten schwebten aufs Wagendach und auf die strähnige Haarpracht meines Sohnes. Richard hatte den Göttlichen eben mühsam aus dem Auto an die Luft geschafft. Der Anblick des Buben war niederschmetternd. Sein Kopf pendelte in alle Richtungen, als wäre er ausgerenkt. Als er einmal rückwärts ausschlug, fiel das Licht der Straßenlaterne auf sein Gesicht. Es war grün, die Augen waren geschlossen, Jeans, T-Shirt und Tennisschuhe waren total angekotzt.
Irgendwie schaffte Richard den schwankenden August die Treppen herauf. In der Diele angekommen, lehnte er seinen Sohn gegen die Garderobenwand, als wäre er ein sperriges Gepäckstück. August öffnete die Augen, seine Pupillen versuchten vergebens, mich anzuvisieren, gepeinigt schloß er die Lider. Er stank entsetzlich. Mir ist so schlecht, Mama, so schlecht, stöhnte er. Wir brachten ihn ins Badezimmer, Richard zog ihn aus und stellte ihn unter die Dusche. Dann brachte er ihn zu Bett. Widerstandslos ließ August alles mit sich geschehen. Gesprochen wurde so gut wie nichts. Nachdem ich das angespiene Zeug in die Waschmaschine getan hatte, ging ich auf die Suche nach Richard. Er saß am Balkon und rauchte eine Zigarette. Weißt du, sagte ich, daß du August heute zum ersten Mal, seit er auf der Welt ist, gewaschen und zu Bett gebracht hast? – Na ja, meinte Richard mit einem matten Lachen, dann war es ja wohl höchste Zeit.
Die Genesis dieses Vollrausches rekonstruierten Richard und August am nächsten Tag mit Ulrichs Hilfe. Für einen Außenstehenden muß sie sich als eine total banale Geschichte darstellen, für die Betroffenen war sie ein Urerlebnis: Vor ein paar Wochen hatte August im Sportclub ein Mädchen kennengelernt, das um zwei Jahre älter war als er und von dem sich die Buben erzählten, die mache es mit jedem. Wie ein Kater hatte sich der im sexuellen Notstand befindliche August an die Fersen der Vielversprechenden geheftet. Sie hatte ihm offensichtlich zu verstehen gegeben, daß irgendwann auch er einmal dürfe. Das Sommerfest im Club schien August der ultimative Zeitpunkt, um ans Ziel zu gelangen. Entschlossen, aufs Ganze zu gehen, trank er sich ein wenig Mut an. Leider vergebens. Um zehn Uhr – die Verführerin hatte bereits mehrfach und eindeutig mit August ge-

tanzt – tauchte ein zwanzigjähriger bärenstarker Autoschlosser auf, der das Mädchen abschleppte. Da hab ich gewußt, was Frust ist, versuchte August dem Vater das Motiv für seinen nächsten Schritt zu liefern, und hab mich angesoffen. – Ulrich hatte wiederholt versucht, ihn von diesem Vorsatz abzubringen. Erfolglos. August war auf totale Besinnungslosigkeit aus. Erst als sein Busenfreund nach heftigem Erbrechen vor der Klotür k. o. ging, faßte Ulrich den Entschluß, uns zu alarmieren.

Die dramatische Frühsommernacht hatte vergleichsweise undramatische Folgen. Es gab diverse ausführliche Gespräche, aber keine Krachs. August war in sich gekehrt, aber nicht verzweifelt. Richard betrachtete den Fall als geklärt und abgeschlossen. Auch ich ging bald zur Tagesordnung über. Seltsamerweise hatte ich mich an dem bewußten Abend weniger aufgeregt, als es dem Anlaß entsprochen hätte. Um so sinnloser stellt sich die Nachgeburt der Rauschaffäre dar: Es war später Nachmittag und warm. Ich saß mit einem Manuskript und meinen dicken Wörterbüchern auf dem Balkon, um zu arbeiten. August kam, um zu sagen, daß er kurz zu Ulrich wollte. Sei so lieb, bat ich, hol mir noch ein Glas Wein, eh du gehst. – Nach ein paar Minuten kehrte der Bub aus der Küche wieder. Mit einem Wäähh, nie wieder Alkohol, stellte er das Glas vor mich hin. Ich lehnte mich zurück und sah ihn an. Er verändert sich von Tag zu Tag, dachte ich, heute sieht er wirklich gut aus. Wenn nur diese Mähne nicht wäre ... Ich zerrte an meinen Fingern, um die vom Schreiben steifen Gelenke zu lockern, und sagte, eher nebenbei: Eigentlich sind wir ganz ordentliche Eltern. Kein Krach trotz Rausch. – Eh wahr, sagte August und wandte sich zum Gehen. Ich hatte nicht das Gefühl, daß mich der Teufel ritt, als ich ihm halblaut nachrief: Vielleicht revanchierst du dich und läßt dir die Haare schneiden.
Zwei Stunden später war August zurück. Er war beim Friseur gewesen. Ich glaube, ich benahm mich ziemlich überspannt. Ich hüpfte kindisch um August herum, drückte ihn an mich, sagte ihm immer wieder, wie toll er aussehe. August reagierte überhaupt nicht auf meine Freudentänze. Er saß da, als gälten sie einem anderen. Er verzog keine Miene, sprach kein Wort, bis auch ich gedrückt ver-

stummte. August, bist du jetzt traurig? fragte ich. Er nickte. Aber wieso denn? Haben dir die langen Haare wirklich so viel bedeutet? – Er nickte wieder. Ich griff nach seinem Arm, als wollte ich mich daran festhalten. *Was* haben sie dir bedeutet? – Sie waren Freiheit, sagte August.

Es war dies sicher einer der traurigeren Siege in meinem Leben.

Die reinste Circe

Ich finde Tanzschulen einen Scheiß, sagte Wanda laut. Ihre inhaltlich deftige Ausdrucksweise hatte vom Klang her eine fast aristokratische Färbung, weil sie *ainen Schaiß* gesagt hatte. Am Nebentisch saß eine ältere Dame mit Hut. Ihr Kopf rotierte wie ein Propeller in unsere Richtung. Tss, tss, machte sie und sah Wanda strafend an. Wanda starrte hoheitsvoll zurück. An Dingen wie diesen stieß ich mich längst nicht mehr, ich war von August härtere Bandagen gewöhnt. Richard behauptete sogar, daß auch ich mich des saloppen Jargons der Jugendszene bediente. Du merkst es gar nicht, sagte er oft, deine Sprache ist wie ein Baum mit Jahresringen. Man kann von ihr ablesen, wie alt dein Kind ist.

Was hast du jetzt, nach fast zehn Jahren Tanz, auf einmal gegen Tanzschulen, fragte ich Wanda. Ich meine doch nicht Ballett, ich meine Gesellschaftstanz. Rrrammmtaraa–ttarrarrarra–rammtaraa ... – Anmutig hob sie beide Arme, legte sie um einen imaginären Partner und bewegte ihren Oberkörper in Tango-Imitation. Alles aus der Hüfte. Und im Sitzen. Eine perfekte kleine Darbietung. Du weißt schon, fügte sie hinzu, normale Tanzschulen, mit Buben und so. Veruschka geht jetzt in eine. – Sie griff nach der Speisekarte. Haben wir heute Geld? fragte sie.

Zu Beginn dieses Schuljahres waren wir dazu übergegangen, uns fallweise in einem ganz bestimmten Restaurant zum Mittagessen zu treffen. Das Lokal lag nicht weit von Wandas Schule, im Stadtzentrum. Man konnte hier sowohl billig als auch teuer tafeln, ohne aufzufallen. Wanda, der, scheint's, nie gesagt worden war, daß es sich mitunter empfiehlt, eine Speisekarte von rechts nach links zu lesen, hatte sich bei unserem zweiten Rendezvous etwas vergriffen und Lachs bestellt. Das ist mir zu teuer, Wanda, hatte ich gesagt, soviel Geld verdiene ich nicht. – Wanda war schrecklich verlegen gewesen und hatte eine Entschuldigung gestottert. Macht nichts, hatte ich sie beruhigt. Wir sind Freunde, und Freunde sollten sich ziemlich alles

sagen können. Außerdem habe ich nicht immer wenig Geld, manchmal habe ich auch mehr. – Wieso? fragte Wanda. Ich klärte sie über die Besonderheit der Tätigkeit einer Freiberuflerin auf und machte ihr den Vorschlag, in Zukunft meine aktuelle Finanzlage zu klären, ehe wir bestellten. So hatte es sich eingebürgert, daß Wanda ungeniert fragte: Haben wir heute Geld?
Mittel, sagte ich, worauf sie Spaghetti bestellte. Dann stützte sie beide Ellbogen auf den Tisch und ihr spitzes kleines Kinn in beide Hände. Erwartungsvoll sah sie mich an. Und? fragte ich. Und? wiederholte Wanda, ich möchte wissen, was du von Tanzschulen hältst. – Seit unserem großen Gespräch hatte Wanda sich zur passionierten Fragestellerin entwickelt. Nichts war ihr zu banal, nichts zu spitzfindig, als daß sie nicht meine Meinung dazu eingeholt hätte. Oft schien es mir, als wäre die Tatsache, daß ich überhaupt eine Antwort gab, wichtiger als die Antwort selbst. Ich interpretierte das als Nachholbedarf eines Kindes, dem selten ungeteilte Aufmerksamkeit geschenkt wurde, und gab mir Mühe, auf Wandas Fragen einzugehen. Zum Thema Tanzschule fiel mir nichts von Bedeutung ein. Würdest du August schicken? insistierte Wanda. August. Er ließ sich kaum Zeitung holen schicken. Ich würde es versuchen, sagte ich wahrheitsgemäß. Und wenn du eine Tochter hättest? – Der würde ich dringend *raten* zu gehen. – Wanda überlegte, ihr Gesicht verfinsterte sich. Veruschka muß man das nicht erst raten, die rennt von selber hin. Wie verrückt rennt sie hin, direkt peinlich ist das, sagte sie verächtlich. Ich lachte. Wart ab, wie es bei dir sein wird. Veruschka ist fast sechzehn, um eineinhalb Jahre älter als du. – Wanda lachte nicht zurück. Und doppelt so blöd, zischte sie böse. Dabei sah sie mich nicht an, sondern fixierte die Wand hinter meinem Rücken. Es war klar, vor Wandas innerem Auge stand ihre Schwester Veruschka in ihrer ganzen harmlosen Lieblichkeit und Unbekümmertheit, und Wanda haßte sie gründlich; für eben diese Lieblichkeit, Harmlosigkeit und Unbekümmertheit; und für die eineinhalb Jahre, die Veruschka ihr voraus hatte.

Wanda hatte sich im letzten halben Jahr verändert. Sie war etwas gewachsen und hatte einen hübschen kleinen Busen entwickelt, der mehr Muskel als Zier zu sein schien. Ihre tänzerische Ausbildung bewahrte sie davor, in den für ihr Alter typischen Haltungsfehler zu verfallen: Man runde den Rücken, ziehe die Schultern hoch und lasse sie vorfallen, auf daß der Busen, zu dem man sich in der Öffentlichkeit noch nicht recht bekennt, zur Unauffälligkeit verflachen möge. Wanda hielt ihre Schultern gerade, trug den Kopf hoch und setzte ihre Füße leicht und sicher auf den Boden, was den Eindruck von intaktem Selbstbewußtsein vermittelte. Man mußte Wanda sehr gut kennen, um zu wissen, wie sehr sie just um dieses Selbstbewußtsein rang. Allerdings brachte sie in das Ringen einen Startvorteil ein, von dem ich mich noch heute frage, ob er Mädchen vielleicht eher eigen ist als Knaben: Ihre Fähigkeit zur Selbsteinschätzung war stärker entwickelt als etwa die meines August oder seiner Freunde. Wanda setzte sich mit neuen Erfahrungen bewußt auseinander. Allein die Art, wie sie mir vor wenigen Wochen von ihrer Englandreise – ihr erster längerer Aufenthalt außerhalb des Familienverbandes – berichtet hatte, war bezeichnend gewesen. Bald nach ihrer Rückkehr war sie bei mir aufgetaucht, um zu erzählen – kühl, präzise und ehrlich. Und ziemlich viel von dem, was sie erlebt hatte, war in Verarbeitung begriffen:

Sechs Sommerwochen in einem Feriencamp in England. Ihr Vater hatte ihr diese Reise nicht angeboten, sondern verordnet. Wanda hatte aufgemuckt; Veruschka sei doch die Ältere, und die sei noch nie allein im Ausland gewesen, die sei doch zuerst dran. Als pädagogisch begnadet war der Padrone wahrlich nicht zu bezeichnen. Bei Veruschka sei ein Auslandsaufenthalt a) sinnlos und b) gefährlich, teilte er seiner jüngeren Tochter mit. Denn a) würde Veruschka Fremdsprachen ja doch nie erlernen, und b) habe sie nur Mannsbilder im Kopf. Nein, keine Widerrede, es sei entschieden, sie, Wanda, sei bereits angemeldet. Wanda sah der Reise mit gemischten Gefühlen entgegen. Einerseits fand sie es schick, allein ins Unbekannte aufzubrechen; andererseits hatte sie schon jetzt, obwohl sie noch daheim im eigenen Bett lag, jede Nacht Heimweh. Aber als sie abfuhr, tat sie es mit erhobenem Kopf und zusammengebissenen Zähnen. Keiner sollte merken, daß sie viel lieber mit den anderen in die alte fade Sommerfrische gefahren wäre.

In England indes blieb für Heimweh keine Zeit. Zu viele Eindrücke.

Der Selbstbehauptungskampf in einer sich formierenden Gruppe. Und eine für das mitteleuropäische Kind Wanda neue Art von Eigenverantwortlichkeit, wie die Angelsachsen sie propagieren. Dazu leistungsbetonter Sprachunterricht am Vormittag und leistungsbetonter Sport am Nachmittag. Die sanften grünen Wiesen von Kent. Das große graue Herrenhaus mit seinen hohen Fenstern, seinen knarrenden Treppen, seinen holzgetäfelten Schlafräumen, deren einen Wanda mit einer Französin und einer Italienerin teilte. Und drei bestürzende Nächte, in denen die Französin zu Wanda ins Bett schlüpfte, um ihren Körper zu streicheln.
Wanda war aufgeklärt genug, um diese Variante der Zärtlichkeit beim Namen nennen zu können. Aber Aufgeklärtsein ist kein Synonym für Erfahrung. Verkrampft lag Wanda neben dem größeren Mädchen und kämpfte zunächst nur gegen ihre Angst. In der zweiten Nacht horchte sie in sich hinein und versuchte aus dem Tohuwabohu ihrer Empfindungen die stärkste auszuloten. In der dritten Nacht war sie sicher: dies war nicht ihr cup of tea, die Streicheleinheiten verschafften ihr mehr Unlust als Lust. Sie schlüpfte aus dem Bett, winkte die Französin vor die Zimmertür und machte ihr klar, daß sie das lassen solle, sie, Wanda, wäre zwar gerne ihre Freundin, aber das wolle sie nicht.
Die Tatsache, daß es ihr gelungen war, über sich zu bestimmen, statt gegen ihren Willen über sich bestimmen zu lassen, versetzte Wanda in Hochstimmung. Sie hatte plötzlich das Gefühl, alles schaffen zu können, woran ihr lag. Es gelang ihr, mit der Französin locker befreundet zu bleiben. In englischer Konversation schloß sie als beste ihrer Gruppe ab. Sie hatte sich das absolut tollste Strickkleid, einen wahren Hit, einen hautengen Schlauch in der Überfarbe »Shocking Pink« vom ersparten Taschengeld gekauft. Und als der Vater sie mit Paul und den Zwillingen vom Flugplatz abholte und sie in aller Augen Freude über ihre Rückkehr und Bewunderung für ihre Erscheinung las, war sie echt high.
Auch am ersten Abend daheim war Wanda der Star gewesen. Alle, sogar der Vater und Ladislaus, waren zum Essen gekommen, um zu hören, wie es ihr in England ergangen war. Gescheites Mädel, wiederholte der Padrone ein ums andere Mal und betrachtete stolz das Zeugnis, das Wanda mitgebracht hatte. Die Mutter strahlte sie un-

ausgesetzt an: Gott, bin ich froh, daß du gesund wieder da bist. – Ladislaus und Frank fragten, wie viele Herzen sie gebrochen habe. Und die Zwillinge wollten wissen, ob das Herrenhaus wie Canterville ausgesehen und einen Geist gehabt hätte. Veruschka hörte zu. Mit leicht geöffnetem Mund. Ein bißchen dämlich, wie immer, hatte Wanda gemeint. Plötzlich sei die Schwester ohne ersichtlichen Grund aufgesprungen und hinausgerannt, um in einem sensationellen Mini wiederzukehren, den ihr der Vater im Sommer gekauft hatte. Darin sei sie dann umherstolziert und habe von einem Jachtclubfest gefaselt, auf dem sie bis Mitternacht hätte bleiben dürfen. Und auf einmal – Wanda bemühte sich, cool zu bleiben, als sie das sagte – ist *sie* der Mittelpunkt gewesen, und um mich hat sich keiner mehr gekümmert. Also bin ich aufgestanden und habe gesagt, daß ich von der Reise müde bin. Und dann bin ich in mein Bett gegangen und habe geheult. –

Der dissonante Ausklang ihrer Heimkehr hatte mich weniger überrascht als die Tatsache, daß Wanda die Ursache für den Mißton bei sich selbst suchte. Ich weiß schon, sagte sie abschließend, daß Verusch mir den Abend nicht verpatzen wollte. Sie ist ein bißchen dumm, aber nicht bösartig. Ich bin halt allergisch auf sie. Wahrscheinlich, weil sie so irrsinnig hübsch ist und jeder sie angafft. – Ich hatte Veruschka einige Male gesehen und fand sie hübsch, aber nicht irrsinnig hübsch. Ein wohlgefälliges junges Gesicht und schönes blondes Haar. Ich fand Wanda unendlich anziehender. Möchtest du so sein wie sie, hatte ich Wanda gefragt. Sie überdachte die Frage. Nein, sagte sie schließlich. Oder doch . . .? Wahrscheinlich wäre ich gern wie sie und ich in einem. –

Dieses Sich-selbst-auf-den-Grund-Gehen liebte ich an Wanda. Eine großartige, wenn auch noch nicht ganz manifeste Anlage. Denn ihre Eifersucht auf die ältere Schwester, die so jäh in Veruschkas erstem Tanzschulherbst aufbrach, diese Eifersucht wollte Wanda weder intellektuell ergründen noch beherrschen, die wollte sie ausleben. In einem Konkurrenzkampf ohnegleichen. Bis aufs Messer, sozugsagen. In den folgenden Monaten belauerte Wanda die ahnungslose Veruschka wie eine Katze die Maus. Nichts entging ihr, was die Schwester betraf. Wie oft sie angerufen und von wem sie abgeholt wurde. Ob und wo Veruschka Pickel entwickelte. Ob sie (lieber Gott, zu schön, um wahr zu sein) dicker oder (gottbehüte, auch das noch) dünner wurde. Ob sie (hoffentlich, das steht ihr nicht) Rot oder (Gemeinheit, das ist *meine* Farbe) Pink trug. Hast du nichts Besseres zu tun, fragte ich Wanda, die mich an dieser ihrer Fixation teilhaben ließ, eines Nachmittags. Besseres schon, aber nichts, das so spannend wäre, gab Wanda ungeniert zu. Warum quälst du dich damit, das ist kontraproduktiv, fand ich, du siehst aus wie ein Gallapfel, wenn du von Veruschka sprichst. – An sich war Wanda hart im Nehmen, aber auf Kritik meinerseits reagierte sie empfindlich. Vielleicht hast du eine Masochistin vor dir, sagte sie spitz und war bald darauf gegangen.

An einem verregneten Novembertag läutete es bei mir Sturm. Wanda stand vor dem Gartentor. Sie war in eine altmodische schwarze Pelerine mit Kapuze gehüllt und trug schwarze Galoschen. Kommst du aus dem Secondhandshop, fragte ich, als sie in der Diele stand und die Tropfen abschüttelte. Nein, vom Dachboden. Ich habe einen Schrankkoffer gefunden, der meiner polnischen Urgroßmutter gehört hat. – Ihre Wangen schimmerten rosig, die feinen, dunklen Haare an Stirn und Schläfen waren durch die Feuchtigkeit kraus geworden und verdeckten die unreine Haut am Haaransatz. Wanda war in letzter Zeit unansehnlich gewesen, bei Pubertierenden, deren Aussehen wie ihre Tagesverfassung wechselt, nichts besonderes. Heute sah sie bezaubernd aus. Soll ich Teewasser aufsetzen? fragte sie und ging mir in die Küche voran, während sie aufzählte, was sie in dem Koffer am Dachboden noch entdeckt hatte. Leinerne Nacht- und Taghemden mit Klöppelspitze. Fächer und einen Sonnenschirm. Lange Handschuhe aus weichem, weißem Leder. Knöpfelschuhe. Die bewußten Galoschen und die Regenpelerine. Drei Abendkleider, eines davon sogar mit Perlen bestickt. Du packst es nicht, jubilierte sie. Und das Beste daran, Verusch kann *nichts* davon tragen. Weil meine Urgroßmutter nämlich so klein war wie ich! – Wanda schnurrte vor Vergnügen. Nachdem sie zwei Teetassen auf den Küchentisch gestellt und mittels kleiner Hüpfer die Zuckerdose aus dem Hängekasten geangelt hatte, drehte sie sich zu mir und kicherte glücklich: Außerdem hat Verusch die Röteln. – Die Arme, sagte ich. Wanda lächelte versonnen vor sich hin. Sie tobt, weil sie heute nicht in die Tanzschule gehen kann. Dieser Philip ist gekom-

men, um sie abzuholen. Mami hat ihn wieder weggeschickt. Jetzt ist ihr Rendezvous im Hintern. –
Hingebungsvoll schilderte sie mir, wie Vera an die Röteln gekommen war. Die Zwillinge hatten die Infektion aus der Schule nach Hause getragen. Worauf die Mutter ihre größeren Töchter versammelte und befahl: Steckt euch an! Was immer man über die Frau sagen mag, ihr Ruf als Expertin in Brutangelegenheiten ist zu Recht unbestritten. Röteln, erklärte sie Wanda und Vera, sei eine harmlose Kinderkrankheit, wer sie einmal hatte, sei dagegen immun. Wehe hingegen den Frauen, die das Virus erst fangen, wenn sie schwanger sind. Das Baby, warnte sie, könne ein mißgebildeter Kretin werden. Also hopp, ins Zwillingszimmer, holt euch die Röteln jetzt, wo's niemandem schadet. – Wanda hatte Glück, sie konnte anhand ihrer Impfkarte nachweisen, daß sie irgendwann gegen Röteln geimpft worden war. Bei Veruschka hatte die schusselige Mutter offenbar auf die Impfung vergessen. Veruschka mußte zu Jan und Ida ziehen und steckte sich prompt an. Häßlich ist sie jetzt, mit diesem Ausschlag, sagte Wanda. Die Reinheit ihrer Schadenfreude war exemplarisch.
Als August und Wanda zu pubertieren begonnen hatten, war ich der Ansicht gewesen, daß Mädchen in der Pubertät pflegeleichter seien als Knaben. Diese Ansicht revidierte ich allmählich. Auch Wanda konnte einen das Fürchten lehren. Ihr Kinderschmelz war geborsten, Magma quoll ans Tageslicht. Ihr Bekämpfen der Schwester hatte etwas Atavistisches an sich. Noch betrieb sie diesen Kampf als Heckenschütze. Aber der Tag, an dem sie ihr Visier herunterlassen und sich als Veras Rivalin deklarieren würde, war abzusehen.
Wenige Tage vor Weihnachten kam sie vorbei, um mir ein Geschenk zu bringen. Nicht sehr schön, entschuldigte sie sich im Vorhinein, selbstgemacht, aber mit Liebe. – Ich befingerte das Päckchen. Sollte es sich vielleicht um einen oder gar zwei Topflappen handeln? grinste ich. Wanda grinste zurück. Du weißt ja, ich bin eine Handarbeitsnull. Über die vom letzten Jahr hast du dich gefreut, also habe ich dir noch welche gemacht. Diesmal sind sie gestrickt. – Sie hob die Nase und schnupperte. Weihnachtsbäckerei? – Meine Mutter war hier gewesen und hatte gebacken, weil ich in diesem Jahr einfach nicht dazu kam. Willst du kosten? fragte ich Wanda. Während ich unter allerlei Verrenkungen die vor Augusts erbarmungslosem Zugriff verbor-

genen Keksschachteln aus ihrem Versteck holte, hockte sich Wanda aufs Fensterbrett. Sie trug rote Strumpfhosen und einen schwarzen Minirock, der so mini war, daß sie ihn sich eigentlich hätte ersparen können; sie sah aus wie ein übriggebliebener Krampus. Vanillekipferln hab ich am liebsten, sagte sie mampfend, der feine Zucker rieselte auf ihren schwarzen Pullover. Bei uns gibt's heuer gar keine Weihnachtsbäckerei, weil wir am 25. Dezember alle nach Kitzbühel fahren. – Freust du dich? fragte ich und dachte an August, der trotz heftigsten pubertären Wellengangs Weihnachten total sentimental wurde, der seinen Christbaum auch in diesem Jahr kindlich lieben würde und den zu dieser Zeit keine zehn Rösser von zu Hause fortgebracht hätten. Ich finde es spannend, sagte Wanda. Sie spielte mit dem Ende des Zopfes, drapierte ihn wie einen Schnurrbart über die Oberlippe und sagte mit tiefer, affektierter Stimme: Der gute Philip wird auch dort sein. –
Der gute Philip war mir neu. Während Vera mit Röteln darnieder lag, hatte Wanda den Jüngling, der regelmäßig antanzte, um sich nach dem Befinden der Kranken zu erkundigen, unter die Lupe genommen. Als diesen Philip und Lackaffen hatte sie ihn vor kurzem noch abqualifiziert. Irgendein Barons-Sohn oder Grafen-Kind sei er, und total angepaßt, gar nicht so wie August oder die anderen. Leise Wehmut hatte mich beschlichen, als sie verächtlich bemerkte, Philip trage Lacoste-Hemden und Loafers aus den USA, und Harrods-Sakkos, und er küsse ihrer Mutter die Hand. Verusch sei jetzt auf dem Aristo-Trip, sie sitze wie die Queen bei Tisch und spreize beim Trinken den kleinen Finger vom Glas weg. Verusch, hatte mir Wanda verkündet, ist total in den Typen verknallt. Aber die Pille nimmt sie nicht, ich habe ihr Badezimmerfach und ihre Lade und ihre Schultasche durchsucht. – Mit imperialer Geste hatte sie alle meine Rügen im Keim erstickt. Du brauchst dich nicht aufzuregen, es ist eh egal. Er schläft nicht mit ihr. Dazu ist er a) zu blöd und b) zu gut erzogen. Wie die meisten Kinder ihrer als aufgeklärt geltenden Generation bediente sich Wanda ohne Scheu einer reichhaltigen Sexualterminologie. Das reichte von Abstrich bis Zyklus, von Diaphragma bis Pariser, von Frigidität bis G-Punkt, von Orgasmus bis Penis, Petting und Porno. Arme Kinder, pflegte meine Mutter zu jammern, alles wissen sie. Wo bleibt das Geheimnisvolle der Sexualität, das ihren Reiz erst

ausmacht. – Ich war und bin nicht dieser Meinung. Zum ersten halte ich Wissen nicht unbedingt für reizmindernd. Zum zweiten glaube ich, daß es sich in den meisten Fällen nicht um Wissen, sondern um Halbinformation handelt. (Mir zum Beispiel ist der Begriff Quantenphysik durchaus geläufig, aber ich kann mir nichts darunter vorstellen.) Zum dritten bin ich überzeugt, daß auch die aufgeklärten Kinder von heute, genauso wie die Generationen vor ihnen, das von meiner Mutter als geheimnisvoll Bezeichnete selbst entdecken beziehungsweise *es* sich *ihnen* entdeckt; und zwar dann, und nur dann, wenn sie emotionell soweit sind.
Wie weit war Wanda? Schwer zu sagen. Mit Sicherheit längst dabei, den eigenen Körper zu erforschen und durch sich selbst zu erfahren. Mit großer Wahrscheinlichkeit noch ohne partnerbezogenes sexuelles Verlangen. Und fraglos in jenem Stadium, in dem Mädchen ihre erotischen Antennen ausfahren. Wanda hatte nie einen Gesprächspartner gehabt, mit dem sie über die sensible Thematik der Erotik und Sexualität hätte sprechen können. Sie war auf Beobachtungen und Vermutungen angewiesen. Vera war eines ihrer Hauptstudienobjekte gewesen. Wie die Bibel hatte sie die Wirkung der älteren Schwester studiert. Mit sicherem Instinkt hatte sie den Moment erfaßt, in dem Vera eine erotische Aura entwickelte. Wanda hatte diese Aura mit Schönheit verwechselt und sie gehaßt, solange sie sie nicht selbst besaß. Hatte sie sie plötzlich, einfach so, über Nacht? Irgend etwas war mit Wanda vorgegangen, vielleicht war eine innere Schranke gefallen. Sie ging daran, ihre eigene erotische Wirkung zu erproben. Der gute Philip also. Ein neues Koordinatensystem. Wie geht es Veruschka, fragte ich, ist sie wieder ganz gesund? – Sie hatte im Anschluß an die Röteln eine Grippe bekommen und wochenlang im Bett gelegen. Ja doch, ich glaube schon, sagte Wanda vage. Die Schwester war kein Thema mehr. Und wie geht es dir? – Gut, das siehst du doch. – Ich meine in der Schule, sagte ich. Ach so, danke, schlecht, gab sie völlig desinteressiert zur Antwort. Dann dehnte sie Arme und Beine wie ein Kätzchen und lächelte. Flirt – morste das Wesen, das da auf dem Fensterbrett meiner Küche hockte und sich systematisch durch meine Weihnachtsbäckerei fraß.

Anfang Januar rief meine Freundin Monika, die Semestermutter aus München, an und fragte, ob ich nicht ein verlängertes Wochenende mit ihr Schifahren wolle. Ohne Kinder. In Kitzbühel. Sie habe dort für den Winter eine Wohnung gemietet. Fahr doch, glaubte Richard mir zureden zu müssen, es wird dir guttun. August und ich kommen locker zurecht. – Die Bereitwilligkeit, mit der ich ja sagte, war überstürzt. War denn der Herbst so arg für dich? fragte Richard. Seine Augen schwenkten von mir zu August und wieder zu mir. Fahr, mach es dir gemütlich und bleib, solange du kannst, sagte er. Es klang wie eine Grundsatzerklärung.
Schifahren ist eine Leidenschaft mit Löschpapierwirkung; irgend etwas tilgt den Alltag, als wäre er nie gewesen. Wir sind zu Drinks eingeladen, sagte Monika am Samstag. Bei Bekannten, die hier ein ziemlich pompöses Haus haben. Die Schickimicki-Partie von München. Magst du gehen? – Zwei Tage Tiefschneeabfahrten, das Glück der Schwerelosigkeit, mir war alles recht. Wir gingen.
Ein teures Haus, viel Zirbenholz, der wahrgewordene Traum eines wohlhabenden Geschäftsmannes aus der nördlichen BRD vom urigen Alpenleben. Viel Champagner wurde serviert, was den Konturen die Schärfe nahm. Dreißig bis vierzig braungebrannte Menschen in teurer Freizeitkleidung waren über einen Riesenraum verteilt. Außer Monika kannte ich niemanden. Oder doch? Ich fasse es nicht, sagte ich laut vor mich hin, der Padrone! – Er war als einziger im dunklen Zweireiher erschienen. Massig hockte er auf der Lehne eines Lehnsessels, in den sich eine attraktive Enddreißigerin schmiegte. Er hielt ein Glas Bier in der Hand und war schwer am Flirten. Seine Glatze spiegelte im Widerschein des Kaminfeuers. Mit der Zeit schien er zu merken, daß er beobachtet wurde. Er hob den Kopf, sah um sich und war nicht einen Augenblick verlegen, als er mich entdeckte. Während er der Dame im Sessel etwas ins Ohr murmelte, zwinkerte er mir mit einem Auge zu. Dann stand er auf und kam zu mir herüber. Was für eine angenehme Überraschung, Sie hier zu treffen, sagte er, um einen Gemeinplatz nie verlegen, und küßte mir die Hand. Er sei als Quartiermacher für seine Familie nach Kitzbühel gekommen, er wolle ein Haus für die Semesterferien mieten, den Kindern hätte es zu Weihnachten hier außerordentlich ge- und seiner Frau hätte es nicht mißfallen. Wir hatten uns schon eine Weile unterhalten, als die

Gastgeberin zu uns trat. Vom Schifahren können *Sie* beide sich *nicht* kennen, sagte sie, den unsportlichen Padrone mit einem anzüglichen Blick streifend. Der lachte. Wie recht Sie doch haben. Nein, nein, die Bekanntschaft mit mir verdanke er seiner Tochter, die den Vorzug genieße, mit mir befreundet zu sein. Um welche seiner zahlreichen Töchter es sich denn handle, fragte sie. Um Wanda, sagte ich.

Bald darauf ging der Padrone. Eine Stunde später löste sich die Gesellschaft auf. Als Monika und ich uns verabschieden wollten, bat uns die Hausfrau, noch ein wenig zu bleiben, sie hätte mich gerne etwas gefragt. Wir wurden an den Kamin dirigiert, Hausherr und Hausfrau nahmen mich in ihre Mitte, die Dame des Hauses kam ohne Umschweife zur Sache. Sie kennen also die kleine Wanda. Das Kind war an Weihnachten mehrmals in unserem Haus. Erzählen Sie mir von ihr. – Ihr Ton legte die Vermutung nahe, daß sie Wanda nicht mochte. Da ist nicht viel zu erzählen, gab ich mich zugeknöpft. So? sagte die Hausfrau spitz. Da bin ich anderer Ansicht. Ich könnte Ihnen einen Roman über das Mädchen erzählen. Sie ist ja die reinste Circe! – Die Dame hatte wohl nicht die Absicht, mir diesen Roman vorzuenthalten, zumal sie sich als Kronzeugin der spannenden Handlung betrachtete.

In den Weihnachtsferien hatte das kinderlose Ehepaar seinen Neffen zweiten Grades zu sich eingeladen. Ich ahnte es, noch ehe sie es ausgesprochen hatte, der Neffe war Wandas guter Philip. Ein wohlerzogener, geselliger Junge, lobte der Hausherr. Wir gaben ihm die Erlaubnis, seine Freunde ins Haus zu bringen. Sie wissen ja, Kinder in diesem Alter bewegen sich nur in der Gruppe, wir hatten also jeden Abend Remmidemmi. – Er lachte. Zu Philips Gruppe gehörte auch Veruschka, ergänzte die Hausfrau. Ein reizendes Geschöpf, so verliebt in Philip, und er in sie ... – Also alles paletti. Bis Wanda die Szene betrat.

Philips Gruppe traf sich jeden Morgen zum Schifahren und trennte sich erst, um zu Bett zu gehen. Zehn, zwölf Mädchen und Burschen, im Alter zwischen sechzehn und neunzehn. Sie sprachen von sich als *the crowd* und betrachteten sich als exklusiv. Wanda lechzte danach, zu dieser Gruppe zu gehören, Veruschka tat alles, um das zu verhindern. Für den Silvesterabend hatte Philip *the crowd* in das Haus von

Onkel und Tante, die auswärts feiern würden, einladen dürfen. Wanda hatte es sich in den Kopf gesetzt, ebenfalls eingeladen zu werden. Sie ging äußerst methodisch vor, um an dieses Ziel zu gelangen. Zunächst entlockte sie Veruschka, auf welcher der zahlreichen In-Almen *the crowd* am 31. Dezember zu Mittag sein würde. Sobald sie das wußte, machte sie sich auf den Weg, um das Terrain zu sondieren. Gott ist mit den Starken. Wanda fand, was sie suchte, um sich in Szene setzen zu können. Hinter der Hütte, oberhalb jener Mulde, in der man Schier an- und abschnallt, hatten Trickschifahrer eine kleine Schanze gebaut. Wanda war geschmeidig, mutig und trainiert. Außerdem fuhr sie ausgezeichnet Schi. Sie sprang ein paarmal über die Schanze. Bis sie sich sicher fühlte. Dann legte sie sich auf die Lauer. Sie sah *the crowd* kommen. Und sie wartete auf ihr Gehen. Als Philip unten Veruschkas Schi aus dem Schiständer hob, fuhr Wanda oben los. Achtung! schrie jemand, als die kleine Gestalt im roten Schianzug mit fliegendem Zopf vom Schanzentisch abhob. Alle sahen Wanda kommen. Auch die arme Veruschka. Auch der gute Philip.

Wanda landete sicher. Ganz in der Nähe der staunenden *crowd*. Das ist ja deine Schwester, sagte Philip zu Veruschka, als hätte sie ihm Wanda bis dato verborgen. Als er Wanda zu ihrem Sprung gratulierte, machte er ein Gesicht, als sähe er sie zum ersten Mal. Minuten später hatte er die kleine Schwester seiner großen Liebe für den Silvesterabend eingeladen. Ich weiß nicht, warum du so tobst, rügte die Mutter ihre Tochter Veruschka, die sich verzweifelt gegen Wandas Mitkommen wehrte. Sie ist doch deine Schwester. Und sie nimmt dir doch nichts weg. – Das war ein Irrtum.

Wanda war die geborene Taktikerin. Im Hause von Philips Onkel und Tante verhielt sie sich zunächst unauffällig. Ganz die Kleine mit den großen, erstaunten Kinderaugen. Gegen Mitternacht wurde sie munter. Sie ist wirklich komisch, fand Paul, immerhin bald neunzehn, Philips bester Freund. Man kann mit ihr lachen. Außerdem tanzt sie fabelhaft, wie eine Feder. – Um 23 Uhr 30 gab Wanda ihr erstes Solo, einen ans Akrobatische grenzenden Jitterbug. Sie wußte, ihre Zeit war knapp, um Punkt ein Uhr würde ihr Vater wie besprochen in der Tür stehen, um sie abzuholen. Action, rief sie um 0.20 Uhr, hier wird's ja fad. – Sie verknotete ihre Seidenbluse unterm Busen, rollte

das Taillenband ihres Röckchens etwas nach unten und sorgte auf diese Weise für eine nackte Mitte. Dann ergriff sie eine dünne Stoffserviette, wies Paul an, Eric Clapton's Leila auf den Plattenteller zu legen, und gab eine leicht persiflierte Version eines Schleiertanzes zum besten. Als Onkel und Tante um 0.40 Uhr ihr Haus betraten, um zu sehen, was die Jugend denn so treibe, tanzte Wanda auf dem Tisch vor dem Kamin soeben einen mitreißenden Bauchtanz. Sämtliche anwesenden Knaben saßen rund um den Tisch am Boden und klatschten den Takt. Philips Augen, sagte die Tante vorwurfsvoll, seien aus den Höhlen getreten, als hätte er die Basedowsche Krankheit. Der Anblick sei aber auch ganz hinreißend gewesen, merkte der Onkel gedankenverloren lächelnd an. Ich sag es ja, wiederholte die Tante, die reinste Circe! –
Was ich sonst noch erfuhr: Am selben Abend hatten die anwesenden Mädchen der *crowd* Wanda zu einer Art Staatsfeind No. 1 erklärt. Veruschka hatte sich auf die zirbelholzgetäfelte Toilette zurückgezogen, um dort ungestört schluchzen zu können. Wandas Abgang war ebenso eindrucksvoll gewesen wie ihre tänzerischen Auftritte. Um ein Uhr war der Padrone in der Tür gestanden, um sein Küken nach Hause zu holen. Es ist Zeit, junge Dame, rief er und hielt ihren Mantel bereit. Langsam ließ Wanda das Requisit ihres Verführungstanzes, die Serviette, fallen. Sie trat vor die Hausfrau und machte einen Knicks. Dem Hausherrn schenkte sie einen verruchten Blick und ein kindliches Danke. Dann ließ sie sich vom Vater den Mantel um die Schulter legen. Der *crowd* winkte sie zu wie weiland Josephine Baker nach dem 18. Vorhang. Gemütlich war's, rief sie. Ciao! Und Happy New Year! –
Um Philip sei's seither geschehen, meinte seine Tante bitter. Aber das kleine Biest macht sich ja gar nichts aus ihm. Sie hat ihn ja schon am Tag darauf, beim Schifahren, total ignoriert. – Ach, wissen Sie, gab ich wider besseres Wissen und Gewissen von mir, Wanda ist noch nicht einmal fünfzehn, sie ist in vielem noch ein Kind. – Na, machte der Onkel bloß und sah mich an. Ich sah rasch weg.

Eine Woche später saß Wanda wieder einmal auf dem Fensterbrett in meiner Küche. Ich erzählte ihr, daß ich im Hause von Philips Onkel und Tante gewesen wäre. Ohne mit der Wimper zu zucken, sah sie mich aus ihren schrägen grauen Augen an. Ich rekapitulierte, was ich über ihre durchtriebene Silvesteraktion erfahren hatte. Wanda bestätigte alles bereitwilligst, ja sie fettete meinen Wissensstand noch um einige Details auf. Die Affäre schien sie auch nachträglich noch zu beglücken. Hör einmal, Wanda, gab ich schließlich zu bedenken, das war nicht schön von dir. – Sie warf den Kopf in den Nacken, daß der Zopf nur so flog, und lachte. Schön nicht, sagte sie. Aber gut. –

Göttlicher, mir graut vor dir!

An der Innenseite meines Kleiderschranks ist eine Pinwand angebracht. Aufgespießt ist dort das Übliche. Einkaufslisten, Telefonnummern, ein Hotelprospekt. Blaß gewordene Schnappschüsse; meine Eltern, die sich über irgend etwas vor Lachen krümmen, August, vier- oder fünfjährig, als Clown auf einem Kinderfest, Richard vor dem schiefen Turm von Pisa, so jung, so jung. Und mitten drunter ein Cartoon, sichtlich aus einer Zeitung ausgeschnitten, vergilbt und an den Rändern eingerissen: eine abgekämpfte Mutter, Schweißperlen auf der Stirn, steht in ausgetretenen Latschen neben einer Spüle, in der sich Geschirrberge türmen. Ihr gottergeben-leerer Blick ist auf ein in Schale geworfenes Jüngelchen geheftet, welches im Fortgehen begriffen ist. Seinem Mund entweicht eine Sprechblase: Das Leben ist hart, Mama.

Memento jenes Jahres, in dem August die Fünfzehn überschritt. Ein gräßliches Jahr, in meiner Erinnerung eine endlose Kette von Krisen. Schiere Körperlichkeit schien die Restbestände dessen, was an August geistig gewesen war, verschlingen zu wollen. Und August ließ es willenlos geschehen. Eines Tages hatte meine Ratlosigkeit einen Punkt erreicht, an dem ich Hilfe außerhalb der Familie suchte. Ich rief Monika an. Du hast drei Söhne, wie hast du ihre Pubertät überstanden, japste ich ins Telefon. Bestens, warum? – Im Zeitraffer gab ich ihr einen Lagebericht, den ich mit dem melodramatischen Ausruf: »Augusts Persönlichkeit zerfällt!« beschloß. Ich weiß es noch genau, Monika lachte. Im Gegenteil, sagte sie, er ist dabei, eine zu entwickeln. – Drei Tage später kam ein Päckchen aus München an. Es enthielt ein Buch mit der Widmung: Kopf hoch! Auch die ärgsten Pubertäten gehen vorüber. Monika. Auf den Buchdeckel hatte sie mit Scotch-Tape den bewußten Cartoon geklebt. Vielleicht wollte sie mit ihm die Botschaft des geschenkten Buches etwas mildern.

SCHWEINE MIT FLÜGELN, halb Sachbuch, halb Tagebuch-Roman. Die Geschichte von Rocco und Antonia, zweier Jugendlicher der 68er

Generation. Porno pur, war mein erster Eindruck, sexuelle Phantasien und Praktiken Pubertierender, beinhart verbalisiert. Ich empfand das Buch als peinlich und war drauf und dran, es wegzulegen, als mich eine Stelle zum Lachen brachte – die erste von vielen. Ich las weiter. Am Ende war ich von den beiden Halbwüchsigen, die sich durch den schwer verdaulichen Eintopf von Sex und Politik, Komplexen und Identitätskrisen, Sehnsucht nach Zärtlichkeit und erster Liebe hindurchfressen, berührt. Es war übrigens nicht so, daß ich in Rocco August gesehen hätte. Rocco verdankte ich gewisse nützliche Einsichten. Sein Exkurs über den täglichen Masturbationsrhythmus eines Sechzehnjährigen etwa, eine jener Stellen, über die ich lachte; von der Masturbation digestiva über die in lectu und die post meridiem (auch Five-o'clock-single-fuck genannt) bis zu der in latrina. Endlich dämmerte mir, weshalb ein Kind wie August, das in seinem Leben nie Verdauungsschwierigkeiten hatte, mit einem Mal Viertel- oder halbe Stunden auf dem Klo zubrachte und immer sauer reagierte, wenn ich vor der Tür brüllte: Bist du noch nicht fertig, tu endlich weiter!

Die Sexualität pubertierender Mädchen ist im allgemeinen weniger aggressiv, weniger tatkräftig als die von Knaben. Ich kramte in meinen eigenen Erinnerungen: keinerlei Analogien zu August. Richard wiederum war als Informant weder für mich noch für August ergiebig. Das mochte in seiner Kindheit begründet liegen. Sein Vater hatte das Thema Sex nie mit ihm besprochen, Richard hatte es allein bewältigt. Nun sah er keinen Grund, es seinerseits mit August anders zu halten. Sex zerreden, was für ein Unsinn, pflegte er zu sagen. Es gibt nichts, zu dem ich nicht Stellung nehmen würde, wenn August mich fragte. Aber das Thema mutwillig anschneiden, einfach so, wie ein Talkshow-Moderator, nein. Sicher nicht. – Ich wußte, es war nicht Verschämtheit, sondern Achtung vor der Intimsphäre eines Mitmenschen, die Richard zu dieser Einstellung veranlaßte. Ich hingegen war dafür, Gesprächsbereitschaft unübersehbar zu signalisieren, um August jede Chance zu geben, sich von etwaigen schädlichen Rückständen in seiner Psyche zu befreien. Das ist wie Harnsäureablagerungen, versuchte ich Richard meinen Standpunkt zu verdeutlichen, statt der Gicht hast du halt auf einmal Neurosen. – Wovon sollte August eine Neurose kriegen, meinte Richard. Etwa vom

Onanieren? Da müßte ein Großteil der Menschheit neurotisch sein. – Er ließ eine seiner knappen Infos vom Stapel: Sexuelle Selbstbefriedigung, auch Masturbation oder Onanie genannt, komme als unbewußte Triebhandlung bereits bei Kindern vor und sei als Durchgangsstadium in der Pubertät der Brauch. Die Behauptung, man bekäme davon Rückenmarkschwund, stamme aus dem 19. Jahrhundert und sei längst als Märchen enttarnt. Ungesund sei's also auch nicht. Ende der Debatte.
Im Anschluß an dieses Gespräch schlug ich im Lexikon, NEV bis SID, das Wort Onanie nach. Es macht mich krank, wenn ich mit Begriffen hantiere, die ich zwar ihrer Bedeutung, nicht aber ihrer Herkunft nach verstehe. Ich hätte auch Richard fragen können, aber man hat ja schließlich seinen Stolz. *Onanie (nach 1. Mos. 38,9), die,* siehe Masturbation. Nicht sehr aufschlußreich, also her mit der Bibel. Das verläßlichste Nachschlagwerk der Welt, keine existentielle oder metaphysische Frage, in der sie dich hängen ließe, wenn nur die Auslegungen nicht wären. Mit Staunen entnahm ich dem Ersten Buch Genesis die Geschichte von Onan, der auf Geheiß seines Vaters Juda mit Tamar, der Witwe seines Bruders Er, schlafen sollte, um dem Verstorbenen zu Nachkommen zu verhelfen. Aus heutiger Sicht ein abstruses Ansinnen. Den armen Er hat der Herr übrigens sterben lassen. Einfach so. Und Onan war ebenfalls kein Glück beschieden. Über ihn heißt es wörtlich: Onan wußte also, daß die Nachkommen nicht ihm gehören würden. Sooft er zur Frau seines Bruders ging, ließ er den Samen zur Erde fallen und verderben, um seinem Bruder Nachkommen vorzuenthalten. Was er tat, mißfiel dem Herrn, und so ließ er auch ihn sterben.
Was Richard so vornehm Augusts Durchgangsstadium zu nennen beliebte, hatte also mit der biblischen Problemstellung allenfalls formal, nicht jedoch motivatorisch zu tun. Ohne den HERRN interpretieren zu wollen, pubertierende Knaben scheinen für IHN keine Neuauflage des alttestamentarischen Onan darzustellen, erregen sie doch offenbar SEIN Mißfallen nicht. August hingegen erregte das meine, was mit der intensiv betriebenen Handhabung seiner selbst und deren ärgerlichen Begleiterscheinungen – als Stimulans gedachter Pornoschund, der sich in einen im Wohnzimmer aufliegenden Stoß Zeit-Magazine verirrte, um dort von einem Gast gefunden zu

werden; die erwähnten Kloblockaden; Zweckentfremdung von Taschentüchern etc. – nur am Rande zu tun hatte. Es war vielmehr Augusts Allgemeinzustand, der mich irritierte und nervte. Die Kombination seines Allgemeinzustandes und meiner Gereiztheit erzeugte mit der Regelmäßigkeit von Zellteilung Krisen. Richard warf mir einmal vor, daß ich Krisen ebenso leidenschaftlich provoziere wie August. Er hatte gut reden, er stand, metaphorisch gesprochen, am Feldherrnhügel, ich lag im Schützengraben.

Wollte man meinem Freund, dem Psychiater, folgen, so war meine Reaktion gesund. Konflikte annehmen, predigt der nämlich laufend, wenn es um Kindesentwicklung geht: Irgendwann merkt das Kind, daß die Mutter verwundbar ist. Und irgendwann trifft es voll. Ein Aha-Erlebnis. Die ist ja gar nicht so großartig, da kann ich mich ja durchsetzen ... Jetzt heißt es Grenzen ziehen. Hoppla, muß die Mutter sagen, auch ich kann notfalls aggressiv werden. Damit nimmt sie das Problem als Konflikt an. Ihre einzige Chance. Denn wehe der armen Seele, die einer Auseinandersetzung ausweicht. Nichts lernt das Kind schneller, als die Mutter außer Gefecht setzen. Bei Bedarf Knopfdruck, und sie ist paralysiert. –
August war ständig am Drücker. Es schien sein Daseinszweck zu sein, mich außer Gefecht setzen zu wollen. Und ich nahm als Konfliktstoff wahllos an, was er mir bot, auch, was gar nicht als Munition gegen mich gedacht war. Sein Aussehen etwa, seine Angewohnheiten, seine Ticks. Wie sieht er denn aus, der Göttliche, hatte Monika gefragt, als ich sie anrief, was sagt er, was tut er? – Er ist als Ganzes niederschmetternd, hatte ich geantwortet, mir graut vor ihm. – Ich weiß, daß ich zu Übertreibungen neige. Aber damals empfand ich es so.
August war lang, dünn, ungewaschen und gefräßig. Seine schönen Zähne wurden gelb, seine Socken stanken, seine Nägel schnitt er nur, wenn sein Vater ihn dazu verhielt oder wenn seine Großmutter ihn mit Kinogeld bestach. Seine Oberbekleidung wechselte er pausenlos, seine Unterwäsche hingegen nur unter Androhung von Gewalt. In seinem Zimmer herrschte nicht nur Chaos, es machte sich auch ein durch nichts zu vertreibender Mief breit, den August als

seine spezielle Duftnote bezeichnete. Gegen geöffnete Fenster hatte er eine Idiosynkrasie entwickelt. Manchmal stahl ich mich in sein Zimmer, wenn ich glaubte, August schlafe schon, um heimlich ein Fenster zu öffnen. Meistens schlief er nicht, denn wenn ich morgens eintrat, um ihn zu wecken, war das Fenster wieder geschlossen, und die Luft verschlug mir den Atem. Ferner hatte August die Zote entdeckt und tat sich auch sonst sprachlich keinen Zwang an. Ja, es tauchten sogar Angewohnheiten auf, die man dem kleinen Kind ein für allemal abgewöhnt zu haben glaubte – das Nasenbohren, das Gähnen mit weit aufgerissenem Mund ohne Zuhilfenahme der kaschierenden Hand, das versonnen betriebene Krabbeln am Geschlecht.
Das alles klingt monströs, obwohl ich nicht behaupten will, August sei ein Monster gewesen. Er war nicht anders als die meisten Buben seines Alters. Abgesehen vom untadeligen Josef, der nicht einmal Achselschweiß zu entwickeln schien, war er sogar um einen Schatten ansehnlicher als das Gros seiner Freunde. Wenn ich an den armen Ulrich denke – erst Stimmbruch über mehrere Oktaven, dann Akne und früh einsetzender Bartwuchs, der wie eine unergiebige Versuchspflanzung sproß. Vielleicht empfand ich August als besonders gräßlich, weil ich ihn sosehr liebte. Vielleicht mußte ich erst damit fertig werden, daß mein Traumbild von August und die Realität divergierten. Vielleicht spürte ich auch, daß August und ich auseinanderdrifteten. Diese Drift schmerzte. Und ich schlug um mich. Nein, auch ich empfand die Zeit von Augusts biologischer Reifung nicht als Glück.
Die Tatsache, daß das bloße Wirksamwerden verschiedener in Drüsen erzeugter Wirkstoffe unser Familienleben auf den Kopf stellte, will mir noch heute nicht recht in den Sinn. Hormone der Nebennierenrinde, der Hypophyse, der Schilddrüse und Geschlechtshormone. Ihr geheimnisvolles Zusammenspiel würde August im Endeffekt zum Mann machen. Vorerst machte es ihn zum Sargnagel. Die emotionelle Krise lief en suite. Die Tage waren von permanentem Stimmungswechsel geprägt: am Morgen teilnahmslos bis muffig. Beim Heimkommen von der Schule im High oder im Low. Beim Essen gierig, danach kurz ruhig, dann unruhig, dann entschlossen, dann plötzlich friedlich. Am frühen Nachmittag lethargisch bis eingeschla-

fen. Am mittleren Nachmittag rastlos bis aufsässig. Am späteren Nachmittag bisweilen aktiv. Am frühen Abend wach und hungrig. Am späten Abend für Überraschungen gut; kommunikativ, explosiv, depressiv oder weggetreten. Ein für jenes Jahr typischer Tag: Ein Hindernisrennen.

Um sieben Uhr betrete ich Augusts Zimmer, um seinen Wecker abzustellen. Er beharrte auf diesem Wecker, um seine Unabhängigkeit von mir und meinem mütterlichen Service zu demonstrieren; leider hört er ihn nie. Ich beginne zu wecken, wecke bis zwanzig Minuten nach sieben. August grunzt unfreundlich, setzt sich im Bett auf, kratzt sich am Kopf und sonstwo, wühlt mit der freien Hand im Kleiderhaufen vor seinem Bett nach seiner Unterhose. Seine Augen sind noch geschlossen. Er hört auf, sich zu kratzen, langt mit der solcherart frei gewordenen Hand (und immer noch geschlossenen Augen) nach dem Tonarm seines Plattenspielers. Die ersten Wahnsinnstakte von God save the Queen, SEX PISTOLS, hämmern durch den Raum. Aufschrei meinerseits: August, bist du wahnsinnig, die Nachbarn! – August: Scheißverein. – Er öffnet langsam die Augen.
Zehn Minuten später kommt er aus dem Badezimmer, ungewaschen, unfrisiert, wird zurückgeschickt, kommt notdürftig erfrischt wieder, durchbohrt mich mit Blicken, begrüßt seinen Zeitung lesenden Vater. Über seinem Frühstück verfällt er in dumpfes Brüten, den Kopf tief über den Teller gebeugt, die Augen ins Leere gerichtet. Die Teetasse hat er selbstverständlich auch heute nicht an dem dafür bestimmten Henkel ergriffen. Es folgt die Spiegelzeremonie, dann der Abgang. Vereinzelt grüßt August zum Abschied.
Der Vormittag ist mein, seit ich Schnellküche eingeführt und beschlossen habe, meine ordnende Hand von Augusts Zimmer ein für allemal zu lassen; einmal wöchentlich stößt die Putzfrau dorthin vor. Stille also, Arbeit möglich. Es sei denn, August holt mich indirekt ein, indem sein Klassenlehrer sich gezwungen sieht, mich anzurufen. Meistens tut er dies an Dienstagen, so gegen zehn Uhr, da sitzt er nämlich im Lehrerzimmer und korrigiert Hefte. August ist ... August hat ... Er bedauert stets zutiefst, es mir sagen zu müssen. Und dann besteht er darauf, mich oder Richard in seiner Sprechstunde

zu sehen. Diese ist Mittwoch um elf Uhr, was den Verlust eines Vormittags bedeutet. Richard war noch nie dort.
Gegen zwei Uhr kommt August aus der Schule. Man hört ihn immer. Entweder er pfeift und schmeißt das Gartentor ins Schloß; oder er pfeift nicht, schmeißt das Gartentor ins Schloß und schlurft wie ein Greis nach dem zweiten Schlaganfall über den Kiesweg. High oder low. Auch die Wohnungstür wird nicht geschlossen, sondern zugedroschen. Die Army-Tasche fällt mit einem Plumps auf den Dielenboden, grundsätzlich mitten im Raum. August betritt die Küche. Was gibt's zum Essen? – Kannst du nicht grüßen? – Hallo. – Es gibt Bratwurst. – Schon wieder? – Ich bin kein Wirtshaus. Wie war's in der Schule? – Na, wie schon, wie immer. – August beginnt zu schlingen, putzt alles bis zum letzten bißchen Kartoffelpüree auf. Mit zunehmendem Sättigungsgrad wird er gesprächig. Der Haderer hat heute in der großen Pause einen Witz erzählt ... (betont schmutziges Grinsen). – Na erzähl. – Er ist aber schweinisch. – Dann will ich ihn nicht hören. – Er ist aber gut. – Wenn er gut ist, halt ich's aus. – Und du wirst nicht sauer sein? – Nein, werd ich nicht. – Es folgt ein Witz von nicht wiederzugebender Grauslichkeit, die Pointe ist schwach. Ich lache nicht. Eh klar, sagt August gedehnt, jetzt bist du wieder sauer. – Bin ich nicht, ich mag nur keine Zoten. – August will gehen. Professor Mandl will mich sprechen, warum wohl? rufe ich ihm nach. August kehrt wieder, tut empört. Wieso denn, der hätte ihn doch ohnedies schon ins Klassenbuch eingetragen, wegen Störens des Unterrichts. Vielleicht sei sonst noch was gewesen, meine ich. August entrüstet sich. Nicht, daß er wüßte. Mandl sei tückisch, ein Schwein, habe einen Pik auf ihn; er murmelt, während er sich in Richtung Klo entfernt, etwas, das wie verdammter Wichser klingt. Gegen 15 Uhr fällt mir auf, wie still es ist. Vor einer guten Stunde habe ich August vom Klo gescheucht. Er verschwand umgehend in seinem Zimmer, um sich zu geben, was er brauchte: THE DOORS, The End. Fünfzehn Minuten lang haben sämtliche Fenster der Wohnung leise geklirrt. August, ich halte das nicht mehr aus! habe ich geschrien. Man hält mehr aus, als man glaubt. Die Musik wurde zwar nicht leiser, aber irgendwann ist sie versiegt. Wie lang ist es schon still? Ich klopfe (eine für beide Teile sinnvolle Angewohnheit neueren Datums) an Augusts Tür. Nichts. Ich öffne. August liegt em-

bryonal eingerollt auf seinem Bett und schläft. Unter seinem Kopfkissen ist eine Ausgabe des HUSTLER hervorgerutscht. Harte Pornos kann man zwar theoretisch erst ab achtzehn kaufen. Aber praktisch, hat August mir auf meine diesbezügliche dringende Anfrage glaubhaft versichert, praktisch kriegt das jedes Kind. – Was heißt Kind? habe ich gefragt. Na, Zwölfjährige beim Türken – dem türkischen Zeitungsverkäufer in der Nähe von Augusts Schule – und Vierzehnjährige beim Zeitschriftenstand. Ich schiebe das Heft unter das Kissen. Ein paar Geheimnisse braucht der Mensch. Der Ausdruck auf Augusts Gesicht ist frühkindlich. Ich bin gerührt und wecke ihn sanft. Komm, sei lieb, steh auf, sage ich, du mußt lernen, morgen ist Mathearbeit. – Das Frühkindliche löst sich auf wie Nebelschwaden, Pubertäres greift Platz. Ich warte auf Ulrich, bellt August. Ich versuche, suggestiv zu wirken. Schau, fang schon an. Ulrich kann dir eh nicht helfen, er ist ja eine noch größere Niete als du. – An der Niete rankt sich August hoch. Er wird cholerisch. Wir haben den ersten Krach des Tages. Ich halte es nicht mehr aus, ich muß an die Luft, schreit er. Du bleibst da, schreie ich. Er geht natürlich. Vierzig Minuten später kommt er friedfertig wieder. Um ihn ist eine Wolke von kaltem Rauch. Ich schnuppere, Selbstgedrehte, zwei bis drei wahrscheinlich. Beim Eissalon vorn an der Ecke gepafft. Ich sage nichts, August entschwindet, in den nächsten zwei Stunden ist weder Musik noch sonst etwas aus seinem Zimmer zu hören. Aber aus den emanierenden Schwingungen schließe ich, daß August lernt. Gegen 19 Uhr verläßt er pfeifend sein Zimmer und startet erneut eine Kloblockade, die ich nach zwanzig Minuten breche. Er verschwindet im Badezimmer. Falls er sich dort die Hände wäscht, wird er die Seife im Waschbecken liegen lassen, auf daß sie matschig werde, und er wird sein feuchtes Handtuch über unsere trockenen werfen. Gegen 19.30 Uhr sucht er mich in der Küche auf. Er ist verbindlich. Da riecht's toll, sagt er, was gibt's? – Und schon steckt er einen Finger in einen Topf, um zu schlecken.

Wäre Richard zu Hause, würde August nun auf meine Aufforderung hin sein Äußeres, insbesondere sein Haupthaar, zivilisieren, ehe er zu Tisch ginge. Er würde etwas weniger gierig in sich hineinschlingen als mittags; und er würde, je nach Stimmung, schweigen, die Diskussion mit seinem Vater suchen oder sich von diesem in ein Ge-

spräch verwickeln lassen. Er würde recht vernünftig, mitunter verbohrt, mitunter auch originell argumentieren. Abgesehen von ein bißchen adjektivisch gebrauchter Scheiße würde er sich auch kaum im Ton vergreifen.
Aber Richard ist nicht da, August und ich sitzen zu zweit bei Tisch. Er hat sein Äußeres trotz meiner wiederholten Bitte *nicht* zivilisiert, hingegen hat er bereits beim ersten Bissen seine Hose bekleckert. Anklagend betrachtet er den Fleck, als hätte ihn dieser aus dem Hinterhalt angesprungen. Beim nächsten Bissen lehnt er den Oberkörper über den Tisch, um weiteren Flecken vorzubeugen. August, sitz grade, deine Nase hängt ja schon in den Teller. – Ich möchte einmal eine Mahlzeit ohne Keifen erleben. Wo ich doch eh so fertig bin. – Wovon bist du fertig? – Morgen ist Matheklassenarbeit!! – Hast du gelernt? – Auch. Und einen Spickzettel hab ich geschrieben. – August, wenn du wieder beim Schwindeln erwischt wirst … – Dann werde ich halt erwischt. Es ist sowieso schon alles beschissen. – Urplötzlich wird August von Niedergeschlagenheit erfaßt. Sie scheint abgrundtief. Triste scharrt er mit dem Besteck über den Teller, starrt Löcher in die Luft. Einen Augenblick lang bin ich alarmiert. Was ist denn los, frage ich. Ach, alles sei so traurig, so aussichtslos, sagt August. Er habe alles satt, das Leben im allgemeinen, die Schule im besonderen. Wehmütig zieht er die Schüssel mit Dillkartoffeln zu sich heran und häuft alles, was übrig ist, auf ein viertes Stück Rindfleisch. Mir kommen die Tränen, sage ich und lache. Worauf Augusts Depression flugs in Aggression umschlägt. Du bist wirklich einfühlsam, zischt er mich böse an, eine schöne Mutter! Ich könnte mich erhängen und tot vom Luster baumeln … – Ich bleibe ungerührt. Zuviel Harold and Maude, sage ich, sei originell, laß dir was Eigenes einfallen. Harold and Maude ist einer von Augusts Lieblingsfilmen, er kann die Dialoge streckenweise auswendig, was für ihn spricht. In diesem Fall ist allerdings meine Anspielung ein grober Fehlgriff. – Zynismus verträgt August nicht einmal ansatzweise. Er springt auf und verläßt, ohne ein Wort zu sagen, den Tisch. Er könnte auch gar nichts sagen, weil er den Mund voll Dillkartoffeln hat.
Zwei Stunden später möchte ich ein Bad nehmen. Es geht nicht, August liegt in der Wanne. Bist du bald fertig? rufe ich. Stille. Ich klopfe laut an die Tür. August, beeil dich, ich möchte noch heute baden. Du

liegst doch eh nur in der Wanne, ohne dich zu waschen. – Totenstille. Ich klopfe lauter und länger. Was ist, bist du taub oder abgesoffen? – Leises Plätschern, er hört mich genau. Ich spüre, wie meine Halsadern schwellen. Unschön sei das, sagte meine Mutter. Ich kann nichts dafür, wenn ich wütend werde, schwellen sie. Meine Selbstbeherrschung verdunstet, meine Stimme ist knapp daran, in Hysterie zu kippen. Ich zähle bis drei, wenn du dann nicht aufmachst ... – Das ist doch Unsinn, sagt eine ruhige Stimme hinter mir. Was tust du, wenn er *nicht* aufmacht? – Richard ist nach Hause gekommen. Seine Autorität ist von Natur aus stark. Und unverbraucht. Zwei Minuten später ist August aus dem Badezimmer, weitere zwei Minuten später hat er die von ihm durch ständigen Heißwasserzulauf erzeugte Dampfwolke mittels Lüftens und heftigem Gefächel entfernt. Weitere fünf Minuten später ist die Wanne gereinigt, und August steht mit hängendem Kopf vor mir. Entschuldige, Mama, sagt er, ich wollte dich nicht ärgern. Du kannst jetzt baden gehen. – Ich sitze auf meinem Bett und heule. Ist schon gut, schniefe ich. Natürlich wolltest du mich ärgern. Und jetzt mag ich nimmer baden. August sieht mich halb neugierig, halb betreten an, dann geht er. Richard meint, ich solle aus dem Ganzen keine Tragödie machen und endlich mit dem Heulen aufhören. Er klingt etwas gereizt. Ich verstehe ihn ja, es ist spät, er ist müde, er will keine Krise, wenn er nach Hause kommt, sondern Ruhe. Richard haßt Krisen und versucht sie zu vermeiden. Ich hingegen löse jede, die in der Luft hängt, aus.

Mein Freund, der Psychiater, würde mir recht gegeben haben. Krisen gehören ausgelöst, sagt er. Je kleiner die Bombe, desto kleiner der Krach. In jenem nervenverschleißenden Jahr, in dem August den Hormonkampf kämpfte und sich anschickte, sechzehn zu werden, ließ sogar Richard eine Bombe hochgehen. Es geschah dies quasi versehentlich. Und im Gegensatz zu mir, die ich nach erfolgter Detonation befreit und entspannt vom Schlachtfeld schreite, hatte Richard noch längere Zeit danach das große Kniezittern.

Es muß im Frühling gewesen sein, ich erinnere mich an Fliederduft und offene Fenster. Augusts Lebensrhythmus schien auf geheimnisvolle Weise an den der Jahreszeiten gekoppelt zu sein; im Frühling

spitzten sich die Dinge zu, gegen den Sommer hin reiften sie; bis zum Platzen. Es ging ums Ausgehen. Augusts sämtliche Sehnsüchte schienen in ein Lokal zu münden, das, keine fünf Radfahr-Minuten von unserem Haus entfernt, auf einem kleinen Platz liegt. Heute ist dort ein Bioladen. Als August pubertierte, war's eine Disco. Nicht sehr groß, überschaubar, ab 18 Uhr geöffnet. Das Portal umspielten ein paar kümmerliche Lichteffekte. Links eine Bäckerei, rechts ein Kosmetik- und Fußpflegesalon, gegenüber ein Postamt und die von mir seit Jahren frequentierte chemische Putzerei. Der Disco-Besitzer grüßte freundlich, wenn er mich beim Einkaufen sah. Sein Schuppen lief, sämtliche Oberstufengymnasiasten aus der Gegend waren seine Stammkunden. Und in dieser Gegend gab es damals drei Gymnasien. Eines für Buben, eines, in dem koedukativ unterrichtet wurde, und eine von Nonnen geführte Mädchenschule. Die Schülerinnen der letzteren seien überhaupt die geilsten Weiber, hatten mir August und Ulrich mehrfach versichert. Ich unterstellte, daß sie geil in der jungen Bedeutung des Wortes – super, gut, angenehm, hübsch und so weiter – verstanden wissen wollten.
Bitte, Mama, alle gehen hin, flehte August mehrmals die Woche um meine Erlaubnis, in diese Disco gehen zu dürfen. Der Vater hatte bereits abgewinkt. Wer ist alle? – Der Ulrich, der Martin, der Haderer, der Weiler ... – Auf Ulrich und Martin schaut daheim ja keiner, seit die Eltern geschieden sind. – Aber auf die anderen wird geschaut, Mama. – Woher haben denn die überhaupt das Geld für eine Disco? – Dort braucht man nicht viel. Die lassen dich drei Stunden bei einem Cola hocken. – Wieso hocken, ich hab gedacht, es wär' ein Tanzlokal? – Schon, aber ich tanz ja noch nicht. Ich geh ja nur hin, Tussis schauen. –
Es war dieses »Tussis schauen«, mit dem August mich letztendlich herumkriegte. Eine Tussi: in der sich laufend verändernden Jugendsprache zu Augusts Zeit Ausdruck für ein Mädchen. Ich fühlte mehr, als ich wußte, daß August den Kontakt mit Tussis nicht nur aus endogenen Zwängen suchte; er brauchte ihn auch um seines sozialen Status willen. Wenn er in der Hierarchie seiner Jugendlichen-Welt etwas gelten wollte, mußte er eine zu fassen kriegen und mit ihr wenigstens das tun, was unter den Begriff Petting fällt. Auch aus Gründen der Selbstbestätigung und Selbstachtung war dieser Schritt fällig.

Die Beklommenheit ob der Anforderung stand ihm im Gesicht geschrieben. Die Angst des Knaben, sexuell nicht zu bestehen, kommt früh, hat unzählige Varianten und kann, wenn etwas falsch läuft, ein Leben andauern. Mein August sollte sich an einer der schönsten Seiten des Daseins einmal freuen können, er sollte Frauen als Spezies und als Einzelwesen lieben und verstehen können, Erotik sollte zu seinem Selbstverständnis gehören. Sexuell verklemmte Männer haben es schwer, ein Komplex bedingt den anderen ... Tussis schauen, hatte August gesagt. Auch an mangelnder Gelegenheit kann man scheitern. Es war ein Freitag im Mai, so gegen 18 Uhr, als ich in die flehenden Augen meines Sohnes blickte und sagte: Also gut, du kannst gehen. Ausnahmsweise. Und in zwei Stunden bist du wieder da. –

Einmal eingerissene Grenzen lassen sich nicht mehr aufrichten. Bald darauf war August jedes Wochenende in der Disco. Und schon begann er mit dem Sturm auf die nächste Bastion. Bitte, Mama, bitte, darf ich bis Mitternacht bleiben? Nur einmal, nur heute. Alle bleiben bis Mitternacht ... – Steter Tropfen höhlt den Stein. Akuter Kräfteverfall, konstatierte Richard eines Abends spitz. So hilf mir doch, sagte ich. Aber Richard war bockig. Er hätte August die Erlaubnis zum Disco-Besuch gar nicht erst gegeben, vor allem jetzt nicht, wo der Schulstreß seinen Höhepunkt erreichen würde. Ein Zeichen meiner Unüberlegtheit und Inkonsequenz. Er könne und wolle meine Entscheidung nicht widerrufen. Die Folgen derselben müsse ich gefälligst selbst ausbaden.

Ein Samstag Anfang Juni. August hatte mich breitgeschlagen. Also gut, sagte ich, bis Mitternacht. Aber ich flehe dich an, sei pünktlich, sonst macht mir der Papa einen fürchterlichen Krach. – Solche Mutter-Kind-Allianzen sind üblich, erweisen sich aber meistens als fatal. Richard mißbilligte meine Erlaubnis gründlich. Er sagte August, der kam, um sich zu verabschieden, kaum Adieu. Auf mich hatte er schlicht eine Wut. Es ist so lau, komm auf den Balkon, ein bißchen tratschen, bat ich. Keine Zeit, ich muß arbeiten. – Seine Stimme war barsch, er schloß Fenster und Türen seines Arbeitszimmers. Zu viele Mücken, sagte er noch. Das war's dann. Um 23 Uhr gingen wir zu Bett. Lieber Gott, hoffentlich kommt der Bub pünktlich. Ich lag wach und verkrampft im Bett und zerkaute vor Nervosität meine Unter-

lippe. Auch Richard schlief nicht. Er knirschte vernehmlich mit den Zähnen.
Dank einer Nachttischuhr mit Leuchtziffern wußte ich, daß es zehn Minuten vor Mitternacht war, als die Wohnungstür ging. Erleichterung, was sage ich, Erlösung! Siehst du, sagte ich mit dem leisen Triumph der Rehabilitierten, er ist schon da. – Dann hörten wir Tuscheln, das Knacken von Parkettböden, Kichern. August und noch eine Person waren auf den Balkon geschlichen. Also das ist das Letzte, fauchte Richard und wollte aus dem Bett hechten. Warte, bat ich, laß mich erst nachsehen. – Auf Zehenspitzen ging ich ans geöffnete Fenster und sah vorsichtig hinaus. Meine schlimmste Befürchtung, August könnte eine »Tussi« angeschleppt haben und sich mit ihr im Mondlicht auf unserem Balkon verlustieren, erfüllte sich nicht. August hatte Ulrich mitgebracht. Die beiden saßen in den weißen Korbstühlen und unterhielten sich, leise, lachend. Laß sie, beruhigte ich Richard, es ist ja nichts dabei. –
Wir waren im Einschlafen, als die Stimmen lauter wurden. August hatte offenbar vergessen, daß wir uns in Hörweite befanden, daß nur vier Meter Hausfassade zwischen dem Balkon und unseren offenstehenden Schlafzimmerfenstern lagen. Die Buben sprachen über die körperliche Beschaffenheit irgendwelcher Mädchen und über Sex. Die Zweideutigkeiten der an mein Ohr dringenden Gesprächsfetzen wurden immer eindeutiger. Als Idealist beginnst du, als Onanist hörst du auf, hörte ich einen sagen. Der andere wieherte vor Lachen. Irgendwann war von einer Lisi die Rede. Und davon, daß irgendwo das reinste Puff sei. Die Stimmen wurden deutlicher, das Lachen dreckiger, die Texte härter. Jetzt langt's mir, sagte Richard und schoß aus dem Bett. Er war nicht mehr aufzuhalten. Ich duckte mich unter die Decke.
Richard hatte sich nicht bemüht, leise zu gehen. Aber die Buben waren so ins Thema vertieft, daß sie ihn offenbar nicht kommen hörten. Red doch nicht so blöd, sagte Ulrich laut und klar, wenn ich dir sage, daß Martin diese Tussi jetzt bumst ... – Schreckerfüllte Stille, Richard hatte die Szene betreten. Was heißt Tussi? fragte er mit eisiger Stimme. Na ja, stotterte Ulrich, T-tussi ist so ein W-wort für Mädel ... – Seine Verlegenheit muß immens gewesen sein, weshalb sich August, verläßlicher Beschützer seiner Freunde, einschaltete.

Seine Stimme klang angriffslustig, als er zu seinem Vater sagte: Und was bumsen heißt, weißt du, Papa? – Ich hielt den Atem an. Dann hörte ich die Ohrfeige klatschen.

Diese Ohrfeige erschütterte Richard mehr als August. Im Gegensatz zu mir, der die Hand schon öfters ausgerutscht war, hatte Richard sein Kind noch nie geschlagen. Daß er die Kontrolle über sich verloren hatte, setzte ihm arg zu. Am nächsten Morgen, noch vor dem Frühstück, entschuldigte er sich bei August. Es tut mir leid, das hätte nicht passieren dürfen, sagte er ernst. Die Ohrfeige hatte August bereits weggesteckt; sonnigen Gemüts war er aufgetaucht. Aber diese Mensch-zu-Mensch-Entschuldigung seines Vaters sank tief in sein Bewußtsein und schlug Wurzeln. Ist schon gut, Papa, sagte er, mir tut es auch leid. Wir haben wirklich geschweinigelt. Und ich hätte das nicht sagen dürfen. – Er sah seinem Vater mit der Wärme eines Freundes in die Augen.
Richard indes wurmte die Sache länger. Zwei Wochen später – wir saßen im Auto, fuhren, von irgendeinem Abendessen kommend, nach Hause – fing er wieder davon an. Daß mir das passiert ist, und in einer so sensiblen Phase noch dazu ... – Wieso sensibel? fragte ich. Verwundert sah er mich an. Na hör einmal, das ist doch wohl klar, der Bub steht doch zur Zeit unter einer unheimlichen Spannung. – Ich verstand noch immer nicht. Welche Spannung? – Richard lachte. Du bist doch sonst die Expertin für pubertäre Sexualität. August ist biologisch reif, er könnte sich fortpflanzen, aber emotionell ist er noch fast ein Kind ... –
An Fortpflanzung hatte ich seltsamerweise noch nie gedacht. Ich erschrak fast. Falls du uns schon als Großeltern siehst, liegst du falsch, sagte ich und versuchte locker zu klingen. August hat sicher noch nie mit einem Mädchen geschlafen. Er war ja noch nicht einmal verliebt. – Das kommt über Nacht, sagte Richard. Der Gedanke schien ihn zu freuen.

Auch in den sauren Apfel beißt man gern

Erste Schultage hatten ein ganz bestimmtes Flair. August und seine Freunde pflegten die wiedereinsetzende Ordnung nach den Ferien zwar mit lässigen Pfuirufen zu bedenken; aber insgeheim begrüßten sie sie und sahen dem Unabwendbaren mit keineswegs freudloser Spannung entgegen. Erste Schultage begannen mit einer Messe. Nach teilweise tumultuarischen Wiedersehenszenen im Schulhof begab man sich in die Klassenzimmer, wo die Schüler von ihren Klassenlehrern mit hoffnungsfrohen, ganz auf gute Vorsätze getrimmten Appellen begrüßt wurden. Nach einer knappen Stunde war man entlassen. Hierauf begaben sich die älteren Gymnasiasten der in unserer Stadt als gut geltenden Anstalten in ein ganz bestimmtes Innenstadtcafé, um den Schuleinstand zu bereden. Traditionsgemäß nahm man aus diesem Anlaß Kuchen und Mocca zu sich und kam mit Schülern anderer Schulen ins Gespräch. August bezeichnete das als intergalaktische Kontakte; zwei Stunden in diesem Café, behauptete er, und man wisse, was so läuft.

Es war an einem ersten Schultag. August kam gegen Mittag nach Hause. Ich sah ihm an, daß er mit einer Neuigkeit schwanger ging, er sah aus, als hätte man ihm »top secret« aufs Hirn gestempelt. Er wollte zunächst nichts sagen, ich würde es schon sehen. Fünf Minuten später meinte er, ich könne ja raten, weitere drei Minuten später wußte ich Bescheid. Die Frage: Sitzt du? war eine rhetorische, weil ich saß. Es folgte ein Halt dich fest! und dann, nach kurzer Pause: Ich habe Wanda im Café gesehen. Sie hat ihren Zopf abgeschnitten. Ich tat einen überraschten Seufzer. Wandas Zopf. Ihre persönliche Note. Diese schwere glänzende Schlange, die zu ihr gehörte wie ihre lichtgrauen Augen und ihre Geschmeidigkeit. Mit der sie Spezialeffekte erzielte, Gefühle ausdrückte, gedankenverloren spielte. Ich war so betroffen, als hätte August mir mitgeteilt, daß Wanda sich verstümmelt, daß sie ein wesentliches Stück ihres Selbst amputiert habe. August empfand offenbar ähnlich. Sämtliche weiteren News –

sie hätten einen neuen Lateinprofessor; Josef sei mit Jeans und Sneakers und einem rot eingefärbten Haarschopf aus den Ferien aufgetaucht; Ulrich habe seine Nachprüfung bestanden und sei also doch noch versetzt worden – waren lange nicht so hot wie diese: Wandas Zopf war ab!

Zehn Tage später konnte ich mich vom Ausmaß der Veränderung überzeugen. Ich hätte mir denken können, daß Wanda nicht auf halbem Weg stehengeblieben war; daß sie weder mit dem zeitlosen, von Erwachsenen stets gutgeheißenen Pagenkopf noch mit einem der gängigen modischen Kurz- oder Langhaarschnitte auftauchen würde. Ihr Haar war so kurz abgeschoren, daß es wie eine Federkappe um ihren hübsch geformten Kopf lag. Wanda schien sich an meiner sprachlosen Verblüffung zu weiden. Aber in ihren Augen stand die Bitte: Spott nicht, schimpf nicht, sag, daß es dir gefällt.

Wanda war nicht von selbst gekommen, ich hatte sie angerufen und gefragt, weshalb sie sich nicht anschauen lasse, die ganze Stadt spreche von ihrer neuen Frisur, nur ich hätte sie noch nicht gesehen. Also gut, hatte Wanda gesagt, ich komme. Aber du darfst nicht zum Fenster rausschauen, wenn ich am Gartentor läute, ja? Du machst die Wohnungstür auf und gehst in die Küche, und dort machst du die Augen zu und wartest. Erst wenn ich vor dir stehe und »Augen auf« sage, schaust du. Okay? – Wanda war in diesem Sommer fünfzehn geworden. Aber Rückfälle in kindliche Verhaltensmuster kommen bei pubertierenden Jugendlichen häufig vor. Jugendpsychologen erklären sie mit dem Auseinanderklaffen verschiedener Entwicklungsphasen.

Dreh dich, ganz langsam, sagte ich zu Wanda. Ich muß dich erst ansehen. – Fremd sah sie aus, als sie sich mit ernster Miene im Zeitlupentempo um die eigene Achse drehte. Auf einen flüchtigen Blick hin hätte man sie für einen zarten Knaben halten können. Aber bei näherer Betrachtung wirkte sie femininer als früher. Das straff nach hinten genommene, zum schweren Zopf gefaßte Haar hatte ihrem Gesicht etwas Herbes gegeben. Mit dem neuen dunklen Federköpfchen sah sie wie ein Kobold aus. Ihre Augen wirkten größer – dauergefärbte Wimpern, verriet sie mir später. Der bis dato verborgene, schmale biegsame Nacken war ein zusätzliches Atout, er besaß Verführungskraft. Und Wandas Gesamterscheinung hatte gewonnen;

der lange Zopf hatte das kleingewachsene Persönchen optisch verkürzt; jetzt stimmten die Proportionen. Apart war sie, auch ohne Zopf. Gut, sagte ich schließlich. Ganz anders als früher. Und ganz anders als die anderen. Sehr, sehr gut! – Es war meine ehrliche Überzeugung. Und Wanda sprang mir wie eine kleine Meerkatze voll Freude um den Hals.
Also sprich, du neuer Mensch, forderte ich sie auf, als wir etwas später am Balkon saßen. Wann, wo und wie ist der Zopf gefallen? – Wanda thronte in einem der Korbsessel. Ihre Beine hatte sie nach Yogi-Art ineinander verknotet, ihr bewegliches Gesicht hob sich vom weißen Hintergrund der hohen Stuhllehne wie von einer Filmleinwand ab, während sie erzählte: Die Eltern ihrer Freundin Victoria hatten sie für zwei Wochen in ihr Ferienappartement an den Gardasee eingeladen. Am Ende der ersten Woche stieg eine Fête, ziemlich exquisit, im Elternhaus eines Jünglings, den Wanda und Victoria beim Surfen kennengelernt hatten; die beiden waren eingeladen worden. Victorias Mutter zog über den Gastgeber Erkundigungen ein und gab ihren Segen. Am Freitag vor der Party fuhr sie mit den Mädchen nach Verona. Victoria wollte partout zu einem Stadtfriseur, und Wanda war entschlossen, ihr gesamtes Ferienbudget in ein irres rotes Top zu investieren, das sie zu ihren allerengsten Jeans tragen wollte, um Furore zu machen. Sobald sie gefunden hatte, was sie suchte, trabte sie zufrieden zum Friseur, um dort Victoria zu treffen. Der Figaro, ein Meister seines Faches und Schlitzohr zugleich, ließ bei Wandas Anblick seine Schere gierig klappern. Er gab ihr zu verstehen, daß er die Signorina zwar bella, aber ohne Zopf bellissima finden würde und bereit sei, ihr die Haare zu schneiden. Wanda stülpte die Taschen ihrer Jeans nach außen, um anzudeuten, daß sie senza soldi sei. Worauf ihr der Haarkünstler klarmachte, daß er den Zopf an Zahlungs Statt annehmen würde. Wanda ritt der Teufel, sie willigte in den Handel ein. Victoria raufte ihre frischgefönte Mähne und versuchte verzweifelt, das Unternehmen zu stoppen. Aber sie hatte keine Chance. Mit zusammengebissenen Zähnen gab Wanda das Zeichen zum Schnitt. Der Prachtzopf fiel. Più, verlangte Wanda, deren Haar nun irgendwo zwischen Ohr und Schulter wegstand wie das einer französischen Aristokratin ex anno 1789 auf dem Weg zur Guillotine. Den Zopfräuber hatte der Mut verlassen, er wollte nicht

weiterschneiden. Più, più, trieb Wanda ihn unbarmherzig an. Wenn schon, denn schon, erklärte sie Victorias Mutter, die gekommen war, um die Mädchen abzuholen, und die bei Wandas Anblick fast in Tränen ausbrach.

Die Kastanien fielen von den Bäumen in unserer Gasse, mit leisem Knall platzten ihre Schalen beim Aufprall auf dem Straßenpflaster; es muß also im September gewesen sein, als Wanda mit Victoria auftauchte. Es war lange her, seit sie mit der Freundin bei mir erschienen war. Im Schlepptau der beiden befand sich ein stilles, unscheinbares Mädchen. Das ist Marie, sagte Wanda. Macht's was aus, daß wir sie mitgebracht haben? Sie läuft so mit ... – Wanda konnte ziemlich brutal sein. Als ich sie etwas später zwischen Tür und Angel erwischte, rieb ich ihr die Taktlosigkeit von vorhin unter die Nase. Ach was, Marie nimmt das nicht krumm, sie ist das von uns gewöhnt, sagte Wanda obenhin. Mir tat das Mädchen leid, ich gab mir Mühe, nett zu ihm zu sein, und versuchte es ins Gespräch zu ziehen. Marie war zwar nicht verschlossen, aber was sie von sich gab, trug nicht wesentlich zur Unterhaltung bei. Man fragte, sie antwortete. Es waren Wanda und Victorias Kommentare, die Maries Kurzbiographie etwas Farbe verliehen:

Marie, die Neue in der Klasse. Man hatte sie zwischen Wanda und Victoria gesetzt, um die beiden am Schwätzen zu hindern. Maries Vater hatte die Tochter aus ihrer alten vertrauten Schule genommen, weil ihm daran gelegen war, daß sie eine der gewissen »guten« Schulen besuchte. Ein Statussymbol also. Ebenso wie der »gute« Tennisclub, in den er Marie hatte einschreiben lassen. Der Vater war ein erfolgreicher Elektrogroßhändler, und Marie war sein einziges Kind. Er hätte lieber einen Sohn gehabt, mit der Tochter fand er sich ab, er versäumte keine Gelegenheit, dem Kind das zu versichern. Im übrigen war er sehr auf eine ordentliche Familie bedacht. Frau und Tochter machten es ihm nicht schwer, sie muckten nicht auf, alles lief am Schnürchen, Streit gab es nie. Marie war kein Genie, aber guter Durchschnitt in der Schule; im Sport war sie extrem ausdauernd. Maries Mutter hingegen gehörte zu jenen Hausfrauen, die manch eine vor Neid erblassen lassen. Blankpolierte Möbel und gestärkte

Vorhänge, keine Staubbällchen unter den Betten, keine trüben Flekken auf den Badezimmerkacheln, mit Desinfektionsmittel gereinigte Toiletten, wöchentlich geklopfte Teppiche. Selbstverständlich weckte sie auch ein. Alles. Bis hin zu Eiern und Tomaten. Eine porentief saubere, tüchtige Frau. Was das vitale Duo Wanda und Victoria mit der leicht blutleer wirkenden Marie verband, wußte keines der Mädchen zu sagen.

Marie hatte meine Aufmerksamkeit nicht lange gefesselt, ich wandte mich den beiden Starlets zu, die lachten und gackerten und von den Ferien schwärmten. Marie saß schweigsam daneben. Ich hätte nicht zu sagen vermocht, inwieweit sie Anteil nahm, ob sie überhaupt zuhörte. Ich hingegen warf ein Vierteljahrhundert ab wie nichts. Gebannt lauschte ich, was Wanda und Victoria vom großen Fest am Gardasee erzählten. Mir war, als wäre es meine eigene Geschichte. Victoria in flatternden schwarzen Seidenhosen, die etwas von Pyjamas an sich haben. Die Bluse Cotton, weiß, mit vielen Rüschen. Die drei obersten Knöpfe stehen offen, kein BH, kein Unterhemd, das wäre ja Schnee von gestern. Wanda in Jeans, Typ zweite Haut, ihr Top aus rotem Seidenjersey ist so winzig, daß es, zusammengeballt, in einer Kinderfaust Platz fände. Es hat Spaghettiträger und überläßt der Phatasie so gut wie nichts, vor allem dann nicht, wenn Wanda die Spaghetti mittels scheinbar unbewußten Hebens ihrer Achsel – gleichzeitiges flüchtiges Schmiegen der eigenen Wange an die eigene Schulter empfiehlt sich, ist aber nicht unerläßlich – abwärts gleiten läßt. Dinge wie diese übt man vor dem Spiegel. Wer sie mit fünfzehn nicht beherrscht, wird sie nie beherrschen, Wanda beherrscht sie. Von ihren Ohrläppchen baumeln riesige Zigeunerringe. Solche Dinger läßt man tanzen, um Aufmerksamkeit auf sich zu ziehen oder von der eigenen Unsicherheit abzulenken. Toll seht ihr aus, sagt Victorias Vater ehrlichen Herzens. Aus ihm spricht die Naivität des Opfers. Victorias Mutter macht schmale Augen, mustert. Paßt auf euch auf, sagt sie mit der Stimme der Jägerin.

Der Gastgeber heißt Sergio. Er ist aus Mailand. Das Sommerhaus seiner Eltern steht auf Seegrund. Sergio ist achtzehn und steht auf blond. Victoria weiß das. Ihr Herz hämmert schwer und benimmt sich, als wolle es durch die Eustachische Röhre austreten. Ich muß schon wieder aufs Klo, flüstert sie Wanda zu, als der Vater das Auto vor dem von gipsernen Löwen flankierten Gartentor anhält, um die Mädchen aussteigen zu lassen. Du warst doch eh schon dreimal, jetzt verkneif es, flüstert Wanda zurück. Ihre Hände sind eiskalt. Immer wieder will sie nach ihrem Zopf greifen, um sich an ihm festzuhalten, aber der Zopf ist ab. Wenn ich nur zu Hause wäre, denkt Wanda verzweifelt und läßt die Zigeunerringe tanzen, während sie stolz wie die Königin von Saba mit Victoria das Haus betritt. Ohrenbetäubender Disco-Sound, achtzig oder mehr junge Leute, vornehmlich italienisch sprechend, Gläserklirren. Du läßt mich nicht im Stich, beschwört Victoria ihre Freundin Wanda und sieht sich um. Ciao, bella, schreit Sergio und stürzt sich auf Victoria, die augenblicklich auf Wanda vergißt, als hätte es sie nie gegeben. Wanda steht allein, denkt an Flucht. Nur nicht mit den Zähnen klappern. Suchend fährt sie mit beiden Händen durch die Federchen auf ihrem Kopf, senkt dabei gelangweilt die Lider, als ginge sie der fröhliche Trubel nicht das geringste an, stirbt tausend Tode. Ciao, sagt eine tiefe Stimme neben ihr. Ein großer Schlanker faßt nach ihrer Hand. Er ist älter als die anderen und ein bißchen blasiert. Sergios Vetter Lorenzo, fünfundzwanzig, Philosophie im zwölften Semester, Sergios Eltern haben ihn als Aufpasser zum »Kinderfest« abkommandiert. Für den Rest des Abends weicht er nicht mehr von Wandas Seite. Hat sich irgend etwas an der zitternden Erwartung einer Fünfzehnjährigen geändert, seit ich, seit die Generationen vor mir fünfzehn waren? Die Begleitumstände ja, nichts aber an der Sache selbst. Ich bin Victoria, die um Mitternacht mit Sergio ins Ruderboot seines Vaters klettert, die rote und blaue Ringe hinter ihren fest zusammengekniffenen Augenlidern tanzen sieht, als Sergios Hände unter ihre Bluse gleiten und er sie im heftig schwankenden Kahn zu küssen beginnt. Ich bin Wanda, die dem Taktiker Lorenzo auf den Leim geht, als er sie auffordert, mit ihm ein paar Flaschen Asti Spumante aus dem Weinkeller seines Onkels zu holen. Wanda, die sich einige Kellerküsse lang als Femme fatale fühlt und solange glaubt, die Fäden in der Hand zu halten, bis Lorenzo sie an die kühle feuchte Ziegelmauer drückt und keinen Zweifel daran aufkommen läßt, daß er kein grüner Junge, sondern ein Mann ist. Ich bin Wanda, die das, was sie den ganzen Abend provoziert hat, auf einmal nicht mehr will, nicht das, noch nicht. Die wie ein in letzter Minute entkommener

Hase die Stiegen hinaufhetzt und nach Victoria sucht. Die später, zu Hause, das Erlebte vom oberen in das untere Stockbett der Freundin zuraunt, bis der Morgen dämmert. Ich bin Wanda, die den Rest der Ferien nach Lorenzo Ausschau hält. Aber Lorenzo ist am Morgen nach dem Fest abgereist.
Was wäre gewesen, wenn ... Hätte ich vielleicht doch ...? Wanda denkt viel an Lorenzo und den Keller. Also gut, im nächsten Jahr. Wenn ich nächstes Jahr an den Gardasee fahre, werde ich in einem winzigen pink Bikini auf dem Surfbrett stehen ... Nein, besser noch: Ich sitze auf einer Kawasaki, hinter einem Typen wie Paul Newman, ich trage weiße Shorts, habe braune Beine, bin bloßfüßig und dicht an Paul geschmiegt. Wir fahren am See entlang, nicht sehr schnell. Wer ist der Kerl, der dich so anstarrt, wird Paul sagen. Es ist Lorenzo, er verschlingt mich mit den Augen. Ich weiß nicht, sage ich, und Paul gibt Gas ... – Das Leben ist spannend. Das Leben ist ein Lollipop.

Im folgenden halben Jahr änderten sich Wandas Interessen auf spektakuläre Weise. Ich hatte sie als Gesprächspartnerin geschätzt, weil sie nicht auf bestimmte Themen fixiert gewesen war. Unsere Bandbreite hatte vom politischen Weltereignis bis zu ihrem und Augusts Notendurchschnitt, von der neuesten TV-Serie bis Greenpeace, vom Stoffmuster über Religionsfragen bis hin zum gemeinen – oder auch dem gehobenen – Leute-Bereden gereicht. Damit war's plötzlich aus. Die Rede war nur mehr von Wanda; von ihren Klamotten, von ihrem Make-up, von ihren Verehrern. Wichtig waren Partys, waren Anrufe, die pausenlos kamen und daher nervten, oder solche, die nie kamen, was auch nervte. Unwichtig waren Schule, Familie, Probleme von Freunden. Unter dem Prätext, viel lernen zu müssen, hatte Wanda ihre Ballettstunden aufgegeben, indes, sie lernte so gut wie nicht. Sie hatte nie zu den Strebern gezählt, aber dank eines gewissen natürlichen Ehrgeizes hatte sie ihr Niveau gehalten. Damit war es jetzt vorbei. Ihre Leistungen in der Schule ließen beängstigend nach. Haltungs- und Leistungsverfall stünden in direktem Zusammenhang mit der Erotisierung der Umwelt, behaupten die Psychologen. Aber anders als bei Knaben, deren Arbeitshaltung verfalle, treten bei puber-

tierenden Mädchen schlicht und einfach die sachlichen Interessen zurück; das gelte auch für begabte Mädchen. Für diese Behauptung war Wanda ein Musterbeispiel.
Sie ging mir in dieser Zeit auf die Nerven, aber sie merkte es nicht. Früher war sie aufgetaucht, wenn sie meine Antworten, meine Zeit, meine Wärme brauchte. Was sie jetzt bei mir suchte, war mir nicht ganz klar. Oft erschien sie mit Victoria oder mit Marie oder mit beiden. Wanda und ihre Satelliten, sagte August, der schon längst nicht mehr vor ihr flüchtete, aber immer noch lieber ging, wenn sie kam. Wanda hockte nach wie vor gern in der Küche. Wenn sie nur von Marie begleitet wurde, monologisierte sie, Marie saß stumm daneben. Wenn sie zu dritt auftauchten, führten Wanda *und* Victoria das große Wort. Marie saß stumm daneben. Auch ich hätte im Grunde gehen können. In diesem Akt des Stückes spielte ich keine Rolle, sondern diente bestenfalls als Requisit. Die Mehrzahl der Gespräche drehten sich um Banalitäten, die meisten endeten beim Thema Sex. Ob, wer, mit wem. Das Wo und Wie klammerten sie in meiner Gegenwart aus. Aber die Phantasie blühte, und die Wangen glühten. Wie die Sowieso den Sowieso mit absolut affigem Gelächter und Haareschütteln und Hüftgewackel auf sich aufmerksam zu machen suche. Ob die Dingsda aus der siebenten Klasse es wohl mit dem Typen, der sie im VW-Cabrio abhole, treibe. Immerhin, der sei eine Sünde wert, gurrt Victoria, um ein wissendes Lächeln bemüht. Probier's halt, stichelt Wanda zurück. Spann ihn ihr aus. Nur würde ich an deiner Stelle täglich Deo benützen und die Unterhosen wechseln, damit es ihn nicht graust, wenn es soweit ist, bereit sein ist alles. – Gekeife, Streit. Schluß jetzt, fahre ich dazwischen. Und Marie sitzt stumm daneben.
Ich glaube nicht, daß Wanda oder Victoria damals deutliches Verlangen nach sexueller Befriedigung empfanden. Es schien mir eher eine Mischung aus ein wenig Lockung, viel Neugier und sozialem Druck zu sein. Lockung, so alt und bekannt wie die Welt, Neugier auf alles, was man von Filmen, Zeitschriften und Sachinformationen her so gut zu kennen glaubt, daß man meint, es ebenfalls vollziehen zu müssen. Und Leistungsdruck; die hat schon fünf gehabt und ich noch keinen. Sie befanden sich im Zugzwang, die armen Äffchen. Wir definieren kein Lebensalter ausreichend, hatte mein Freund,

der Psychiater, einmal während einer Diskussion über unsere herrschende Gesellschaftsordnung kritisch angemerkt. Daher glauben die Jugendlichen, sie müssen sein wie die Alten, und die Alten glauben, die Jugendlichen konkurrenzieren zu müssen. Statt daß der Mensch seine Fähigkeiten die kurze Zeitspanne, die er sie optimal hat, genießt. Aber keiner sagt ihm: Paß auf, nütz heute, was du heute hast, so, wie du's heute hast, hast du's nie wieder. –

Im Spätherbst und im frühen Winter sah ich Wanda und die Satelliten selten. Wanda hatte ziemliche Schwierigkeiten in der Schule, ihr Vater hatte irgendein Ultimatum gestellt, das sie mit Schreck erfüllte. Als sie kam, um mir frohe Weihnachten zu wünschen, sah sie blaß und abgespannt aus. Sie habe Nachhilfeunterricht und lerne wie ein Idiot. Sie würde es wohl ohne Bauchlandung schaffen, meinte sie, aber Victoria gehe es schlecht, die würde mit Sicherheit zwei Nichtgenügend im Semesterzeugnis fassen. Und Marie? fragte ich. Wanda sah mich an, als wisse sie im Augenblick nicht, von wem die Rede sei. Ach ja, Marie, sagte sie schließlich, ich glaube, der geht's ganz gut. Aber sicher bin ich nicht, die sagt ja nie was. –
Ich sah Wanda erst knapp vor den Semesterferien wieder. Sie hatte angerufen. Kann ich kommen? Der Satz war mir abgegangen, das Kind war mir abgegangen, der Tee war fertig, als Wanda vor dem Gartentor stand. Es ist was ganz Wahnwitziges passiert, platzte sie heraus, noch ehe sie saß. Erinnerst du dich an die aus der Siebenten? – Gemeint war die Dingsda aus der siebenten Klasse, die mit dem Typen im VW-Cabrio. Wanda rollte die Augen, um das Sensationelle ihrer Meldung zu unterstreichen: Die ist schwanger! – Ich reagierte, wie Wanda es von mir erwartete. Mein Gott, das arme Mädel! seufzte ich erschrocken. Was geschieht jetzt mit ihr? – Wanda war im Bilde. Fest stehe, daß die Geschwängerte den Kindesvater nicht heiraten werde, zumal dieser keinerlei Absicht erkennen lasse, in den Ehestand zu treten. Sie werde aber auch nicht abtreiben, das könne sie mit ihrer ethischen Grundeinstellung nicht vereinbaren. Ihre Eltern seien zwar gebrochen, stünden aber zu Kind und Enkelkind: im übrigen seien sie dazu ja vom Gesetz her gezwungen, da ihre Tochter noch minderjährig sei, müßten sie die Erziehungsge-

walt über das Neugeborene übernehmen. Die werdende Mutter müsse natürlich von der Schule.
Wanda war zwar bestens informiert, aber ich hatte nicht den Eindruck, daß der Fall sie berührte. Mit dem gleichen inneren Feuer hatte sie mir vor wenigen Monaten von einem überragenden Trapezakt im Russischen Zirkus erzählt. Vielleicht war Wanda doch unreifer, als ich dachte. Warum hat sich das Mädchen nicht vorgesehen? – Ich beobachtete Wanda, während ich die Frage in den Raum stellte. Wanda sagte nichts, sie hatte gar nicht mitgedacht. Ich meine, fuhr ich fort, Geschlechtsverkehr zwischen jungen Leuten ist wahrlich kein Tabu mehr, die Methoden der Empfängnisverhütung hat heutzutage jedes Kind intus, jeder Arzt verschreibt die Pille. Die Ausrede, man hätte nicht Bescheid gewußt, taugt heute nicht mehr. – Desinteressiert zuckte Wanda die Achseln. Das Problem war offensichtlich nicht das ihre.
Zwei Monate später sah die Sache anders aus, sie war hautnaher geworden.
Es ging auf Ostern zu. Das Wetter war miserabel, immer wieder Schneeregen, obwohl wir bald April haben würden. Ich saß in der Küche und bemalte Ostereier. August hatte mir eine Weile wohlwollend zugesehen und sich dann zu Ulrich verdrückt. Er war kaum gegangen, als Wanda erschien. Sauerei, diese Kälte, schimpfte sie, betrat die Küche und stürzte sich mit einem spitzen Begeisterungsschrei auf meine Ostereier. Hast du noch einen Pinsel? fragte sie. Und noch Eier? Darf ich auch? –
Es war gemütlich. In meinem alten, mit eingetrockneten Teigspritzern getupften Küchenradio lief leise eine Kassette von LOS ROMEROS, Vivaldi, Concerto für vier Gitarren. Ab und zu konsultierte mich Wanda hinsichtlich einer Farbkombination. Scheiße, sagte sie einmal laut, ich hab das Ei zu fest gedrückt, jetzt hat es einen Sprung. – Sie nahm ein neues, begann es mit kühnen Spiralen zu versehen. Ihre Zungenspitze fuhr langsam über ihre Lippen, bewegte sich im Rhythmus mit dem Pinsel, als wäre sie mit ihm synchrongeschaltet. Als das Spiralenei fertig war, lehnte sie sich zurück und betrachtete es zufrieden. Allmählich wurde sie nachdenklich, schien zu überlegen, drehte das Spiralenei gedankenverloren zwischen ihren Fingern. Paß auf, du verschmierst es, warnte ich, worauf Wanda völlig

zusammenhanglos fragte: Ab wann ist es eigentlich erlaubt, daß man miteinander schläft? –
Ich war verblüfft. Was weiß denn ich, sagte ich vage. Ich glaube, die Rechtslage ist eher kompliziert, es kommt darauf an, wer mit wem. Unter sechzehn ist etliches verboten, ab sechzehn ist so ziemlich alles erlaubt, was man freiwillig tut. Ich glaube, der Gesetzgeber schützt Mädchen mehr als Knaben. Genau weiß ich es nicht. Aber wenn du willst, erkundige ich mich. Warum fragst du? – Victoria ist vorgestern mit einem ins Bett gegangen, sagte Wanda leise.
Ich tat Pinsel und Ei beiseite, legte beide Arme auf den Tisch, beugte mich vor und sah Wanda an. Ich saß ganz still, machte keine Bemerkung, fragte nichts, wartete. Ich fühlte, daß Wanda nicht die Bettgeschichte ihrer besten Freundin betratschen wollte, sondern daß sie betroffen war; daß sich ihr plötzlich Fragen stellten, die sie bisher aus ihrem Bewußtsein gedrängt hatte. Im Grunde ging es gar nicht um Victoria, es ging um Wanda. In diesem Alter geht es meistens nicht um andere, sondern primär um einen selbst.
Weißt du, wo sie sich kennengelernt haben? Es ist grotesk, sagte Wanda eine Weile später. Sie sah mich dabei nicht an, sondern fixierte einen Punkt in ihrem linken Handteller. Ausgerechnet in der Nachhilfestunde! Bei irgend so einem sündteuren progressiven Pauker, der Latein in Gruppen unterrichtet. Der Typ büffelt dort für die Matura, und Victoria büffelt dort, weil sie ein Nichtgenügend im Zeugnis hatte. – Wanda verschränkte ihre Hände ineinander und knackte mit den Fingern, ein Geräusch, das ich schwer ertrage. Ich sagte nichts, bis sie fortfuhr zu erzählen. In den Unterrichtsstunden sind sie nebeneinander gesessen. Vor drei Wochen ist er eher zufällig mit seinem Bein an ihres angekommen. Victoria sagt, es war wie ein elektrischer Schlag. – Pause, lange Pause. Wanda rollte das Spiralenei am Tisch hin und her, als wolle sie es schälen. Farbe war an ihren Händen. Plötzlich gab sie sich einen Ruck. Sie ließ von dem Ei ab, wischte die Hände an ihren Jeans ab, legte die Arme auf den Tisch, wie ich es getan hatte, und erzählte zügig zu Ende.
Von damals an hat er sein Bein jede Stunde an ihres geklebt. Victoria sagt, sie hat von Ablativ und Gerundiv und Deklination und Konjugation so gut wie nichts mehr mitbekommen, es war, als hätte sie Wachs in den Ohren. Sie hat immer nur zitternd auf dieses ver-

dammte Bein gewartet. Dann hat er angefangen, sie nach Hause zu begleiten. Believe it or not, er heißt Hugo. Im Haustor hat er sie jedesmal so geküßt, daß sie Gummiknie kriegte. Einmal ist er auch in die Wohnung mitgekommen, weil Victorias Mutter wissen wollte, mit wem sie herumzieht. Vorgestern ist er wieder mit hinaufgegangen, weil er fragen wollte, ob Victoria mit ihm ins Kino gehen dürfe. Im Vorzimmer ist ein Zettel gelegen: Muß mit Papi zu einem Vortrag, kommen erst um 21 Uhr heim, Wurst und Käse im Eisschrank. Bussi, Mami. – Zehn Minuten später sind Hugo und Victoria auf der Wohnzimmercouch gelegen. So war's . . .–
Wanda sah mich erwartungsvoll an, jetzt war ich dran. Ich überlegte überhaupt nicht, fragte einfach, was mir am wichtigsten erschien. Na und? War's schön? Ist sie glücklich? –
Ich hatte einen Nerv getroffen. Eben nicht! – Wanda schrie fast, ihr Gesichtchen war verstört. Er hat sich nicht sehr gut ausgekannt, und Victoria schon gar nicht, es hat ihr eher weh getan. Und streckenweise, sagt sie, war es direkt peinlich. Sie sagt, sie glaubt nicht, daß das, was sie gespürt hat, ein Orgasmus war, weil toll war's nicht. Wenn du mich fragst, ich glaube, das Ganze war eine Pleite. – Ich hielt den Zeitpunkt für gekommen, an dem wieder gelacht werden durfte. Die folgende plakative Binsenweisheit gebrauchte ich mit Genuß. Gut Ding braucht Weile, sagte ich, ehe ich Wanda zu erklären versuchte, was man eigentlich nicht erklären kann: Eros.
In meiner Erinnerung riecht dieser Nachmittag nach Malfarben. Nasser Schnee rutschte in Klümpchen an den Fensterscheiben herunter, das Tagesgrau ging bald in Dämmerung über. Wir hatten das Licht nicht angedreht, weil manche Fragen sich im Schatten besser stellen und manche Antworten sich im Dunkel leichter geben lassen. Wir waren gerade beim Thema rein körperlicher Reiz, ohne Emotion. Wo die Emotion fehlt, ist der Reiz ein mechanischer. Wenn einer auf der Geige schrumm-schrumm macht, ist das noch keine Musik, versuchte ich mich verständlich zu machen, und Wanda lachte. Da ging die Wohnungstür, August war wieder da. Er rumorte im Vorzimmer. Wanda legte ihren Zeigefinger an die Lippen. Ich schweige wie ein Grab, versprach ich. Plötzlich beugte sie sich vor und flüsterte mir ins Ohr: Aber bei Victoria war es mehr als bloß schrumm-schrumm. Und sie wird wieder mit Hugo schlafen. –

Glaubst du? flüsterte ich zurück. Obwohl der Apfel sauer war? – Ich hörte Wanda im Dunkeln kichern, ehe sie halblaut sagte: Auch in den sauren Apfel beißt man gern. –

Anfang Mai waren August und Ulrich von einem Schulfreund zu einer Party eingeladen. Sehr gute Fête, erzählte er mir am darauffolgenden Sonntagmorgen. Toller Sound, gute Weiber. – Er goß Milch über Cornflakes, streute Zucker über Milch, Cornflakes, Tisch und ein wenig auch auf den Boden. Wanda war auch dort, lenkte er geschickt ab. Ach ja? fragte ich interessiert und vergaß den Zucker. Wie hat sie ausgesehen? – August überlegte. Eigentlich super, meinte er. Aber irgendwie stand sie drüber, sie hat die meisten von uns ignoriert. Nur mit einem hat sie wild geschmust, der war auch schon älter. – Das glaub ich nicht, sagte ich defensiv. Du bist naiv, Mama, befand mein Sohn gönnerhaft. Wanda ist nichts Menschliches fremd. Alles, was ich schon immer über Sex wissen wollte, weiß *die* schon längst. – Das ist einfach nicht wahr, August, beharrte ich. Wanda tut nur so. Ich weiß, daß sie noch mit keinem geschlafen hat. – August sah mich mitleidig an. Schon möglich, sagte er, aber eines steht fest: der Countdown läuft. –

Wegen Umbau geschlossen

Alte Schulen haben einen eigenen Geruch. Es ist dies eine Mischung aus Terpentin und Kloputzmittel, Holzbänken, Füllfedertinte und Kinderausdünstung. Sie hängt mit der gleichen Hartnäckigkeit in Schülerkleidern wie Wirtshausdunst in Kellnerjacken. Je älter die Schule, desto intensiver der Geruch. In Augusts Schule hatte er siebzig Jahre Zeit gehabt, sich zu potenzieren, sein Aroma konnte als voll entfaltet gelten.

Ich saß im ersten Stock, in einem dieser hohen, hallenden Gänge, gegenüber vom Naturhistorischen Kabinett, das fallweise als Sprechzimmer diente. Der vertraute Duft umgab mich und setzte sich in meinem neuen Leinenkleid fest; es war gelb und heiter, und ich hatte es in der unrealistischen Hoffnung angezogen, mein Anblick würde Augusts Mathematiklehrer dazu bewegen, August zu begnadigen. Vor drei Tagen war ich zum Klassenlehrer beordert worden. Professor Mandl, Deutsch und Geschichte. Die Rache ist mein, stand auf seinem Gesicht geschrieben. August hatte den Mann ein Schuljahr lang mit Insubordination, frechen Bemerkungen und Aufwiegeln der Klasse gequält. Mandl ließ zwar nichts unversucht zurückzuquälen, aber er tat sich schwer, weil an August alles, was mit Schule zu tun hatte, abgeglitten war; auch mein ceterum censeo, am Ende sei der Lehrer der Stärkere. August würde in Geschichte mit einer Nachprüfung rechnen müssen, hatte mir Mandl zufrieden wie ein sattgefressener Kater mitgeteilt. O Gott, dachte ich, ausgerechnet Geschichte, das würde Richard treffen, Geschichte war seine Leidenschaft. Aber das sei noch nicht alles, hatte Mandl geschnurrt. August drohe auch in Mathematik ein Nichtgenügend, Kollege Hübner wünsche mich in dieser Sache zu sprechen.

Die Katastrophe hatte sich abgezeichnet. Seit Beginn des zweiten Semesters hatte August sich aufgeführt, als ginge ihn die Schule nichts an. Vor Klassenarbeiten vollführte er halbherzige Lern-Kraftakte, die am späteren Nachmittag gestartet wurden und den Abend nicht überlebten. Er habe ein gutes Gefühl, pflegte er uns nach Klassenarbeiten zu versichern, es müsse mindestens ein Befriedigend, wenn nicht gar ein Gut herausschauen. Tatsächlich war es meistens ein Genügend oder ein Nichtgenügend. Wie kann ein intelligenter Mensch die eigene Leistung so falsch einschätzen, schimpfte Richard. Noch wütender wurde er, wenn August ihm versicherte, es sei ein guter Fünfer, oder ein Vierer, knapp am Dreier vorbei. Es riecht nach Nachprüfung, prophezeite er Mitte Mai. Nie, Papa! wies August diesen Verdacht empört zurück. Ende Mai wurde selbst er nervös und startete einige matte Versuche, den desaströsen Kurs zu korrigieren. Aber immer noch nahm er jede Möglichkeit wahr, sich ablenken zu lassen. Dann fiel etwas vor, was ihn zutiefst verstörte: Josef wurde aus dem Schülerheim, in dem er fünf Jahre lang gewohnt hatte, hinausgeworfen. Begründung: Drogenkonsum.

Es war die eigene Ohnmacht, die August dabei am meisten zu schaffen machte. Ich habe gewußt, daß er hascht, zwei Jahre lang weiß ich das schon. Ich hab ihm zugeredet wie einem kranken Roß. Wenn sich dich erwischen, fliegst du vom Heim, und was dann? hab ich immer wieder gesagt. Aber er hat ja geglaubt, daß er die Sache im Griff hat. – August stöhnte fast, als er mir erzählte, was er mit sich herumgetragen hatte. Warum hast du uns nie etwas davon gesagt? – Ich war fassungslos. Josef. Der saubere, stille, beherrschte, gepflegte, belesene Josef. Und August, den ich bis in den hintersten Winkel seines Wesens zu kennen glaubte, August als Geheimnisträger. Vielleicht hätten wir Josef helfen können, sagte ich, warum hast du nie etwas gesagt? – August sah mich an, als wäre ich ein einfältiges Kind. Sei ehrlich, Mama, was wäre die Folge gewesen? Du hättest Josef mit ganz anderen Augen gesehen. »Er wird mir meinen August verführen«, hättest du gedacht. »Haschen ist ansteckend, Hasch ist eine Einstiegsdroge, ich werde doch meinen August dieser Gefahr nicht aussetzen.« – Es war etwas Wahres an dem, was August sagte, ich schwieg. Siehst du, trumpfte August auf. Damit wäre Josef den einzigen Ort los gewesen, wo er glücklich war; die paar Stunden hier, in meinem Zimmer. Das arme Schwein, fuhr er leidenschaftlich fort. Er ist so isoliert, sein Familienleben ist so beschissen. Weißt du, wann er seinen ersten Joint geraucht hat? Nachdem er als einziger in der Klasse hintereinander ein Sehr gut in Latein, Mathe und

Deutsch geschrieben hat. Plötzlich ist ihm's gedämmert, daß sich kein Schwanz mit ihm freut, daß keiner sagt: »Super, Josef, du bist ein As.« Damals ist er in den kleinen Park in der Nähe vom Schülerheim gegangen, wo sich immer die gleiche Clique trifft. Mensch, heul nicht, hat einer gesagt und einen Joint für ihn gedreht...
So hatte es also begonnen. Josef ließ sich zunächst von der Clique im Park versorgen, wenn ihn das Leid über die eigene Verlorenheit antrat. Mit der Zeit gab er sich auch den lustbetonten Joint. Er glaubte immer noch, die Sache im Griff zu haben. Anfang Mai wollte seine Mutter aus Deutschland kommen, um ihn zu besuchen. Aber dann kam sie doch nicht, ohne Angabe von Gründen. Diesmal war es eine Mischung aus Wut, Weh, Auflehnung und dem Bedürfnis, alles loszusein, die ihn zur Park-Partie trieb. Da Josef zunächst in dem Bemühen zu vergessen, zwei Viertel Rotwein an der Theke eines Gasthauses hinuntergestürzt hatte, fuhr der Joint irrsinnig ein, Josef war total high, frenetisch lachend rollte er sich auf einer Parkbank hin und her. Die Park-Clique war verschwunden, als ein Polizist daherkam und Josef auflas.
Der Religionslehrer der Buben, ein junger Franziskanerpater, dem selbst die ärgsten Rowdys aus der Hand fraßen, machte Josefs Sache zu der seinen. Er fuhr in Josefs Heimatort, sprach mit Josefs Großvater und schaffte es irgendwie, den alten Mann zu überzeugen, daß Josef nicht Strafe, sondern eine Chance brauchte. Dann besorgte er dem Buben mit Billigung der Direktion ein Untermietzimmer und setzte durch, daß Josef nicht von der Schule flog.
Josef war ein ausgezeichneter Schüler, er würde das Jahr trotz seiner Krise gut abschließen. Bei August schien zweifelhaft, ob er es überhaupt schaffen würde. Was ist, wenn er durchfliegt, hatte ich Richard am Abend nach meinem Gespräch mit Mandl gefragt. Dann geht die Welt auch nicht unter, hatte Richard gesagt. Aber es ist idiotisch: ein verlorenes Jahr... – Trotz seiner Leistungsbezogenheit teilte Richard meine Anschauung nicht. Eine sehr eindimensionale Art, den Tatbestand zu umschreiben, meinte er. Wie kann man ein Jahr als »verloren« bezeichnen, in dem man lebt, Erfahrungen sammelt und sich weiterentwickelt. – Aber es ist doch so sinnlos, den ganzen Stoff wiederzukäuen. Und wenn ich an all die Weiber in unserem Bekanntenkreis denke, die sich freuen werden, daß es endlich

auch August erwischt hat, setzte ich hinzu. Ich war immer so stolz auf ihn. – Dieses mein für eine ehrgeizige, in ihrer Eitelkeit verletzte Mutter archetypisches Verhalten, wie Richard sich ausdrückte, stieß bei ihm auf kein Verständnis. Was die anderen sagen, ist egal. Und wenn er fliegt, wird er daraus lernen, meinte er. Außerdem glaube ich, daß er gar nicht fliegen wird. Und was den Sinn oder Nicht-Sinn betrifft, denk an Josef. Was *der* macht, ist sinnlos. Dieser Versuch, seine Probleme wegzuwischen, indem er sich betäubt. Ein sinnloser Versuch, weil er nicht gelingen *kann.* Armer, armer Bub, ich fürchte, er wird sich zerstören. Und wenn er sich nicht zerstört, wird er nicht nur ein, sondern viele Jahre verloren haben. –

Hübner, Mathematik und Physik, hatte ein rundes Gesicht mit Aufwärtsfalten. Er war ein Lebensgenießer und ein hervorragender Pädagoge obendrein. Seine Schüler, selbst Mathematik-Nullen und notorische Aufrührer wie August, mochten ihn und ordneten sich ihm gerne unter. Ihr Sohn ist eben keine Koryphäe in meinem Fach, meinte Hübner fast begütigend. Dafür ist er sprachbegabt, man kann nicht alles haben. – Er halte August trotz seiner gegenwärtigen Mukken für einen guten, fröhlichen Buben, und er würde ihn ja durchrutschen lassen, wenn das nicht eine Ungerechtigkeit gegenüber anderen darstellen würde. Ein schwaches Genügend, zwei Nichtgenügend ...
Hübner saß an einem langen Tisch, zu seiner Rechten stand ein ausgestopfter Iltis, zu seiner Linken zwei Präparate mit Würmern, die aussahen wie winzige Flaschenbürsten. Genau hinter ihm war ein menschliches Lehrmittel-Skelett postiert, ein bißchen Jedermann-Tischgesellschaft. Das Fenster stand offen, die Arme des Skeletts schaukelten leicht im Frühsommerwind, der Totenschädel grinste, wie die meisten seiner Artgenossen, hämisch. Nachprüfung? fragte ich. Hübner nickte. Sehen Sie es von der positiven Seite, sagte er freundlich. Da hat er im Sommer etwas zu tun, kommt auf ein paar blöde Ideen weniger. –
Als ich das Naturhistorische Kabinett verließ, warteten auf dem Armesünderbänkchen gegenüber der Tür zwei weitere Mütter mit tristen Mienen. Und jemand, der meinen Weg immer wieder unerwar-

tet kreuzte: der Padrone. Ob er denn auch hier, in dieser Schule, ein Kind habe? Jawohl, die Nummer drei, den Legastheniker Paul. Es sei dies dessen dritte Schule, zweimal habe er bereits repetiert, aber das sei nicht tragisch. Irgendwann würde der Bub die Matura machen, studieren müsse er nicht, er würde in die Firma des Vaters eintreten. Intelligent ist er, geschäftstüchtig wird er, und auf die Rechtschreibung kann er einmal pfeifen, weil er eine Sekretärin haben wird! – Der Padrone röhrte vor Lachen.
Mit der Zeit war mir der Mann ans Herz gewachsen. Die Art, wie dieser polternde Patriarch sich für seine Brut einsetzte, hatte etwas Bestechendes. Und Sie, gnädige Frau? Zores mit August? – Die Frage war interessiert und gleichzeitig sachlich gestellt und bewirkte einen Dammbruch. Ich offenbarte dem Padrone Augusts Schulschwierigkeiten und andere Pubertätssymptome, als handle es sich dabei um noch nie dagewesene Phänomene. Der siebenfache Vater nickte, lachte, nickte. Verzeihung, sagte ich schließlich, für Sie ist das alles natürlich ein alter Hut. – Freundschaftlich legte er mir eine seiner Pranken auf die Schulter. Erinnern Sie sich an unser Gespräch vor zwei Jahren? sagte er und grinste ein wenig schief. Da war Pubertät für mich keineswegs ein alter Hut. Und außerdem – einzeln gesehen verläuft jede anders. Ich persönlich glaube, Buben pubertieren ärger als Mädchen. Buben zwischen dreizehn und siebzehn sollte man ein Schild umhängen: Wegen Umbau geschlossen. –

Vor einigen Jahren hatte mir eine Bekannte von einem Camp auf dem Land erzählt, in dem Gymnasiasten in den Sommermonaten auf Wiederholungsprüfungen vorbereitet werden. Es sei teuer, aber ausgezeichnet, fabelhafte Pauker. Lauter reizende Kinder seien dort, es gehöre doch heutzutage fast zum guten Ton, eine sogenannte Ehrenrunde zu drehen oder eine Nachprüfung zu haben. Ihr Sohn und ihre Tochter seien auch dort gewesen. Ob ich die Adresse haben wolle? Damals hatte ich abgewinkt, August brauche das nicht, hatte ich sie von oben herab wissen lassen. Ruf sie an und frag sie nach der Adresse, sagte Richard, nachdem ich ihn von der Unabwendbarkeit zweier Nachprüfungen in Kenntnis gesetzt hatte. Ich wollte nicht. Die Dame war eine von jenen Bekannten, von denen ich mut-

maßte, daß sie sich ins Fäustchen lachen würden. Ruf sie an, sagte Richard. Ich rief sie an. Falls sie Schadenfreude empfand, ließ sie es mich nicht merken.
August hatte all seine Überredungskünste und Psychotricks aufgeboten, um dem Camp zu entkommen. Ulrich hätte doch auch wieder eine Nachprüfung, sie könnten doch gemeinsam lernen. Aber Ulrich fliegt doch in Latein. – Na, dann lernt halt jeder für sich, und wir hören uns ab. – Mit Argumenten wie diesen und noch fadenscheinigeren löcherte mich August pausenlos. Spar dir die Mühe, seit gestern bist du angemeldet, sagte ich eines Mittags, zwei Tage vor Schulschluß. August wußte, wann eine Schlacht verloren war. Er verstummte und ließ den Kopf hängen.
Richard meinte, ein wenig Ferien seien wichtig. August würde also, wie schon seit Monaten abgemacht, mit Ulrich und dessen Vater zwei Wochen auf einer Hochgebirgsalm verbringen. Im Anschluß daran würde er im Sommerhäuschen meiner Eltern unter Aufsicht meines Vaters Geschichte büffeln. Anfang August würde ich ihn im Lerncamp abliefern. Als er braungebrannt und wohlgenährt von den Großeltern wiederkehrte, startete er einen letzten Versuch. Der Großvater habe Konzentrationsübungen mit ihm gemacht, er würde es jetzt spielend allein schaffen, sich auf die Matheprüfung vorzubereiten. Denk an das viele Geld, das ihr sparen würdet. – August, die Sache ist gelaufen, in drei Tagen fahren wir. – Ich werde ja nicht gefragt, ich werde behandelt wie ein bedeutungsloses Objekt, schrie August theatralisch. Drei Wochen! Und ich kenne dort kein Schwein, aber ihr werdet schon sehen! ... –
Am Tag vor der Abreise kam Ulrich vorbei. Während ich Augusts Koffer packte, saßen die Buben am Balkon, versicherten sich in wortloser Scheu ihrer Freundschaft, während sie sich lautstark eher galgenhumorig gaben. Denk an meine Worte, hörte ich Ulrich sagen, du wirst dir eine Tussi aufreißen und endlich zum Zug kommen, während ich hier in der Stadt versumpfe. – Er habe im Strandbad einen Typen getroffen, der voriges Jahr in dem Camp gewesen sei. Die Weiber dort seien einsame Spitze und überaus willig, habe der Typ gemeint. August murmelte eine Antwort, beide lachten, verstummten, murmelten wieder. Ich hörte das Klicken eines Feuerzeuges, roch Zigarettenrauch. Ist im Camp das Rauchen erlaubt? fragte

Ulrich. Ist mir doch egal, ich rauch, wenn es mir paßt, sagte August großkotzig, um dann unversehens ins Melancholische zu kippen. Was hab ich denn sonst dort, keinen Freund, keine Freiheit, ich laß mir doch nicht auch noch meine Zigaretten entreißen. – Auch Ulrich nahm zu Rauchverboten kritisch Stellung. Ein Wort gab das andere, plötzlich wieherten beide vor Lachen und schmetterten einen Vers, den sie wohl schon öfters im Duett zum besten gegeben hatten, wie eine Kampfansage von meinem gepflegten Balkon: Nach dem Essen sollst du rauchen oder eine Frau gebrauchen. Kannst du beides nicht ergattern, laß ihn durch die Finger rattern! – Gepeinigt schob ich mich ans Fenster und äugte vorsichtig in Nachbars Garten, ob außer mir noch jemand diese Internationale pubertierender Knaben vernommen hatte. Offenbar nicht, es herrschte sommerliche Nachmittagsstille, die Nachbarn waren hoffentlich verreist. Ich blickte ungesehen nach links, zum Balkon, wo August und Ulrich in den Korbsesseln lümmelten, die langen Beine auf die steinerne Balustrade gelegt, und versuchten, Rauchringe in den vor Hitze flimmernden Himmel zu blasen. Es war ihnen wieder einmal geglückt, sich auf dem einfachsten gemeinsamen Nenner zu finden.

Das Lern-Camp lag im Alpenvorland. Ein Dorf an einem Bach, Obstbäume, Sommerwiesen. Die Kinder könnten Fahrräder mieten und in der Freizeit ins nahe Schwimmbad radeln, sie könnten auch Wanderungen unternehmen, Pilze suchen, tanzen oder musizieren, hatte es im Prospekt geheißen. Ich fand das Programm vielversprechend (obwohl im Prospekt darauf hingewiesen wurde, daß es viel Freizeit nicht geben werde) und die Umgebung eine Idylle. August fand alles niederschmetternd. Am Dorfrand ein moderner Zweckbau, das Camp. Der Leiter ein Optimismus verströmender jüngerer Mann, der uns begrüßte, als kenne er uns seit Jahren. Rund um uns Väter und Mütter, die gedrückte Oberstufengymnasiasten ablieferten. Die Bedrückung teilte sich dem Leiter nicht mit, er verlor kein Jota seiner Zuversicht. Die Buben seien in den umliegenden Bauernhäusern untergebracht, die Mädeln hier, im Haupthaus, teilte er uns mit. In Augusts Bauernhof fanden wir eine freundliche, mütterlich aussehende Bäuerin vor, Züchterin der gigantischsten Knollenbegonien, die ich je gesehen hatte. Laß jetzt die Blumen, Mama, schau lieber, wo ich wohne, jammerte August leise in mein Ohr. Ich stieg bis unters Dach. Vier Betten in einem Raum, in dem eigentlich nur zwei Platz gehabt hätten. Drei waren schon besetzt, von netten Buben, mit denen August sich linkisch bekannt machte. Alle vier sahen verzweifelt aus.

Ich beschloß, den Abschied so kurz wie möglich zu machen. Ich fahre jetzt, August, sagte ich, nachdem ich sein Zeug wieder in seinen Koffer gelegt hatte, weil im Schrank kein Platz mehr war. Laß mich nicht allein, flehte August, als wir am Gang standen. Er wirkte plötzlich so jung und hilflos, daß ich nach langer Zeit wieder einen Anflug von August-Krampf verspürte. Also, Alter, sagte ich möglichst cool, du schaffst das schon, den anderen geht es ja auch nicht besser. Nächsten Sonntag komme ich dich besuchen. Und wenn's dir mies geht, ruf mich an. – Ich umfaßte seinen Kopf mit beiden Händen, stellte mich auf die Zehenspitzen und küßte ihn auf Wangen und Augenlider, als wäre er noch ein kleines Kind. August schluckte, daß sein Adamsapfel nur so hüpfte. Ich ging, ohne mich noch einmal umzuwenden, weil ich ihm und mir ersparen wollte, ihn weinen zu sehen.

Am nächsten Abend ging das Telefon. August. Beinhart sei es, erzählte er. Lernen in kleinen Gruppen von 9 Uhr bis 12.30 Uhr und von 15 Uhr bis 18 Uhr, Crash-Course eben. Er klang wie ein im Training für die Weltmeisterschaft befindlicher Champion. Kein Wort der Trauer, kein Wort der Langeweile, eher Hochstimmung. Die Typen in seinem Zimmer seien okay, der Leiter sei Spitze. Heute Gitarreabend, er habe es eilig, hier sei man immer im Streß, also bis dann, Mama, ich ruf morgen wieder an! – Er rief die ganze Woche nicht mehr an. Ein gutes Zeichen, meinte Richard. Kann schon sein, aber wofür? fragte ich mich im stillen.

Am Sonntag traf ich eine Stunde früher im Camp ein, als mit August ausgemacht war. Ich wollte mit dem Mathematiklehrer und mit dem Leiter sprechen. August sei keine mathematische Begabung, aber intelligent, meinte der Lehrer. Er würde die Prüfungen mühelos schaffen, wenn es ihm gelinge, sich zu konzentrieren. Ist Konzentration sein Problem? fragte ich. Der Mann überlegte. Von seiner Anlage her eigentlich nicht. Und doch hätte Augusts Zerfahrenheit im

Laufe der letzten Woche deutlich zugenommen. Überanstrengung? schlug ich vor. Ausgeschlossen, wehrte der Lehrer ab. Sie seien hier ein erfahrenes Pädagogenteam und wüßten um die Grenzen der Belastbarkeit. Der Leiter hingegen war von August vorbehaltlos begeistert. Er sehe ihn ja nur während der Mahlzeiten und in der Freizeit. Aber da sei der Bub ein wahrer Hit und für das Camp nahezu unentbehrlich geworden. Wie das? fragte ich. Ja, ich müsse doch wissen, was für ein mitreißender Unterhalter August sei. Ob als Disc-Jockey oder Quiz-Master, ob als Stegreif-Darsteller oder beim Grillen am Bach, August sei um Ideen nie verlegen. Da komme er übrigens ... Eine Gruppe von Jugendlichen radelte den Feldweg entlang, der auf das Haupthaus des Camps zuführte. August strampelte im Mittelfeld, er fuhr freihändig, mit einer Hand gestikulierte er, die andere hielt er lässig an der Hüfte. Offenbar führte er das große Wort. Das Mädchen an seiner Seite hing an seinen Lippen, zwei Burschen hinter ihm lachten über etwas, das August gesagt hatte. Als er mich sah, legte er beide Hände auf die Lenkstange, duckte sich tief, trat in die Pedale, raste auf mich zu. Das Fahrrad flog in den Kies und August mir um den Hals. Mama, schön, daß du da bist, sagte er laut und froh. Augusts auch in der Öffentlichkeit und vor Freunden gezeigten spontanen Zuneigungsbeweise für mich hatten etwas Beglückendes. Nicht einmal in dunkelsten pubertären Zeiten hatte er sie ganz eingestellt. Diesmal freilich war es spektakulär, vor den Lehrern, vor den fremden jungen Leuten. Ich muß dir soviel erzählen, sagte er, faßte mich unter und zog mich in den Obstgarten.

Wir sprachen weder von Mathematik noch von Geschichte, noch von den nahenden Prüfungen, als wir unter einem rauschenden Apfelbaum auf einer Bank saßen. Etwas Überwältigendes war geschehen: August hatte sich verliebt. Sein Gesicht war mager geworden, seine Augen glänzten fiebrig, er saß nicht einen Augenblick still. Immer wieder umfaßte er mit seinen kalten Händen eine der meinen, ließ sie wieder los, zündete sich die x-te Zigarette an. Seine Augen rotierten wie Suchscheinwerfer. Ich zeig sie dir, wenn sie kommt ... Sie muß ja bald kommen, sie war in der Kirche, ich auch, und dann war ich mit ihr im Gasthaus, Kaffee trinken ... Vielleicht ist sie baden gegangen ... sie ist mit einer Freundin da ... sie heißt Ingrid und ist siebzehn und hat ein Nichtgenügend in Deutsch ... Mama, ich bin

total fertig, schau meine Hände an, wie die zittern ... – August, sagte ich, August, 's ist ja gut. – Die Heftigkeit seiner Emotion machte mir Angst. War Liebe für einen Sechzehnjährigen wie Schüttelfrost? War das normal?
Als ich August ins Dorfgasthaus zum Mittagessen führte, sah ich sie. Die Wirtsstube und der Gasthausgarten waren fest in der Hand der Camp-Insassen, sonntags setzten sie hier ihr Taschengeld in Würstchen und Apfelstrudel, in Espresso, Cola und Zigaretten um. Trotz strengsten Alkoholverbots seitens der Leitung des Camps stemmten einige Knaben lässig ihr Bier vom Faß. Nach dem Krach zu schließen, war die Stimmung bestens. Aus einer Jukebox plärrte Elvis Presley. August rutschte auf seinem Stuhl hin und her, alles an ihm war in Bewegung. Ruhig, August, ruhig, murmelte ich hilflos und starrte auf seinen halbvollen Teller. August hatte sein Schnitzel nicht aufgegessen. Sei nicht bös, Mama, ich kann nicht mehr, hatte er gesagt, ich bringe keinen Bissen mehr hinunter. – Plötzlich setzte er sich kerzengerade auf, sein Körper wurde starr. Schau, da ist sie! flüsterte er und trat mir, quasi um der Mitteilung Nachdruck zu verleihen, kräftig auf die Zehen. O Gott, bildhübsch, auch das noch, dachte ich verzagt und sah die Hoffnung auf bestandene Wiederholungsprüfungen schwinden. Ingrid war brünett, hatte dunkelblaue, fast violette Augen und einen großen weichen Mund. Ihre Figur war feminin, ihre Beine nicht lang, aber gut. Sie bewegte sich mit der Sicherheit eines Geschöpfes, das seine Wirkung kennt. August blieb der Mund offenstehen, sie winkte zu ihm herüber, er lachte sie so selig an, daß es mir einen wehen kleinen Stich gab.
Im Laufe der nächsten zwei Stunden versuchte ich August behutsam auf etwas vorzubereiten, das ich unweigerlich kommen sah: Herzweh, gekränkter Stolz, kurz, Enttäuschung in der Liebe. Ich hielt es für ausgeschlossen, daß diese Beauté Augusts Gefühle auch nur annähernd erwidern würde. Man mußte der Realität ins Auge sehen. August, sechzehn, schlaksig, unausgegoren, unerfahren, ein paar Pikkel auf Nase und Stirn, und diese siebzehnjährige Superbiene? Nie! – Aber ich weiß, daß ich ihr gefalle, versicherte mir August fast wild. Ich fuhr nach Hause, ohne ihm Vorhaltungen wegen der verspielten Lernchancen oder seines exorbitanten Zigarettenkonsums gemacht zu haben, er war ja doch auf beiden Ohren taub. Armer Bub, dachte

ich traurig, er wird durchfliegen, sein Ego wird einen Knacks abkriegen, wegen nichts und wieder nichts. Der Teufel soll diese Ingrid holen, sicher ist sie männernärrisch, vielleicht ein bißchen dumm, jedenfalls verdreht sie Kindern den Kopf. Als ich zu Hause ankam, hatte ich ein klares Feindbild entwickelt: Ingrid, die Verführerin.
Richard wollte »alles« wissen. Ich informierte ihn selektiv; gab Augusts Konzentrationsschwäche preis, und daß er beliebt und keineswegs unglücklich, aber nach wie vor kein mathematisches Genie sei. Nebenbei erwähnte ich, daß ihm irgendein Mädel recht gut gefalle. Also ist er verliebt? Richards Frage war mehr eine Feststellung. Ich weiß nicht, log ich. Vielleicht wollte ich Ingrids Anziehungskraft exorzieren, indem ich sie herunterspielte.
Am nächsten Wochenende hatte Richard in Bern zu tun und wollte mich mitnehmen. Ich kann nicht, sagte ich, ich habe August versprochen, ihn zu besuchen. Das war weniger als die halbe Wahrheit. Ich hatte nichts versprochen, sondern einen Besuch vorgeschlagen, und August hatte auf den Vorschlag überhaupt nicht reagiert. Fahr nicht, riet Richard, du wirst ihn nur aus seinem Rhythmus reißen. – Eben, eben, dachte ich in stillem Grimme und fuhr nicht nach Bern, sonden ins Camp.
August sei nicht da, teilte mir ein Lehrer mit, den ich beim Sonnenbaden aufgestöbert hatte, es sei außer ihm überhaupt niemand da, Leiter, Lehrer und Schüler seien an einen See in der Umgebung gefahren, um ein Picknick zu machen. Ich könnte ja warten, in drei Stunden würden sie wohl wieder zurück sein. – Im Grund konnte August nichts dafür, aber ich hatte eine rasende Wut auf ihn. Statt mit Richard gemütlich in einem kühlen Berner Restaurant zu Mittag zu essen, saß ich schwitzend, von Fliegen umschwärmt, auf der Türschwelle eines modernen Zweckbaus und wartete auf einen Sohn, der mich nicht sehen wollte. Ich kam mir versetzt vor. Sollte ich warten? Nicht einmal ein Buch hatte ich dabei. Ich aß im Gasthausgarten ein zähes Gulasch, trank ein laues Bier. Dann wanderte ich aus dem Dorf hinaus und legte mich am Bach in die Wiese. Wenn ich mich aufsetzte, konnte ich in der Ferne das Haupthaus sehen.
Ich mußte eingeschlafen sein. Als ich aufwachte, war ich von Ameisen zerstochen, und die Kinder waren zurück, ich sah und hörte sie um das Haus wimmeln. Langsam ging ich hinüber. Ich sah August

von weitem. Er stand vor Ingrid, die abseits vom Haus auf einem Zaun hockte. Seine Hände lagen auf den Knien des Mädchens, er redete auf sie ein. Sie wiegte den Kopf, als sei sie im Zweifel, und kaute an ihrer Unterlippe. Hinter ihrem Ohr steckte eine Margerite. August! rief ich.
Als er sich umdrehte, rutschten seine Hände von Ingrids Knien. In seinen Augen lagen weder Freude noch Schreck noch Willkommen, als er mich sah. Er sagte ein paar Worte zu dem Mädchen, dann kam er auf mich zu. Was machst du denn hier, Mama, sagte er, seit wann bist du da? – Ich habe doch gesagt, ich würde vielleicht kommen. Drei Stunden war ich unterwegs, um dich zu sehen, weitere drei Stunden habe ich gewartet ... – Und ich habe keine Zeit, Mama. – Ganz ruhig, ganz cool war er. Ich gehe jetzt mit Ingrid spazieren, und am Abend ist Tanz. –
Unser Gespräch dauerte eine knappe halbe Stunde. Ich behielt es als bitter in Erinnerung. Bitter für mich, nicht für August. August wußte zu genau, was er wollte. Sein Ziel hieß Ingrid, er konnte es fast mit den Händen greifen, nichts sollte ihn daran hindern, auch ich nicht. Versteh das doch. Und wenn du es nicht verstehst, kann ich es auch nicht ändern. Today is the day, und nichts ist mir wichtiger. –
Ich wollte ihm sagen, daß die Wiederholungsprüfung auf dem Spiel stand und daß sein Vater nicht einen Haufen Geld dafür bezahlte, daß sein Sohn herumschmuste, sondern daß er Mathematik lernte. Ich wollte ihm das mit dem verlorenen Jahr klarmachen, und daß er zuviel rauchte und daß ich mich von ihm nicht so behandeln ließe. Ich wollte ihm sagen, daß er ein Präservativ benützen sollte, falls er mit dem Mädchen schlief, und daß ihn niemand so liebte wie seine Mutter. Zum Glück sagte ich von all dem nichts. Also gut, dann fahre ich jetzt heim. Du weißt ja offenbar genau, was du willst, hoffentlich weißt du auch, was du tust. Übrigens, ich komme nächste Woche nicht, um dich abzuholen. Du bist ja jetzt so selbständig, also kannst du ruhig den Zug nehmen. – Ich fand, das war ein starker Abgang. Ob August das auch fand, weiß ich nicht. Als ich das Auto am staubigen Kiesplatz wendete, sah ich ihn mit Ingrid um die Ecke einer Scheune biegen.

Was an diesem Sommerabend wirklich geschah, habe ich nie erfahren. Es ist Augusts Geheimnis geblieben. Aber es muß etwas Einschneidendes gewesen sein. Am nächsten Sonntag kam August heim. Er war gelöst und irgendwie souverän. Bei seinem Vater bedankte er sich für die vielleicht schönsten drei Wochen seines Lebens. Zu mir hielt er etwas Distanz, war aber durchaus freundlich. Ich fragte nicht nach Ingrid, er sprach nicht von ihr. Soweit ich weiß, ist sie in seinem Leben nicht wieder aufgetaucht. Eine Woche später bestand August beide Nachprüfungen ohne Schwierigkeiten. Weitere zwei Wochen später alberte er mit Ulrich auf dem Balkon, wie eh und je. Und doch ein bißchen anders.

Liebe am Nachmittag

... und dann hat er »jäg älskar dig« gesagt. – Wieso, ist er Schwede? – Nein, ist er nicht, sei nicht so prosaisch, sagte Wanda gedehnt. Es ärgerte sie, daß ich auf den Fremdsprachenzauber der Liebeserklärung nicht abfuhr.
Also schön, und dann? –
Wir saßen im Wohnzimmer, weil es auf dem Balkon zu heiß war. Ein halbleerer Krug mit Zitronenlimonade stand auf dem Tisch. Wanda rührte mit einem Strohhalm heftig in ihrem Glas, Eisstückchen klirrten. Dann sind wir zu seinem Atelier gefahren. – Ich wartete, daß sie weitererzählen würde, aber Wanda nagte schweigend an ihrem Strohhalm. Sie hatte ihre Sandalen abgestreift und bohrte ihre Zehen in die weiche Wolle des Teppichs. Also komm schon, mach's nicht so spannend, was war dann? – Wanda stellte ihr Glas ab und sah mich an. Dann war gar nichts, sagte sie. Wir hatten schon vor dem Haus geparkt, aber auf einmal hat er wieder Gas gegeben und hat mich nach Haus gebracht. – Anstand, oder schlechtes Gewissen, murmelte ich, worauf Wanda spitz verkündete, daß aufgeschoben bekanntlich nicht aufgehoben sei.

Unser Gespräch hatte sich nicht zufällig ergeben, es war eine Mission, ich agierte in höherem Auftrag. Zur Abwechslung hatte mich nicht der Padrone, sondern Wandas Mutter um Hilfe gebeten. Meine Stellung in dieser heiklen Sache war also halbamtlich, und die Lage war die folgende:
In jenem heißen Sommer, den ich fast zur Gänze in der Stadt verbrachte, während August auf dem Land für seine Nachprüfung lernte, war auch Wanda dageblieben. Sie hatte einen sechswöchigen Ferienjob in einer Firma angenommen, die einem Freund ihres Vaters gehörte. Unbedeutende Handlangerdienste, täglich außer Samstag und Sonntag, von 7 bis 15 Uhr, fad, aber gut bezahlt, hatte sie mir

vor Schulschluß berichtet. Sie würde mich oft besuchen kommen, sagte sie. Gekommen war sie nie.
Wandas Mutter hatte mit Paul, Vera und den Zwillingen im alten Urlaubsort der Familie Quartier bezogen. Die beiden ältesten Söhne befanden sich im Ausland. Wanda und der Padrone bewohnten das große Haus allein und führten das für eine hochsommerliche Stadt typische Leben berufstätiger Singles oder Strohwitwer: Frühstück im Espresso vis-à-vis, keine häusliche Ordnung, nach der Arbeit eine kalte Dusche und dann hinaus ins Freie: Abendessen, ein Glas mit Freunden, ein Kino mit Klimaanlage oder ein improvisiertes kleines Gartenfest. Der Padrone und Wanda verstanden sich ausgezeichnet, sie sahen sich, wenn überhaupt, einmal am Tag, irgendwann, zwischen Tür und Angel. Alles unter Kontrolle? – Alles unter Kontrolle! pflegten sie einander zuzurufen. Die Idee, es könnte irgend etwas *nicht* unter Kontrolle sein, kam dem Padrone nicht. Schon gar nicht in bezug auf Wanda. Die glaubte er in der Firma seines Freundes bestens aufgehoben. Und am Wochenende fuhr sie mit ihm zur Familie aufs Land. Was Wanda zwischen 15 und 20 Uhr beziehungsweise an jenen späteren Abenden trieb, an denen er nicht zu Hause war, das zu hinterfragen war ihm nicht in den Sinn gekommen.
In Wandas vierter Arbeitswoche biß sich die sommerfrischende Mutter eine Zahnkrone aus. Kurzentschlossen, was sonst nicht ihrer Art entsprach, nahm sie am nächsten Morgen den ersten Zug in die Stadt, suchte ihren Zahnarzt auf und war um 13 Uhr so gut wie neu. Da ihr bis zur Abfahrt des Abendzuges noch vier Stunden blieben, fuhr sie nach Hause, um ein wenig nach dem Rechten zu sehen und vielleicht Wanda anzutreffen. Es war 15.30 Uhr, als sie durch die offenstehende Terrassentür das Brummen eines Sportmotors und das Schlagen einer schweren Autotür vernahm. Wandas helle Stimme, und die tiefe eines Mannes. Ihre Söhne hätten Wandas Mutter in Sekundenschnelle aufgeklärt, daß es sich bei dem auffallenden azurblauen Schlitten vor dem Haus um einen wahren Traum von Oldtimer, einen Maserati Jahrgang 1965, handelte. Doch Wandas Mutter sah nur den blonden, braungebrannten Mann am Steuer, der ihrer Tochter ein vertrautes »Mach schnell, Süße!« zurief.
Die Frau war total verstört. Sie hörte Wanda das Haus betreten, die Treppe hinauflaufen und in ihrem Zimmer summen. Gebrochen

schlich sie in die Halle, sank auf einen Stuhl und wartete. Mami, was machst denn *du* hier, rief Wanda, als sie mit einer Badetasche um die Schulter die Treppe, immer zwei und zwei Stufen, heruntersauste. Wanda, wer ist dieser Mann, ächzte die Mutter. Eine berechtigte Gegenfrage.

Alles, was Wandas Mutter in den wenigen Minuten, die ihre Tochter ihr widerwillig schenkte, in Erfahrung bringen konnte, waren Name, Alter und Profession des Maserati-Mannes. Max Löblich, 34, Mode- und Werbefotograf. Sie habe ihn vor drei Wochen im Schwimmbad kennengelernt, er fotografiere sie und wolle sie möglicherweise als Model groß herausbringen. Ihn hereinbitten? Vorstellen? Aber wo denn, und wozu denn, das sei heute nicht mehr üblich. Papi sagen? Aber ja doch, mit dem würde sie schon klarkommen, der würde verstehen, daß sie Karriere machen wolle. Nein, sie könne nicht hierbleiben, mit der Mutter weiterreden, Max warte, er habe es eilig. Addio, Mami, bis zum Wochenende. –

Wandas Mutter besaß nicht nur null Durchsetzungsvermögen, sondern auch den unüberwindbaren Drang, Verantwortung abzugeben. Mit sicherem Griff fand sie Opfer, die sich einen Teil ihrer Last aufbürden ließen. Im konkreten Fall war das ich. Nachdem Wanda und Löblich abgerauscht waren, hatte sie zunächst versucht, ihren Mann im Büro zu alarmieren, aber der war auf einer Bauverhandlung. Bei wem sonst konnte sie ihre Sorgen abladen, wer würde ihre Ängste teilen, wer hatte Interesse an Wanda? Ich kam ihr in den Sinn. Sie suchte meine Nummer aus dem Telefonbuch. Mein Schicksal wollte, daß ich zu Hause war.

Sie klang wie ein sterbender Schwan. Max Löblich wandelte sie vom Fotografen in einen gefährlichen Mädchenhändler um, und Wanda stand bereits mit einem Fuß auf der schiefen Bahn. Schläft sie mit ihm? wollte ich wissen. Meine Art, die Dinge beim Namen zu nennen, ließ sie wohl erschauern. Ich weiß es nicht, lispelte sie. Beugt sie vor? – Wie bitte? – Meine Güte, gebraucht Wanda irgendein empfängnisverhütendes Mittel, fragte ich ungeduldig. Ich weiß es nicht, sagte die siebenfache Mutter. Das Gespräch entwickelte sich in eine Richtung, die ihr peinlich war. Möglicherweise sei die Sache ja harmlos, machte sie einen kleinen Rückzieher. Vielleicht habe der Mann tatsächlich nur fotografisches Interesse an Wanda. Aber sicher

sei sicher, er sei ja so alt. Dann verkündete sie mir, sie müsse jetzt zu ihrem Zug, die »Kleinen« seien ja ganz allein auf dem Land. Sie sei mir ja so dankbar, daß ich mich der Sache annehmen wolle. Ein wahres Glück, daß sie nicht ihren Mann, sondern mich informiert habe, wer weiß, was ihr Mann in der Wut mit Löblich angestellt hätte. Sie würde mich in zwei Tagen anrufen, was ich von Wanda über die Affäre herausbekommen hätte. Hallo, hallo, plärrte ich ins Telefon, wie komme ich dazu, ich denke gar nicht daran, mich in Dinge einzumischen, die mich nichts angehen. – Ich empfahl der Dame, die Kohlen selbst aus dem Feuer zu holen, Wanda sei keine Waise, in Fällen wie diesem seien, weiß Gott, die Eltern zuständig. Ein gewisses Raffinement konnte man Wandas Mutter nicht absprechen. Mit kleiner, ein wenig trauriger Stimme sagte sie: Aber Wanda liebt Sie und hört auf Sie und vertraut Ihnen mehr als mir. Und Sie mögen sie doch auch, Sie wollen doch nicht, daß sie Schaden nimmt? – Damit hatte sie mich in die Ecke getrieben. Ich versprach, Wanda auf Max Löblich anzusprechen und herauszufinden, ob Grund zur Sorge bestand. Verflixte Wanda, offenbar entwickelte sie ein Faible für ältere Männer.
Ehe ich mich mit dem Fräulein in Verbindung setzte, überdachte ich die Lage. Es gab drei Möglichkeiten: Max Löblich und Wanda hatten wirklich nur Fotos im Sinn. Oder Wanda hatte bloß Fotos im Sinn, während Löblich Wanda wollte. Oder Löblich wollte bloß Fotos, Wanda aber wollte Löblich. Die Möglichkeiten ließen allerlei Varianten zu. Etwa die, daß beide beides oder beide nur »das eine« wollten. Indes, wie immer ich kombinierte, ich wurde das Gefühl nicht los, daß Wanda die Verführerin und Löblich der Verführte war.
Punkt zwei meiner Überlegungen bezog sich auf rein Praktisches: Falls Wanda mit Löblich schlief, na bitte. Irgendeiner mußte es ja sein. Möglicherweise war ein erwachsener Mann, in den sie über beide Ohren verliebt war, besser als ein grüner Junge, mit dem sie bloß herumprobierte. Was es zu verhindern galt, war, daß Wanda schwanger wurde. Falls das eintrat, würde mein halbfertiger Schmetterling ein Trauma davontragen.
Ich hatte noch die Worte meines Gynäkologen im Ohr: »Dem Kind einschärfen, daß es etwas zur Empfängnisverhütung unternimmt, wenn es weiß, daß es bald Verkehr haben wird. Besser vorher kurz

nachdenken, als nachher lang weinen.« Wie lange war es jetzt her, daß ich ihn zur Spätentwicklerin Wanda befragt hatte, zwei Jahre, länger? Er hatte mich damals gut beraten, aber ich war meine Weisheiten nicht losgeworden. Vielleicht klappte es diesmal. Von ihrer Mutter war Wanda mit einschlägiger Information sicher nicht verwöhnt. Vielleicht würde Wanda lachen, wenn ich mit dem »guten Tip von Frau zu Frau« antanzte. Vielleicht auch nicht. Theoretisch bestand freilich auch die Möglichkeit, daß Wanda körperlich noch gar nicht reif genug war, um schwanger zu werden. Die erste Regelblutung – auch das wußte ich von meinem Frauenarzt – kennzeichnet das Mädchen noch nicht als reife Frau. Zyklen gehen oft noch Jahre hindurch ohne Eisprung vonstatten. Solche anovulatorischen Zyklen würden immer seltener, bis schließlich alle einen Eisprung hätten. Es gehörten so viele Hormone beziehungsweise auslösende Hormone zu einem normalen zyklischen Geschehen; es dauere schon eine Weile, bis sich das eingespielt habe; es hänge natürlich auch vom seelisch-geistigen Zustand ab.
Auf Wandas körperliche Unreife zu spekulieren, wäre Idiotie gewesen. Aber was war mit der seelischen Reife, war Wanda für eine sexuelle Beziehung innerlich bereit, sollte ich ihr vielleicht raten, nichts zu überstürzen? Auch diese Frage hatte ich meinem Arzt gestellt: Im Zweifelsfall warten? Er hatte gelacht. Seine Sommersprossen verdichten sich, wenn er lacht, in seinen Augenwinkeln zu kleinen Seen. Für das junge Mädchen, hatte er mir erklärt, sei das erste Mal in jedem Fall ein Zweifelsfall. Man solle ihm den Verkehr zwar nicht direkt empfehlen, aber man solle ihm die Scheu davor nehmen. Es sei eine so normale Situation, es würden durch erste sexuelle Kontakte keine weltbewegenden Änderungen im Leben hervorgerufen. Aber man sollte verliebt sein und den männlichen Partner schon länger kennen. Es sollte die vorläufige Krönung der vorläufigen Beziehung sein.
Das war's. Das war mein Aufhänger, das würde ich Wanda sagen. Und wenn schon alles gelaufen war? Dann hatte ich eben mein Bestes getan.
Ich erreichte sie noch am selben Abend. Ihre Stimme klang erwartungsvoll, als sie den Hörer abhob, sie hatte wohl mit jemand anderem gerechnet. Ich machte kurzen Prozeß. Hör zu, Wanda, sagte ich,

deine Mutter hat mich angerufen und mich gebeten, mit dir über Max Löblich zu sprechen. Du weißt, ich mische mich sonst nicht ungebeten in deine Angelegenheiten. Diesmal habe ich mich hineinziehen lassen und es versprochen. Also bitte, laß mich nicht hängen und komm. – Am anderen Ende der Leitung herrschte ein paar Sekunden lang Stille. Dann sagte Wanda im sachlichen Ton einer Sekretärin, die einen Cheftermin vereinbart: Also gut. Heute abend kann ich nicht, ich habe schon etwas vor. Aber wenn es dir paßt, komme ich morgen nachmittag, nach dem Büro, gegen vier. –

Unser Gespräch hatte sich leichter angelassen, als ich dachte. Wanda war nicht in eines der üblichen Bürschchen, sondern in einen »tollen, aufregenden, ganz irrsinnigen Mann« verliebt. Und er in sie. Und just in diesem Augenblick war niemand da, dem sie die Sensation hätte verkünden können. Die Satelliten waren irgendwo in Ferien. Nicht einmal Veruschka stand zur Verfügung. Ich war als Vertraute im Falle Löblich a priori ein Risikofaktor, weil sie fürchten mußte, ich könnte ihren Lichtbildkünstler für »zu erfahren« halten. Deshalb war sie sicher in der Absicht gekommen, nicht zuviel zu verraten, der vereinigten Elternwelt keinerlei Ansatzpunkte für Maxens Verbannung aus ihrem Leben zu bieten. Aber dann war es so kühl und angenehm im Wohnzimmer. Und da stand der Krug mit Zitronenlimonade. Und da saß ich, ihre Freundin, nicht ihre Mutter. Und ich beugte mich vor und tuschelte, halblaut, wie ein Schulmädchen: Also erzähl, wie ist er? – Und da atmete Wanda tief durch und erzählte.
Mittwoch vor drei Wochen. Erster Höhepunkt der herrschenden Hitzewelle. Nach dem Büro nahm Wanda den Bus und fuhr in jenes außer- und oberhalb der Stadt, ganz im Grünen gelegene Schwimmbad, das schon zu meiner Zeit das beliebteste gewesen war. Eigentlich hatte sie gehofft, ein paar Typen aus der Schule zu treffen. Aber dann ... Als sie am Rand des großen Beckens hockte und mit den Zehen die Wassertemperatur probierte, fühlte sie sich beobachtet. In einiger Entfernung saß ein Mann am Rasen und fotografierte sie. Mit ernstem Gesicht und »einer Wahnsinnskamera«. Ein Profi. Wanda schaute weg und wieder hin und wieder weg. Der Mann foto-

grafierte unbeirrt weiter. Wanda mimte Mißfallen, stand auf und sprang ins Wasser. Als sie auftauchte und sich rasch das Wasser aus den Augen wischte, um zu sehen, ob der Mann noch da war, sah sie direkt ins Objektiv seiner Kamera. Er war an den Beckenrand gerutscht und fotografierte Wanda aus nächster Nähe. Als er die Kamera senkte, sah sie »in zwei Augen wie Honig und ein Gesicht mit einem Dreitagebart und den weißesten Zähnen der Welt«. Max Löblich lachte Wanda an, und um Wanda war's geschehen. Er lud sie auf ein Cola in die Getränkebude ein und sagte, sie sei sehr fotogen, er würde gern einige Fotoserien von ihr machen, er glaube, sie habe das Zeug zu einem Top-Model. Er brachte sie mit seinem Maserati nach Hause. Bei schönem Wetter würde er morgen wieder im Schwimmbad sein. Um vier, am großen Becken.
Die Natur schien mit Wanda im Bunde, das Hochsommerwetter hielt an. Max und sie trafen einander fast täglich. Zweimal führte er sie am frühen Abend in ein kleines Gasthaus am Stadtrand zum Essen. Zweimal waren sie im Kino gewesen, letzte Reihe, ließ mich Wanda bedeutungsvoll wissen. Die Frage, ob sie in ihn verliebt sei, erübrigte sich. Und Max, war er in Wanda verliebt? Wanda war davon durchdrungen. Er zittert, wenn er mich ansieht, sagte sie genüßlich und berichtete schließlich von jenem Nachmittag, an dem Wandas Mutter unerwartet aufgetaucht war und an dem Löblich Wanda in schwedischer Sprache mitgeteilt hatte, daß er sie liebe. Sie seien im Schwimmbad gewesen, er habe sie wieder fotografiert, sitzend, liegend, stehend. Irgendwann sei ihr zu heiß geworden, sie habe sich einfach ins Wasser fallen lassen. Und Max habe seine Kamera weggelegt, einfach so, sei ihr nachgesprungen, habe sie unter Wasser gefangen und dann ganz fest gehalten und geküßt. Es ist nicht das erste Mal gewesen, daß er mich geküßt hat, referierte Wanda leuchtenden Auges, aber diesmal war's ganz anders. Sie hätten nicht viel gesprochen, seien aus dem Wasser gestiegen, er habe sie gefragt, ob sie mit ihm ins Atelier gehen wolle, und Wanda sagte ja. An dieser Stelle sprach Max: »Jag älskar dig.« Die Frage, weshalb er sie zu guter Letzt doch nicht ins Atelier abgeschleppt hatte, erörterten wir nicht mehr. Wanda erzählte mir noch, sie hätten gestern vorgehabt, sich abends noch zu treffen. Aber knapp, nachdem ich angerufen hatte, hätte Max abgesagt. Dringender Fototermin.

Um Haaresbreite. Im allerletzten Augenblick erwischt, dachte ich und fragte Wanda rundheraus, ob sie darauf vorbereitet gewesen sei, mit ihm zu schlafen. Du meinst, ob ich die Pille nehme? fragte sie. Na, was denkst du denn, ich bin doch nicht bescheuert. Klar nehme ich die. Zwei Tage, nachdem ich Max kennengelernt habe, bin ich zum Betriebsarzt gegangen und habe sie mir verschreiben lassen. – Also alles paletti. Im Grunde hätte ich die Angelegenheit abhaken können. Ich hätte Wandas Mutter anrufen und ihr sagen können, alles in Ordnung, lassen Sie 's laufen, das Kind ist restlos verliebt und nimmt die Pille. Aber irgend etwas an der Sache gefiel mir nicht. Lebt Max allein? fragte ich Wanda. Sie sah mich erstaunt an, offenbar hatte sie darüber noch nicht nachgedacht. Weiß ich nicht, sagte sie schließlich, aber ich nehme es an, sonst hätte er doch nicht vorgeschlagen, daß wir zu ihm ins Atelier gehen. Dort wohnt er nämlich auch. – Ich überlegte eine Weile. Wie sieht er eigentlich aus? fragte ich mit listiger Beiläufigkeit. Hab ich dir doch gesagt, einfach irre gut. – Ich würde ihn gern einmal sehen, sagte ich, ganz neugierige Freundin. Zuerst wehrte sich Wanda. Aber der Stolz auf ihre Eroberung war zu groß. Also gut, meinte sie, er darf nur nicht merken, daß er hergezeigt wird. –

Was wir beide dann auskochten, war meinerseits so pubertär, daß Wanda sich davon ein Scheibchen hätte abschneiden können. Ich würde morgen im Schwimmbad sein und am großen Becken stehen, und Wanda würde mich »entdecken«, so ein Zufall, würde sie sagen, schau, Max, das ist meine Freundin, von der ich dir erzählt habe.– Es war mit Sicherheit die schlechteste Methode, dem Mann auf den Zahn zu fühlen.

Ich bin mir in meinem Leben selten blöder vorgekommen als an jenem Nachmittag, da ich am großen Becken auf Wanda und ihren möglicherweise zukünftigen Liebhaber wartete. Vielleicht wäre mir das folgende leichter gefallen, wenn Max Löblich weniger attraktiv gewesen wäre. Aber das Mannsbild, das mit Wanda locker über die Liegewiese schritt, sah so fabelhaft aus, daß ich einen flüchtigen Stich des Bedauerns darüber fühlte, nicht Wanda zu sein. Wanda tänzelte neben dem mittelgroßen, athletisch gebauten Max einher

wie ein Püppchen. Er ließ sie nicht aus den Augen, seine Hand lag auf ihrem Nacken, als sie auf das Becken zukamen.
Wanda und ich hielten uns an das von uns am vorhergegangenen Nachmittag ausgetüftelte Drehbuch, aber wir spielten unsere Rollen schlecht. Wanda gab sich zu forsch, und ich war zu betreten. Wie wir es schließlich schafften, Löblich zur Getränkebude zu manövrieren, weiß ich nicht mehr. Wir saßen an einem wackeligen Tischchen, die Sitzfläche des hölzernen Klappsessels drückte sich ungemütlich in die meine. Es war heiß, mein Badeanzug zwickte, und wir fanden keinen unverfänglichen Gesprächsstoff. Löblich war nicht unhöflich, aber in seinen Augen las ich die Frage, wie lange ich meine Gegenwart dem jungen Paar *noch* aufdrängen wollte. Die Situation war unwürdig, ich beschloß, ihr ein Ende zu bereiten. Herr Löblich, sagte ich, wir haben uns *nicht* zufällig getroffen. Ich wußte von Wanda, daß Sie heute hier sein würden, und ich bin absichtlich hergekommen, weil ich Sie kennenlernen wollte. –
Max Löblich mochte schnell auf den Auslöser drücken, schlagfertig war er nicht. Verlegen griff er nach einer Zigarette, ehe er sich zu einem »Ah, so ist das« entschloß. Wanda hingegen reagierte schnell wie eine Viper. Erst biß sie mich mit den Augen tot, dann sagte sie giftig: Es war nicht meine Idee, Max, wirklich nicht. Du wirst das alles schrecklich spießig finden, diese Anstandswauwaus, dieses Ausspionieren. Es ist halt eine Generationenfrage. – Im Augenblick haßte sie mich. Begreiflicherweise. Ich hatte ihr ein Bein gestellt, jetzt wollte sie mir auch eines stellen. Daß sie mit der Schmähung meiner Generation einen taktischen Fehler begangen hatte, kam ihr nicht zu Bewußtsein. Max Löblich war bloß um sechs Jahre jünger als ich. Die plötzliche Erkenntnis stand ihm im Gesicht geschrieben. Sie machte ihn sympathisch.
Wir wechselten noch ein paar belanglose Sätze, dann stand ich auf, um zu gehen. Förmliche Verabschiedungen in halbnacktem Zustand haben etwas Lächerliches an sich. Die unsere machte die Peinlichkeit dieses Nachmittags perfekt. Am Abend erzählte ich Richard die Geschichte von A bis Z. Er lachte Tränen. Du hast wirklich eine Begabung, dich in schiefe Lagen zu bringen, sagte er. Und alles für die Katz. Wahrscheinlich wird Wanda jetzt erst recht mit ihrem Filmmenschen ins Bett hüpfen. – Fotograf, korrigierte ich und war be-

drückt. Wanda sauer, Löblich nach wie vor die Unbekannte in dieser sexuellen Gleichung ... Am Ende aber stellte sich heraus, daß doch nicht alles für die Katz gewesen war.
Ich greife vor. Ein halbes Jahr später waren Richard und ich zu einer Vernissage gebeten, auf der ich Max Löblich wiedertraf. Es herrschte großes Gedränge, Löblich hätte durchaus vorgeben können, mich nicht zu sehen oder mich zu sehen und nicht zu grüßen, seine unfreiwillige Bekanntschaft mit mir verpflichtete ihn zu nichts. Aber er steuerte auf mich zu und bat mich auf ein paar Worte in eine Ecke. Ich wollte Sie schon im Sommer anrufen, um Sie Wandas wegen zu beruhigen, sagte er. Doch irgendwie war mir die Sache peinlich. Was mir Löblich dann erzählte, bestätigte meine erste, spontane Vermutung: Wanda war die Verführerin und Max der Verführte gewesen. Als er Wanda zum ersten Mal sah, hatte sie ihn ausschließlich als Motiv interessiert. Ihre Bewegungen, der noch nicht ganz fertige Körper, ihre Anmut, sie besaß den gewissen Schmelz der Hamilton-Mädchen, wenn Sie wissen, was ich meine. – Ich wußte genau, was er meinte. Ich sah Wanda vor mir, während er von Belichtung und Blenden sprach, um sein rein professionelles Interesse noch zu untermauern. Aber dann lachte er ein wenig schief und fuhr fort. Wissen Sie, dieses Mädel hat eine erotische Ausstrahlung, der man sich schwer entziehen kann, und ich bin nicht aus Papiermaché. – Wanda hatte ihre Reize offenbar ganz bewußt eingesetzt. Dem armen Löblich band sie auf die Nase, daß sie sehr wohl über einige sexuelle Erfahrung verfüge. Ein Lorenzo ist da gewesen, und ein Freund ihres älteren Bruders, und ein Mann in meinem Alter, über den sie mir nichts sagen wollte. Ich bin nicht der Typ, der mit kleinen Mädchen schläft, versicherte mir Löblich durchaus glaubhaft. Ich habe seit Jahren eine stabile Beziehung zu einer Frau, ich habe ein Kind mit ihr. Aber ich gebe zu, Wanda hatte mich fast soweit. Eines Abends stand ich mit ihr schon vor meiner Haustür. Ich dachte, meine Freundin sei mit dem Kind noch auf dem Land. Zum Glück habe ich im Atelier Licht gesehen. – Er dachte eine Weile nach. Wahrscheinlich wäre es trotz allem passiert, sagte er schließlich, wenn Sie nicht zwei Tage später aufgetaucht wären. Auf einmal war mir klar, daß ich mich in bezug auf Wanda total verschätzt hatte. Ich trat den Rückzug an, so schnell ich konnte. – Zweimal hatte er

Wanda noch getroffen, ehe er ihr mitteilte, daß er ganz plötzlich nach Marokko müsse, Auftrag für Vogue ... das Ende einer unvollendeten Affäre.
Von Wanda hörte ich nach der Schwimmbadgeschichte wochenlang kein Wort. Unsere Beziehung hatte durch meine Einmischung einen Knacks abbekommen. Mit der Zeit normalisierte sie sich wieder, aber auf eine neue, weniger gefühlsbetonte Weise. Viel, viel später, als Wanda längst an der Universität studierte, erzählte sie mir einmal, was sie in diesem heißen Sommer, nachdem Max sich abgeseilt hatte, empfand.
Ich hatte ihr »Lebensglück« zerstört, also haßte sie mich mit Inbrunst. Sie haßte mich, ihre Eltern, alles, was erwachsen war. Ihre Gefühle für Max waren ambivalent. Einerseits nahm sie ihm übel, daß er sich ihr entzogen hatte, andererseits quälte sie die Sehnsucht nach ihm. Wahrhaft beschissene Wochen, sagte sie nachdenklich, ich kann mich an meine Gefühle von damals noch so genau erinnern, wenn ich die Augen zumache, spüre ich alles, als wenn es jetzt passierte. Ich habe geglaubt, ich sterbe vor Herzweh und ersticke an meiner Wut. Ich wollte es allen zeigen, Max, dir, den Eltern, der ganzen Welt. Wenn ich nur gewußt hätte, was ich euch zeigen wollte. –
Nachdem Wanda ihren Ferienjob beendet hatte, fuhr sie wie im Jahr davor zwei Wochen zu Victoria an den Gardasee. Victoria war eine langweilige Urlaubsgefährtin, weil Hugo in Treue ergeben und mit dem Schreiben von Liebesbriefen in die Heimat beschäftigt. Wanda trieb sich herum. Mit den jungen Leuten aus der Surfschule, mit Sergio, der auch in diesem Jahr mit einem Vetter aufzuwarten hatte. Amadeo, 23, dunkel, glatt und appetitlich. Wanda ging zweimal mit ihm aus, dann ging sie mit ihm ins Bett. Na, Bett war's eigentlich nicht, verbesserte sie sich lachend. Es war eine Luftmatratze im Bootshaus, und es war nicht sehr romantisch. Was zählte, war wohl weniger die Sache an sich, als die Tatsache, daß. Irgendwie hatte ich von da an das Gefühl, jetzt könne das Leben beginnen.–

III.

ICH UND DIE WELT

– werden August und Wanda und die anderen eines Tages sagen. Wenn sie mit ihrem Status und ihrer Rolle in der Gesellschaft zu Rande gekommen sind. Wenn sie sich ihrer Eigenverantwortung gestellt und zu einer Ordnung der Werte bekannt haben. Wenn sie ihr Ich gefunden haben und zu ihrem Selbst geworden sind. Und wenn sie begriffen haben, daß sie einzigartige Teile der Schöpfung sind, wie die Fliege auf ihrem Fensterbrett, W. A. Mozart oder das Matterhorn.

Einer, der auszog, das Fürchten zu lernen

Also sag, wie sehen wir aus? – Phänomenal! – Ehrlich? – Ehrlich, sagte ich und meinte, was ich sagte.

August, Josef, Ulrich, geduscht, geschniegelt, gekämmt. Saubere Hemden, dunkle Hosen, blanke Schuhe. Was für ein Trio! August war der größte, er überragte die beiden anderen, mittelgroßen um Haupteslänge. Er war knochig, mit überlangen Händen und Füßen. Seine Schultern waren breiter geworden, was zuweilen sogar sichtbar wurde, dann nämlich, wenn er sie, statt sie triste nach vorne sakken zu lassen, zurücknahm. Ulrich hatte im letzten Jahr Fett angesetzt. Ich bin ein Kummerfresser, gestand er mit seinem lieben, schiefen Lachen offen ein. Die durch die Scheidung seiner Eltern bedingten Familienverhältnisse, die Auflösung dessen, was für ihn Zuhause bedeutet hatte, machte ihm schwer zu schaffen. Sätze wie »Ich tröste mich halt mit Schokobomben«, oder: »Mayonnaise ist Kamille für mein Gemüt«, oder: »Wenn ich mir eine Bockwurst einziehe, löst sich der Freund meiner Mutter in Wohlgefallen auf«, fand ich erstaunlich hellsichtig. Am besten sah Josef aus. Er war gut proportioniert und geschmeidig, sein Körper wirkte fertig. Sein sensibles Gesicht und seine kleinen, beweglichen Hände drückten viel von dem aus, was zu sagen er so lange keine Gelegenheit hatte, weil ihn niemand danach fragte, bis er sich verbat, es überhaupt zu sagen. Als ich mit Josef vor dem Badezimmerspiegel gestanden hatte, um sein schulterlanges Haar zu einem manierlichen Karl-Lagerfeld-Zopf zusammenzufassen, hatte Josef mich beobachtet, wobei das Drama seiner mutterlosen Kindheit so deutlich ablesbar in seinem Gesicht geisterte, daß ich meinte, er habe es mir erzählt.

Wir befanden uns im Herbst nach Augusts bestandener – und Ulrichs nicht bestandener – Nachprüfung. In jenem Herbst, der Josef von der Schuldirektion und vom eigenen Großvater als Bewährungsfrist gesetzt worden war. »Wenn du rückfällig wirst, wenn du wieder Drogen nimmst, fliegst du.« »Wenn du fliegst, darfst nicht studieren,

dann gehst auf den Bau.« So war Josef gedroht worden. Die drei Buben pflasterten ihren Weg ins neue Schuljahr mit guten Vorsätzen. Einer davon hieß: Nieder mit dem Sumpfen, es lebe die Aktivität! Quasi als Beweis für ihr energetisches Hoch hatten sie sich bei einer Agentur beworben, die Schüler- und Studentenjobs vermittelte. Taschengeld aufbessern, lautete die offizielle Devise. In Wahrheit wollten sie wohl ein neues, ein »erwachsenes« Betätigungsfeld erforschen. Strahlend war August angetanzt. Mama, wir sind engagiert, alle drei, Samstag von 17 Uhr bis 22 Uhr, Partyservice bei einem Messeempfang, Getränke einschenken und anbieten! hatte er jubiliert und meine Tips zur Verbesserung der äußeren Erscheinung zwecks reibungslosen Einstiegs ins Berufsleben willig akzeptiert. Darf ich die anderen auch bringen, putzt du auch sie heraus? hatte er gebeten. Es sind Augenblicke wie diese, da man weiß: es lohnt sich doch.
Sie werden bald das Handtuch werfen, meinte Richard, nachdem die Jungverdiener in spe hochgemut von dannen geschritten waren. Das glaube ich nicht, sie werden das prima machen, verteidigte ich die Buben. Richard grinste. Ich seh's vor mir: August wird der Frau des Messepräsidenten Rotwein übers neue Rohseidene gießen, Ulrich wird das Buffet kahlfressen, und Josef wird jeden, der sich über seinen Zopf mokiert, »Scheißspießer« nennen; also wird man sie feuern. Und wenn man sie nicht feuert, wird es ihnen zu anstrengend sein, ein Hühneraugenjob, wird August sagen und wird es lassen. – Ich kann nicht lachen, ich finde das nicht komisch. – Sei nicht so humorlos. – Was heißt humorlos, *du* bist überheblich, du traust ihnen nichts zu, weil du glaubst, nur deine Aufbaugeneration mit ihren Leistungsriesen war etwas wert, Werkstudenten, die von keiner Menschenseele einen Groschen fürs Studium gekriegt und dann noch sub auspiciis promoviert haben ... – Na bitte, und wo sind die heute? Dünn gesät, scheint mir. – Du willst nicht sehen, daß an die Kinder heute viel größere Anforderungen gestellt werden, sie sind überlastet ... – Überlastet? Daß ich nicht lache, ich möchte wissen, wovon ... – Mit Richard Streit anzufangen war gar nicht leicht, er lehnte das als »unzulängliche Form der Auseinandersetzung« ab. Wenn überhaupt, stritten wir zum Thema Erziehung im allgemeinen und August im besonderen. Letzteren pflegte ich mit einer Leidenschaft zu verteidigen, die Richard wütend machte. Du bist irratio-

nal, ärgerte er sich, du bist diejenige, die sich über den Buben beklagt, aber wehe, ich sage ein Wort der Kritik, dann kratzt du mir fast die Augen aus. – Richard hatte recht. Er behielt, alles in allem gesehen, ziemlich oft recht. Auch im Hinblick auf den Kellnerjob.
Nach ihrem dritten Auftritt im Partyservice gaben die Buben auf. Sie waren weder gefeuert worden, noch hatten sie über Hühneraugen geklagt, der Schulalltag holte sie ein. Leistungsdruck. Und diese anstrengende Zeit des Werdens. Der durchgeflogene Ulrich tat sich in der neuen, jüngeren Klassengemeinschaft schwer. Sein Selbstwertgefühl, welches sowohl entwicklungsmäßig als auch familiär bedingt ohnehin labil war, geriet bedrohlich ins Schwanken. Einerseits Geltungsbedürfnis, das sich in wildem Schwadronieren und lautstarker Handhabung seines Mopeds äußerte. Andererseits Überdruß und Verzweiflung. »Ich werde mit meinen Problemen nicht fertig. Ich bin eben nichts wert. Manchmal möcht ich tot sein.«
Augusts vordringlichstes Problem war ein konkretes. Mit der Kampfeslust eines Foxterriers hatte er sich auf ein neuerliches Kräftemessen mit Mandl, dem Klassenlehrer eingelassen. Der Konflikt war am Thema Rechte von Minderjährigen entbrannt. Ein Mitschüler hatte sich vom Religionsunterricht abgemeldet. Mit welchem Recht, fuhr Mandl den Knaben an, worauf dieser, von Natur aus weder forsch noch eloquent, erschrocken verstummte. Mit dem Recht, das ihm vom Gesetz eingeräumt wird, hatte August sich ins Gefecht geworfen. Halt den Mund, du bist nicht gefragt, schnarrte Mandl. Ich lasse mir den Mund nicht verbieten, wenn es um das Recht auf Glaubensfreiheit geht, ab vierzehn ist der Mensch in diesem Lande nämlich religionsmündig! trompetete August zurück. Ein Wort hatte das andere gegeben, Mandl machte aus seinem Herzen keine Mördergrube, und August offenbar auch nicht. Vom »Unterdrücker« bis zum »Faschisten« war nur ein kleiner Schritt, und August hatte sich ihn (»ganz leise, Mama, na ja, halblaut«) nicht versagt. Wieder einmal saß ich vor Mandls Tür auf dem Armsünderbänkchen ...
Und Josef? Wo stand Josef, hatte er sein Problem im Griff?

Zu Beginn des Schuljahres hatte August uns gefragt, ob wir »nach allem, was war«, etwas dagegen hätten, wenn Josef seine Lern- und Lesestunden bei uns fortsetzen würde. Unter der Voraussetzung, daß August uns informieren würde, falls er merkte, daß Josef neuerdings Haschisch rauchte, hatten wir nichts dagegen. Aber Josef machte von Augusts Angebot kaum Gebrauch. Warum? fragte ich August ein paar Wochen später. Glaubst du, daß er sich wegen der Drogensache vor uns geniert? – August sah mich mit einer ans Verächtliche grenzenden Nachsicht an. Du hast so überhaupt keine Ahnung von diesen Dingen, Mama. Vielleicht beschäftigst du dich einmal mit der Problematik, sie ist nämlich eine der brennendsten unserer Zeit. Du redest vom Drogennehmen wie von Bettnässen oder Ladendiebstahl. Aber da sind ganz andere Kategorien im Spiel. Nein, Josef bleibt nicht weg, weil er sich geniert, sondern weil er jetzt ein eigenes Zimmer hat. –

Manchmal aß Josef bei uns zu Mittag oder zu Abend. Mit Ulrich schwätzte August belangloses Zeug, oder die beiden blödelten; mit Josef unterhielt er sich bemühter, auf Tiefschürfendes bedacht. Augusts Lesehunger hatte ebenso plötzlich wieder eingesetzt, wie er seinerzeit versiegt war. Jetzt verschlang er aufs neue, ob Sachbuch oder Roman, was er zwischen die Finger kriegte. Nur sein neues Steckenpferd, die Lyrik, betrieb er selektiv. Über Lyrik unterhielten sich August und Josef mit wahrer Leidenschaft. Ich liebte diese Gespräche zwischen den beiden, ihre Emotionalität, die Beweglichkeit ihrer jungen Hirne, Augenblicke wie diese rechnete ich dem Bereich Abenteuer zu.

Eines Mittags saßen sie mit roten Köpfen, die Arme zwischen den leergegessenen Tellern aufgestützt, am Küchentisch und traten ihr Wissen über Rilke breit. Plötzlich wandte August sich an mich. Übrigens, sagte er, Josef schreibt auch. – Josef blickte verschämt drein. Was schreibst du? fragte ich. Gedichte, Kurzgeschichten, alles mögliche. – Er sprach undeutlich und starrte in das Wasserglas, das er zwischen den Fingern drehte. Läßt du mich etwas lesen? fragte ich. Josef hob den Kopf und sah mir in die Augen, als wollte er erforschen, ob ich das ernst meinte. Gib ihr das Märchen, schlug August vor. Josef nickte.

Das Märchen von einem, der auszog, das Fürchten zu lernen. Sechs maschingeschriebene Seiten. In jeder Hinsicht weit über dem Niveau eines Sechzehnjährigen. Der Stil klar und kalt, der Aufbau

durchdacht, der Inhalt erschütternd. Vom Märchen der Brüder Grimm hatte Josef nur den Titel und jenen jüngeren von zwei Söhnen entliehen, der vom Vater für dumm gehalten wird und der das Gruseln erlernen will. Der Rest war Josef. Seine Prämisse: der Junge kann sich nicht fürchten, weil er nie geliebt wurde, weil er das Urgefühl der Geborgenheit nie kennengelernt hat. Was immer der Junge versucht, den Drogenrausch mit eingeschlossen, er erlernt das Gruseln nicht. Die Geschichte hatte kein Ende. Ratlosigkeit oder Stilmittel? Josefs Märchen machte mich gruseln.
Ich nahm mir vor, mit ihm darüber zu sprechen. Gespräche, heißt es, seien für Jugendliche lebenswichtig. Davon war und bin ich überzeugt. Aber nicht unter allen Umständen, nicht zu jeder Zeit. Im Laufe der pubertären Jahre meines Sohnes hatte ich gelernt, mit meiner Gesprächsbereitschaft vorsichtiger umzugehen, als es meinem Naturell entsprach. Ich trug sie nicht mehr an, ich bot sie nicht mehr feil. Zu oft war ich damit baden gegangen, war belämmert dagestanden, wenn August auf meinen enthusiastischen Kommunikationswillen reagiert hatte wie eine Auster. Gute Gespräche waren immer nur dann zustande gekommen, wenn August in der rechten Stimmung war und ich dieselbe zu nützen verstand. Es durfte nicht beabsichtigt sein, es mußte beiläufig geschehen. Bei Josef glaubte ich mich ähnlich verhalten zu müssen. »Josef, ich möchte mit dir über das Märchen sprechen«, oder: »Josef, ich finde dein Märchen erschütternd«, oder: »Ich finde es ganz toll«, schien mir der falsche Einstieg. Das Märchen war zu autobiographisch, zu sehr Wundschorf eines verletzten Gemüts.
Die Gelegenheit ergab sich schneller, als ich dachte. Es war an einem verregneten Novembertag, etwa zwei Wochen, nachdem ich das Märchen gelesen hatte. Ich saß an einer Übersetzung, als es läutete. Josef. Als er hörte, daß August nicht da sei, wollte er gleich wieder gehen. Warte doch ein bißchen, sagte ich, er muß ja gleich kommen. Du bist patschnaß, häng deine Jacke über die Heizung, ich mach uns Tee. – Josef stand fluchtbereit in der Tür, aber ich gab ihm keine Chance davonzuschlüpfen. Ich war schon in der Küche und klapperte mit den Tassen. Kommst du? rief ich. Leise trat Josef ein und setzte sich auf einen Stuhl.
An sich habe ich keine Probleme, Gespräche anzuknüpfen, aber mit

Josef fiel es mir schwer. Er hatte etwas an sich, das den hilfreichen Gebrauch von Banalitäten nicht erlaubte. Zu Ulrich hätte ich gesagt: »Na, wie geht's dir in Deutsch?«, oder: »Fährst du bei diesem Sauwetter auch mit dem Moped?«, oder: »Wie geht es deinem Bruder?« Und schon wäre die Sache gelaufen. Bei Josef ging das nicht. Ich füllte die Stille mit Geräuschen. Stellte Brote und Butter und Marmelade auf den Tisch. Nimm, sagte ich und setzte mich ihm gegenüber. Aus der Tasche seiner Strickjacke ragte ein schmales broschiertes Buch. Was liest du? fragte ich.

Josef zog einen schiefen Mund, um Verachtung anzudeuten, Lesestoff auf Rezept, sagte er, von Pater Anselm. – Ich wußte von August, daß der Franziskanerpater sich nach wie vor um Josef kümmerte, ihn immer wieder aufsuchte und daß Josef sich zunehmend dagegen sträubte, weil er es als lästige Kontrolle empfand. Darf ich sehen, bat ich. Josef reichte mir das Buch. Khalil Gibran, »Der Prophet«, schon zu meiner Zeit eine Art Kultbuch, Lebensweisheiten aus der arabischen Welt, in gewissem Sinn eine Versöhnung zwischen Islam und Christentum. Du magst es nicht? fragte ich. Josef schüttelte den Kopf. Er hasse Lebensweisheiten, er halte sie für anmaßende Verallgemeinerungen, sie hätten stets etwas von »Gutem Hirten« an sich. Er nahm mir das Bändchen aus der Hand, es öffnete sich von selbst an jener Stelle, an der der Prophet von Kindern spricht, Josef mußte diese Stelle oft gelesen haben. Eure Kinder sind nicht eure Kinder, begann er zu lesen. Sie sind die Söhne und Töchter der Sehnsucht des Lebens nach sich selber. Sie kommen durch euch, aber nicht von euch. Und obwohl sie mit euch sind, gehören sie euch doch nicht. Ihr dürft ihnen eure Liebe geben, aber nicht eure Gedanken, denn sie haben ihre eigenen Gedanken. Ihr dürft ihren Körpern ein Haus geben, aber nicht ihren Seelen. Denn ihre Seelen wohnen im Haus von morgen, das ihr nicht besuchen könnt, nicht einmal in euren Träumen ... – Josef hörte zu lesen auf, klappte das Buch zu und steckte es wieder in seine Jackentasche. Heile-Welt-Schmus, sagte er kalt. Ihr dürft ihnen Liebe geben, ihren Körpern ein Haus geben. – Er äffte die Worte nach, und um seinen Mund war wieder dieser verächtliche Zug. Und ihre Seelen, fügte er böse hinzu, von wegen im Haus von morgen wohnen, die meisten Seelen wohnen nirgendwo. – Bitterkeit und Zynismus machen mich hilflos. Was ich Josef gern gesagt hätte, sagte ich nicht, weil ich fürchtete, er würde es als eine weitere Gute-Hirten-Lektion empfinden. Also fragte ich, so kühl ich konnte: Und was liest du gerne, was gibt dir etwas? – Rilke. Novalis. Und Timothy Leary. Letzteren hängte er nach einer winzigen Pause an, so, als wollte er mich herausfordern, als wollte er testen, wie ich zu ihm und seinen Drogenepisoden stand. Ein Thema, auf das ich mich nicht einlassen wollte, weil ich laut August zuwenig darüber wußte. Was hätte ich ihm schon zu bieten gehabt als laue Warnungen. Mit seinem Verriß des Guten Hirten hatte Josef einige meiner Möglichkeiten ausgeklammert. Also schummelte ich mich um das Thema herum. Eine wilde Mischung, sagte ich, die Blaue Blume der Romantik und der LSD-Guru. Hast du Leary-Erfahrungen in deinem Märchen verarbeitet? – Das war ein Fehler gewesen. Wenn Sie wissen wollen, ob ich LSD genommen habe, nein! sagte Josef mit einer Art von bitterer Befriedigung, so, als hätte er wieder einmal bestätigt gefunden, daß man ihn ja doch nur für einen Junkie hielt. Sei nicht so empfindlich, fuhr ich ihn an. Ich wollte mit dir über das Märchen reden, ich finde es wirklich gut. Ich finde, du solltest deine ganze Kraft ins Schreiben investieren. –

Es wurde schließlich doch noch ein gutes Gespräch. Wir sprachen über das Für und Wider des Fürchtens und über die befreiende Wirkung des Schreibens. Wir diskutierten über die Bedeutsamkeit von Meinungen, wie wichtig es sei, sie zu haben und sie zu äußern, und wie man sie entwickeln könne. Wir einigten uns darauf, daß kritisches Bewußtsein eine wesentliche Voraussetzung für die eigene Standortbestimmung sei. Und ganz selbstverständlich, ohne Krampf, waren wir beim Thema Wertordnung und Orientierung angelangt, ein Thema, das mir im Fall Josef vordringlich zu sein schien. Da kam August nach Hause. Er rumpelte in die Küche, stürzte sich auf die Butterbrote, holte Josef mit ein paar Bemerkungen in die Schulbubenwelt zurück und verschwand mit ihm in seinem Zimmer.

Ich saß längst wieder an meiner Übersetzung, als es leise an der Tür klopfte. Josef. Er trat nicht ein, steckte bloß seinen Kopf herein. Komm nur, forderte ich ihn auf, ich habe Zeit, wir können noch tratschen, wenn du magst. – Josef schüttelte den Kopf. Ich muß jetzt gehen, sagte er. Ich wollte Ihnen danken. Es war ganz toll von Ihnen, daß Sie mit mir geredet haben. – Ich hätte ihn gern umarmt und an mich gedrückt. Statt dessen nahm ich seine beiden Hände in meine und sagte: Komm, wann immer du magst, Josef, Tag und Nacht, ich rede gern mit dir, es ist für mich eine Freude. – Als er gegangen war, kamen mir plötzlich die Tränen hoch, und ich schalt mich eine sentimentale Urschel. Ich sah Josef nicht mehr wieder.

Im Dezember war Schulsprechtag. Ich besuchte auch Pater Anselm, nicht so sehr, um Neues über Augusts profilloses Dahindämmern im Religionsunterricht zu erfahren, sondern um mit ihm über Josef zu sprechen. Pater Anselm, schmal, vollbärtig, bebrillt und über die Maßen gütig. Ja, er wisse um Josefs literarische Begabung, ein ganz besonderer Bub sei das. Und seine Chance, von den Drogen fernzubleiben? 50:50, schätzte sie der Franziskaner ein.
Pater Anselm umsorgte seit einigen Jahren suchtgiftgefährdete und drogenabhängige Jugendliche. Meine Frage, ob er glaube, daß Josef zum Drogenkonsum verleitet worden sei, verneinte er. Je mehr er mit der Problematik zu tun habe, desto weniger glaube er an die Verführungsgeschichten. Er sei überzeugt, daß Drogenabhängigkeit auf eine in der Kindheit stattgehabte Fehlentwicklung zurückzuführen sei. Bei Josef, sagte Pater Anselm, sind wahrscheinlich schon frühkindliche Bedürfnisse nicht ausreichend gesättigt worden. Wissen Sie, fuhr er fort, je mehr ich mit diesen Kindern zu tun habe, desto überzeugter bin ich: zur Suchtkrankheit führen nicht offensichtliche Behinderungen, sondern solche, die man verstecken kann. Ich betreue, wenn Sie so wollen, Linkshänder, aber keine Einarmigen. In Josefs Unterbewußtsein sitzt wohl seit Jahren ein arges Engramm: Ich bin schlecht, sonst wäre meine Mutter ja da. Schauen Sie sich die Lebensgeschichte drogenabhängiger Jugendlicher an. Die Gründe, aus denen es zur Sucht kommt, sind alle ganz plausibel. Kinder ohne Halt, ohne Wertorientierung, ohne Idealbilder. Ich neige zur Annahme, daß es zur Sucht kommt, wenn die normale emotionale Reifung nicht stattfindet. – Wie kann man Josef helfen? fragte ich. Indem man da ist, wenn eine Krise droht. Es ist wie mit einer wachstumsgestörten, schwachen Pflanze. Wenn es gelingt, sie vor allen rauhen Außeneinflüssen abzuschirmen, hat sie eine Chance, zu überleben und durchaus zäh zu werden. Wenn nicht...

Josef ließ sich vor Weihnachten nicht mehr bei uns blicken. Er fährt zu seinen Großeltern, erzählte August, und dann zu seiner Mutter nach Deutschland, er hat sie schon fast zwei Jahre nicht mehr gesehen. Als Josef auch im Januar ausblieb, fragte ich August, was los sei, ob er sich mit Josef gestritten habe. Überhaupt nicht, sagte August. Josef sei erst zwei Wochen nach Schulbeginn aus Deutschland zurückgekommen, er sei krank, eine Darminfektion, ansteckend, sage Pater Anselm, deshalb sollten die Freunde ihn nicht besuchen, er, Anselm, kümmere sich schon um ihn. Die Semesterferien kamen und gingen. Am ersten Schultag kam August vollkommen verstört nach Hause.
Mama, sagte er, Josef ist weg. Er hat wieder Drogen genommen, sie haben ihn aus der Schule geworfen.
Ich rief Pater Anselm an, um Näheres zu erfahren. Falls er Details wußte, erzählte er sie mir nicht. In groben Zügen war Josef das folgende zugestoßen: Seine Mutter hatte ihn in Hamburg vom Bahnhof abgeholt, sie hatte sich so verändert, daß er sie kaum wiedererkannte. Sie lebte mit einem Mann, der bei Josef keinen Zweifel daran aufkommen ließ, daß er ihr Zuhälter sei. Verzweifelt versuchte Josef seine Mutter dazu zu bewegen, mit ihm nach Hause zu fahren, sich in irgendeiner Stadt daheim Arbeit zu suchen, er würde ihr helfen, sie beschützen. Die Mutter hörte ihm zu, irgendwie hoffnungsvoll. Eines dieser Gespräche hörte der Zuhälter mit an. Er ohrfeigte Josefs Mutter und drohte dem Buben, ihn zum Krüppel zu schlagen, falls er seine Pfoten nicht aus den Angelegenheiten anderer Leute lasse. In Panik rannte Josef davon und landete schließlich im schäbigen Stammcafé seiner Mutter. Da war einer, den er schon an einem der vorhergegangenen Abende getroffen hatte. Und der hatte LSD. Man schaffte Josef zur Mutter. Die hatte Angst, daß man sie mit Drogen in Verbindung bringen und daß ihr Lebensgefährte dem Buben etwas antun könnte, also setzte sie Josef schnellstens in den Zug nach Hause. Josef allein im Untermietzimmer. Seine Verstörtheit war so groß, daß er den Realitätsbezug verlor. Er ging nicht zur Schule, sondern zur Park-Partie. Und dort nahm er, um sich zu betäuben, was man ihm bot. Als Pater Anselm ihn eine Woche nach Schulbeginn aufstöberte, war er krank. Der Pater pflegte ihn, bis er wieder auf den Beinen war, und ließ ihn kaum aus den Augen. Ein-

mal geschah es doch. Josef ging wieder in den Park, und auch dort hatte einer LSD.
Man schickte Josef zu den Großeltern zurück. Pater Anselm hatte sich verzweifelt für eine Therapie eingesetzt. Aber der Großvater war dazu nicht zu bewegen. Er komme auf den Bau, als Hilfsarbeiter, das sei sein letztes Wort. August rief mehrmals bei Josefs Großeltern an, immer hieß es, Josef sei nicht da. Er schrieb mehrere Briefe an Josef, erhielt aber nie eine Antwort.
Ich dachte sehr oft an Josef. Das Kind, das nach der Blauen Blume der Romantik suchte. Das Kind, das auszog, das Fürchten zu lernen. Als es Sommer wurde, hielt ich es nicht mehr aus und rief bei Josef an. Der Großvater war am Telefon. Wir sollten sie doch endlich in Ruhe lassen, bellte er mich an, Josef sei fort, irgendwo in Bayern, vielleicht in Stellung, vielleicht auch nicht. Adresse? Habe er keine.

Zu Ostern wollten Richard und ich in ein ruhiges Hotel auf eine östliche Mittelmeerinsel fahren. Die Reise war von langer Hand geplant, August hatte unser Angebot, uns zu begleiten, abgelehnt. So eine »Rentnerburg« sei nichts für ihn, er brauche Action, hatte er uns schonungslos wissen lassen; er würde gern mit Ulrich und dessen Vater Gletscherschifahren gehen.
Indes, nach Josefs traurigem Abgang wurde August nachdenklich, um nicht zu sagen grüblerisch. Plötzliche Stimmungsschwankungen, die ich hinter uns geglaubt hatte, setzten wieder ein. Die Phase der Tatkraft wich einer eher apathischen, die von gelegentlichen kurzen, aber heftigen Aggressionsanfällen unterbrochen wurde. Eines Nachmittags, nachdem der sichtlich auf menschliche Nähe bedachte August eine halbe Stunde schweigend hinter mir und meinem Schreibtisch gehockt und mir melancholisch sinnend beim Arbeiten zugesehen hatte, drehte ich mich zu ihm um und fragte: Willst du am Ende doch lieber mit uns auf die Insel fahren? – Auf Augusts Gesicht machte sich ein mit Staunen untermischtes Strahlen breit. Wieso hast du das erraten? – Es war so eine Ahnung, sagte ich wahrheitsgemäß.
Richard war zunächst ungehalten. Dieses ewige Hin und Her, du gibst dem Kerl in allem und jedem nach, schimpfte er. Zwei Wochen

vor der Abreise! – Er ärgerte sich, weil er umbuchen mußte und weil er es gegenüber Ulrich und dessen Vater unfair fand, so unvermittelt abzusagen. Ich habe das Gefühl, daß er uns jetzt braucht, beharrte ich und freute mich insgeheim auf die Ferien zu dritt, es hatte schon lange keine mehr gegeben. Ich erging mich in Tagträumen: ein interessierter, fröhlicher August durchstreift mit uns die Insel, seine Gesellschaft ist die reinste Freude, sein Benehmen untadelig. Er holt seinem Vater ohne Maulen die vergessene Brille aus dem Zimmer; er krault in makellosem Stil durchs Meer; weiße Hemden stechen appetitlich von seinem braungebrannten Hals ab; und wenn er mir im Restaurant den Stuhl zurechtrückt, flüstert das Ehepaar am Nachbartisch entzückt: »Was für ein zauberhafter Junge.« In dieser Hochstimmung packte ich Augusts Koffer und ließ seine flickenbesetzten, ausgefransten Lieblingsjeans und die beiden verschossenen T-Shirts, welche einzupacken er mich gebeten hatte, absichtlich zurück.

Als August am Morgen nach unserer Ankunft die bewußten Jeans suchte und nicht fand, stürzte er in unser Zimmer und machte mir eine Szene, als wäre ich eine Mischung aus pflichtvergessenem Butler und tückischer Feindin. Ich hab sie dir doch extra hingelegt, hab so gebeten, daß du sie einpackst. Das hast du aus Bosheit getan! – Seine Stimme kippte vor Wut. In diesem Augenblick trat Richard ins Zimmer. Bist du von Gott verlassen, plärrte er seinen Sohn an, wie redest du mit deiner Mutter! Entschuldige dich, augenblicklich! – Ich denke nicht dran, plärrte August zurück, *sie* hat *mir* was angetan. Ich wollte meinen Koffer eh selber packen, aber *sie* mit ihrem Ordnungsfimmel hat mich ja nicht gelassen, und jetzt hab ich nichts anzuziehen, nur weil sie so boshaft ist ... –

Das britische Paar am Nebenbalkon verzichtete vorübergehend auf seine Diskretion und linste um die Ecke. Richard fehlten zunächst die Worte, dann machte er, was ich den dramatischen Zeigefinger nenne; in Verlängerung des starr gestreckten Armes auf die Tür weisend, gibt er dem Wort »Hinaus« erst die gewisse Note der Endgültigkeit. August ging und knallte die Tür erwartungskonform hinter sich zu. Verputz rieselte auf unsere Koffer, der Alltag der Pubertät hatte uns wieder.

Die Krise ging in die achtundvierzigste Stunde. Muffigen Gesichts nahm August die Mahlzeiten mit uns ein und antwortete einsilbig, wenn man ihn etwas fragte. Am Strand zeigte er sich kaum. Und wenn er einmal erschien, saß er mit hochgezogenen Schultern auf einem ungemütlich spitzen Stein, betrachtete mit einer Mischung aus Abscheu und Weltverachtung athletische Surfer, barbusige Frauen und Kinder, die Sandburgen bauten. Dann paddelte er, wiewohl ein ausgezeichneter Schwimmer, betont greisenhaft ausschließlich an jenen Stellen des Meeres, wo ihm das Wasser allenfalls bis zum Nabel reichte, um schließlich lustlos auf sein abgedunkeltes Zimmer zu latschen und dort lesend oder dösend die nächsten Stunden zuzubringen.

Wenigstens interessiert er sich für Literatur, versuchte Richard mich zu beruhigen, wenn ich mich über dieses Monster giftete, das Trübsal blies, statt sich dem levantinischen Zauber der Insel hinzugeben. Tolstoi, Handke, E. T. A. Hoffmann, anspruchsvolle Ferienlektüre für einen, der noch keine Siebzehn ist. – Ich nannte den stolzen Vater einen versnobten Bildungsbürger und bat ihn, darauf zu bestehen, daß August uns morgen in die kleine Stadt mit den venezianischen Festungstürmen und den vielen Minaretten begleitete.

August gab uns tatsächlich die Ehre. Er zeigte sich zunächst verbindlich und folgte dem halbstündigen historischen Exkurs seines Vaters zum Thema Islam und Kreuzzüge ohne Verdrießlichkeit. Er begleitete mich anstandslos in den Bazar und nahm meine Begeisterung über das orientalische Gewimmel kommentarlos hin. Erst als ich der prächtigen, von den Ottomanen zur Moschee umgebauten gotischen Kathedrale zustrebte, zeigte er sich bockig und murmelte etwas von »krankhaft touristischem Verhalten« und »läppischen Pflichtübungen einer Kulturbeflissenen«.

Es ging gegen Mittag und war heiß geworden. Bei Hitze neigte August zu Kopfschmerzen, ich fragte, ob er welche habe. Nein, krächzte er unwirsch, trat einen ungelenken Schritt zurück und mit voller Wucht auf jenen meiner Zehennägel, auf den er zu treten pflegte, seit er gehen konnte, der als Folgeerscheinung Verkrüppelungstendenzen zeigte und der eben im Begriff stand, glatt nachzuwachsen. Au, schrie ich wütend und boxte August in die Rippen, kannst du nicht aufpassen. – August sah mich mit Kalbsaugen an. Ich hab's ja nicht absichtlich getan, sagte er. Ein Standardsatz meines Kindes,

der mich von jeher auf die Palme gebracht hatte. August wußte das. Du kotzt mich an, sagte ich mit Inbrunst.
Auf einmal trennten uns Lichtjahre. Ich sah den übergroßen Adamsapfel am langen Hals meines August auf und ab hüpfen, sah seine Unterlippe zittern, sah, daß ich zuweit gegangen war, daß ich ihm weh getan hatte. August drehte sich von mir weg, ging die abschüssige Gasse hinunter und verschwand im Innenhof eines schäbigen Palastes, in dem wir zuvor im Schatten eines Feigenbaumes gesessen hatten. Sollte ich ihm nachgehen? Richard konnte ich nicht fragen, der war am Postamt und versuchte mit seinem Büro zu telefonieren. Bedrückt wanderte ich zur großen Moschee zurück. Ich fühlte mich müde und dachte an Josef. Über den Dingen müßte man stehen, cool und sanft müßte man bleiben, leise, kluge Worte müßte man murmeln können. Würde man ihnen damit eher helfen? Oder brauchten sie die Wut, die Fassungslosigkeit, die Unbeherrschtheit des vertrauten Gegenübers, um die eigenen Stärken und Schwächen zu erfahren?
Mein nackter großer Zeh bearbeitete die abgeschabte Stelle in einem der Teppiche, die den Boden der Moschee bedeckten. Ich hatte nicht bemerkt, daß alle Touristen bereits gegangen waren. Nur der dürre alte Mann, der die Moschee hütete, war noch da und beobachtete mich aus wässrigen blauen Augen. Frau, komm, sagte er plötzlich laut, winkte mich zu sich und deutete auf einen Schemel, ich solle mich setzen. Er schaltete einen kleinen Ventilator ein. Die Kühle tat gut. Bewegungslos wie ein farbloser, faltiger Gecko saß der Alte auf seinem Stuhl und fixierte mich. Nach einer Weile deutete er mit dem Daumen auf seine Brust und sagte: Ich Imam. – Dann öffnete er ein Buch, beugte sich ehrfürchtig darüber und begann zu singen. Der Zauber des Augenblicks war vollkommen. Die Stimme des Greises stieg und fiel, sie lockte und pries und schien sich zur höheren Ehre Allahs vom gebrechlichen Körper des Sängers gelöst und verselbständigt zu haben.
Er hat für dich gesungen, sagte einer hinter mir, als der Imam geendet hatte. August war gekommen.
Ehe wir gingen, schüttete der alte Mann penetrant duftendes Rosenwasser über seine und unsere Hände. Dann umfaßte er Augusts Gesicht, zog es auf die Höhe des seinen herunter und sah dem Buben

in die Augen. Gut Baby, gut Mann, sagte er. Es klang wie ein abschließendes Urteil.

Der Rest der Ferien verlief harmonisch. August ging stundenlang am Strand spazieren, sammelte Steine, schwamm und dachte nach. Einmal saß er in einer menschenleeren kleinen Bucht auf einem Stein am Ufer. In praller Sonne, regungslos, schon eine gute Stunde lang. Er wird einen Sonnenstich kriegen, sagte ich zu Richard, ich bring ihm sein T-Shirt und einen Hut. – Richard zuckte die Achseln. Er hielt mich für eine Glucke und war sicher, August würde meine Fürsorge als lästig empfinden und mich verscheuchen. Aber August nahm Hut und T-Shirt ohne Widerrede an. Setz dich zu mir, sagte er und klopfte auf den Stein. Ich setzte mich und ließ den Sand durch die Finger rinnen. Worüber denkst du nach? fragte ich nach einer Weile. Ich denke darüber nach, was weise ist. – Und? – Ich wäre gerne weise, ich glaube, dann tut man sich leichter. – Davon bin ich überzeugt, sagte ich, ich arbeite auch darauf hin. –

August und ich hatten den häßlichen Auftritt zu Ferienbeginn totgeschwiegen. Nur einmal, während eines langen Strandspaziergangs in der Dämmerung, kam ich auf seine Stimmungsschwankungen zu sprechen und fragte, ob er eine Erklärung für sie habe. August sah mich erschrocken an und zog den Kopf zwischen die Schultern wie eine Schildkröte in Defensive. Eine Weile später sagte er gepreßt: Weißt du, das wallt einfach so auf. – Lange Pause. Da kommt so vieles zusammen, Gefühle und Gedanken. – Wieder lange Pause. Außerdem weiß ich überhaupt nicht, was ich einmal werde ... – Meinst du beruflich? fragte ich, bedrückt es dich, willst du darüber reden? – Ja, ich meine unter anderem auch beruflich, sagte August, und es bedrückt mich manchmal, und ich will nicht darüber reden. – Dann streifte er schnell meine Hand, als wolle er unser gutes Einvernehmen betonen und lächelte mir zu: Ich liebe dich aber. –

Abends sprach ich mit Richard darüber. Das ist nur natürlich, sagte er, es ist genau das Alter, in dem man sich den Kopf darüber zu zerbrechen beginnt, wie das Leben einmal aussehen wird, was aus einem werden soll. Für Kinder, die mit vierzehn, fünfzehn von der Schule gehen, ist die Schonzeit kürzer und der Eintritt ins Berufsleben auf die eine oder andere Weise sicher ein Schock. Gymnasiasten haben statt dessen die prolongierte Qual der Berufswahl, mit all den dazugehörigen Zweifeln, und glaub mir, das ist auch kein Honiglekken. –

Am Abend vor unserer Abreise saßen wir auf der Hotelterrasse. Es sah aus wie auf dem Prospekt: Vollmond, das Meer silbern, die Palmen wedelten im Nachtwind. August starrte versonnen in den Himmel. Plötzlich sagte er laut: Ich möchte lieber der Mond sein, als diese Sorgen haben. Welche Sorgen, fragte ich alarmiert. Nur heute sollte die Pubertät keine Wellen schlagen, das Leben war gerade so angenehm. Hilfesuchend sah ich Richard an. Auf Richard war Verlaß. Er grinste und rezitierte mit hohler Stimme einen Vers, den August schon als Kind geliebt hatte: »Melodisch krächzt der Chor der Raben, Ihre Sorgen möcht ich haben«. – August sah noch einige Augenblicke bedeutungsschwer gen Himmel, dann mußte er lachen. Er sah seinen Vater an. Und beide lachten, lachten ...

Frau Wichtig

Einige Wochen nach Beginn des neuen Schuljahres erschien Wanda. Seit der Geschichte mit Max Löblich hatte ich sie nicht mehr gesehen, ich wußte, daß sie mir meine mißglückte Einmischung in ihre Love-Story nachtrug.

Hatte sie mir jetzt verziehen?

Sie sah hübsch aus. Ihr Haar war etwas länger geworden, sie trug einen Pagenkopf in der Manier der zwanziger Jahre, er stand ihr gut, aber Wanda stand bald etwas gut. Sie ließ nicht einen Augenblick der Peinlichkeit zwischen uns aufkommen. Als ich die Wohnungstür öffnete, gab sie weder ein »Hallo«, noch ein »Wie geht's dir« von sich. In der Pose eines siegreichen Imperators stand sie in der Tür, eine Hand in die Hüfte gestützt, die andere leicht abgewinkelt über den Kopf erhoben. Ich bin heute zur Schulsprecherin gewählt worden! verkündete sie in getragenem Ton. Du darfst mir gratulieren.

Wir gingen in Richards Arbeitszimmer, das seit kurzem auch das meine war. Meine Übersetzungsaufträge hatten im Lauf der Jahre zugenommen, es hatte sich derart viel Material angehäuft, daß im Wohnzimmer, wo ich bisher gearbeitet hatte, ein Dauerchaos herrschte. Er stolpere fortwährend über Wörterbücher und Druckfahnen und Schreibmaschinkabel, hatte Richard sich beschwert; wo immer er sich gemütlich niederlassen wolle, heiße es: »Achtung, hier liegt Kapitel sowieso« oder: »Halt, du sitzt auf meinen Manusseiten, ich hol dir einen anderen Stuhl.« Warum übersiedelst du nicht mit deinem Schreibtisch und dem ganzen Zeug zu mir, das Zimmer ist groß genug für uns beide, hatte er eines Abends vorgeschlagen. Der Umzug fand am darauffolgenden Wochenende statt. August bewährte sich als Möbelpacker und innenarchitektonischer Berater. Jeder von uns schob hin und her, aber Augusts Lösung war die mutigste und beste. Er stellte die beiden ungleichen Schreibtische face à face diagonal mitten in den Raum. Der Rest ergab sich von selbst. Das ehemals etwas starre, kühle Arbeitszimmer mit seinen hohen

Bücherwänden war so gemütlich geworden, daß es sich in Kürze zum bevorzugten Aufenthaltsort der Familie gemausert hatte.
Super, rief Wanda aus und ließ sich in einen der riesigen ledernen Herrenzimmersessel fallen, die noch aus dem Besitz von Richards Großvater stammten. Toll, der hat ja Räder, schrie sie beglückt, als das schwere Möbel unter ihrem Fliegengewicht leicht zu rollen begann. Sie sah sich um und nickte wohlgefällig. Sehr viel Atmosphäre, sagte sie anerkennend. Dann streifte sie ihre Schuhe ab, kuschelte sich mit untergeschlagenen Beinen in die abgewetzte Lederpracht ihres Sessels und fragte: Willst du nicht wissen, wie's gelaufen ist? Wegen einer Nachprüfung habe das Mädchen, das zuletzt Schulsprecherin gewesen war, zurücktreten müssen. Ihre Vertreterin, eine aus der achten, sei unerwartet ebenfalls in ein schulisches Formtief verfallen und mußte daher auch passen. So ist die kaiserlose, die schreckliche Zeit angebrochen, Neuwahlen wurden nötig, grinste Wanda und angelte sich ein Schokoladekeks aus meiner Dose. Wieso hat man dich denn aufgestellt, warst du Klassensprecherin? fragte ich. Wanda nickte. Du bist nicht mehr auf dem laufenden. Ich habe plötzlich Popularität erlangt, frag mich nicht, wieso, ich weiß es selber nicht. Auf einmal gab's eine Lobby »Wanda for president«, und ich bin's glatt geworden. – Sie nahm noch ein Keks. Aber daß sie mich zur Schulsprecherin wählen würden, hätte ich nicht gedacht, fuhr sie fort und wischte die Schokoladebrösel von ihren Knien auf den Teppich. Ich war total platt. Mit 75 Prozent der Stimmen! Was sagst du?
Ich betrachtete sie und versuchte zu ergründen, was sich an Wanda verändert hatte. Sie schien mir weniger kindlich, dafür selbstbewußter zu sein. Ihre nie besonders stark entwickelte Neigung, sich selbst und die Dinge ironisch zu betrachten, hatte sich offenbar verflüchtigt. Sie war ohne Selbstzweifel stolz auf sich. Eigenartig, dachte ich, wo sind die Zwischentöne geblieben, die August und Josef und sogar die simpel angelegte Frohnatur Ulrich immer noch besaßen.
Du freust dich, also freu ich mich auch, sagte ich und schob ihr die Keksdose vor die Nase, auf daß sie weniger Brösel um sich verstreute. Mich wundert nur eines: Du hast dich immer mehr für dich als für die Allgemeinheit interessiert. Funktionen waren dir nicht nur egal, wenn ich mich recht erinnere, hast du sie für deine Person sogar

eindeutig abgelehnt. Wir haben einmal über Greenpeace diskutiert, du warst ganz begeistert, ich habe dich gefragt, warum du dich nicht aktiv engagierst. »Nichts für mich«, hast du gesagt, »ich bin kein busy-body.« Und jetzt? Woher der plötzliche Sinneswandel? –
Wanda war weder betroffen noch beleidigt. Sie nickte, als wollte sie alles, was ich gesagt hatte, bestätigen. Dann entwirrte sie ihre Beine, setzte sich breitbeinig auf die Kante des Fauteuils und stützte ihre Hände auf die Knie; gut möglich, daß sie eine Haltung des Padrone nachahmte. Und dann begann sie mir ihren Standpunkt zu erklären, ganz nüchtern, so, als ob es sich um eine geschäftliche Transaktion handle: Die Schülerschaft hat einen Haufen Anliegen und eine Kasse, in der's klingelt, weil unsere Mädel im Schnitt Großtaschengeldempfängerinnen sind. Wir könnten mit diesem Geld Studienfahrten zahlen, Interessensclubs finanzieren, alles Sachen, die bis jetzt nicht gemacht wurden. Und es würde noch genug bleiben, um für das zu blechen, was bisher gemacht wurde: unbemittelte Schülerinnen bei Schikursen und Exkursionen unterstützen, für den Maturaball horten, für Katastrophen spenden. Na, du weißt ja, die übliche karitative Tour. Ich würde das Ganze gern ein bißchen geschäftlicher aufziehen. Zum Beispiel ein großes Schulfest im Advent mit einer Verkaufsausstellung von Werkstücken unserer Schülerinnen veranstalten. Weißt du, was das einbringen könnte? Unsummen! – Wanda war in Fahrt, ihre Wangen waren rosig geworden, sogar die Keksdose hatte sie vergessen. Weißt du was, sagte sie, tief aufatmend, als hätte sie eben eine sensationelle Entdeckung gemacht. Ich liebe organisieren. Das reizt mich an dem Job, *darum* hab ich ja gesagt. –
Einige Wochen Sendepause. Anfang November erschien Wanda wieder. Diesmal hatte sie sich angemeldet. Hast du zwei oder drei ganze Stunden für mich Zeit? Ich muß einiges mit dir besprechen. – Sehr geschäftlich hatte sie geklungen, ich hatte mich bemüht, nicht zu lachen und ebenso geschäftlich zu klingen. Paßt es dir übermorgen, um 16 Uhr? –
Wanda tanzte mit einer prallgefüllten giftgrünen Reisetasche an. Komm, wir setzen uns zum Teetrinken in die Küche, schlug ich vor. Geht nicht, lehnte sie ab, da ist zuwenig Platz, ich hab lauter Papiere dabei, die ich dir zeigen muß. Am besten wär's, wir gehen ins Wohnzimmer, dort kann ich alles ausbreiten. – Ich nickte gottergeben und

folgte Wanda, die bereits am Boden kniete und auspackte. Ordentlich gebündelte, eng beschriebene DIN-A4-Bögen breitete sie auf dem Teppich aus. Gerechter Gott, Wanda, was ist das alles, stöhnte ich ahnungsvoll. Mein Schulfest, sagte Wanda unbeirrt. Setz dich, ich muß es dir erklären.–
Ich hockte neben Wanda im Schneidersitz auf dem Teppich, bis mir die Beine einschliefen, worauf ich mich in Bauchlage begab. Ich ließ das ausgetüftelte Konzept für ihre Werkausstellung, den gesamten Ablauf des Schulfestes und ihre Kalkulation über mich ergehen. Toll, sagte ich, an dir ist ein Manager verlorengegangen. – Was heißt verlorengegangen, meinte Wanda erstaunt, ich werde doch gerade einer. – Nach Ablauf einer Stunde nahm sie ein paar eng beschriebene Blätter in die Hand, stand auf und stellte sich in Positur. Paß auf, jetzt kommt meine Rede. Wenn alle endlich im Festsaal sitzen, ehe der Schulchor mit »Freude, schöner Götterfunke« losdröhnt, muß ich ganz allein auf die Bühne, vor den roten Vorhang treten und diese Rede halten. Ich hab sie selber geschrieben und kann sie schon fast auswendig. Hör sie an und sag, ob sie dir gefällt oder ob du etwas anders machen würdest. –
Wanda legte los. Ich war sprachlos. Ihre Energie, ihre Planung und diese Rede, mit der Wanda ihr Programm so glänzend verkaufte, daß jeder Berufspolitiker vor Neid erblassen mußte, waren einfach mitreißend. Als Wanda fertig war, schrie ich ein ehrliches Bravo, rappelte mich ächzend hoch und drückte sie an mich. Wanda, versprach ich, wenn du dich dermaleinst fürs Parlament aufstellen läßt, wähle ich dich. –
Wanda strahlte mich an, verbeugte sich zierlich wie eine Columbine, verlor aber nicht viel Zeit. Jetzt zum Wichtigsten, sagte sie, indem sie sich wieder auf den Boden fallen ließ. Was soll ich anziehen? Wir diskutierten diese Frage mit der ihr gebührenden Ernsthaftigkeit. Nichts wurde außer acht gelassen. Das Rot des Bühnenvorhangs, die Scheinwerferbeleuchtung, Wandas Kleinheit und die Tatsache, daß sie an einer Rampe stehen und das Publikum in den ersten Reihen sie von unten sehen würde. Wanda zeichnete auf, was zur Wahl stand, wobei sie auch Anleihen in Veruschkas Kleiderschrank und dem ihrer Mutter nicht ausschloß. Wir erwogen und verwarfen, bis Wanda schließlich sagte, wahrscheinlich hast du recht, der schmale

seidene Hosenanzug, und Mamis kleine Perlenkette und sonst gar nichts.–
Es war ein glücklicher Nachmittag, ich denke gern an ihn zurück. Ehe Wanda ging, legte sie mir die Arme um den Hals und rieb ihre Wange flüchtig an der meinen, es war wie früher. Du kommst doch, vergiß ja nicht, Samstag in zwei Wochen. Ich hab einen Ehrenplatz für dich reserviert, gleich hinter den Eltern. Und drück mir die Daumen. –

Große Ereignisse werfen ihre Schatten voraus, Wandas Schulfest war zum Thema geworden, man sprach auch in anderen Schulen darüber. Der Zwerg hat sich aber ganz schön was vorgenommen, sagte August eines Mittags, als er von der Schule nach Hause kam. Seine und Wandas Schule standen in einer Art traditioneller Nahbeziehung. Die Buben der einen und die Mädchen der anderen besuchten gemeinsam einen Tanzkurs, luden einander zu ihren Maturabällen und zu Schulfesten ein. Wirst du hingehen? fragte ich. Wanda hält sogar eine Rede. – August kaute an seiner Unterlippe. Das laß ich mir nicht entgehen, grinste er plötzlich. Frau Wichtig am Wort. – Er überlegte. Du gehst auch hin, Mama, gelt? – Ich nickte. Bist du böse, wenn ich nicht neben dir sitze, ich werde mit dem Ulrich und dem Weiler gehen und irgendwo ganz hinten stehen und blödeln ... – Nein, August, sagte ich obenhin und lachte. Du mußt mich nicht einmal grüßen. – Bist du sauer? August sah mich unsicher an. Nein. – Traurig? – Nein, sagte ich mit solchem Nachdruck, daß mir klar wurde, ein wenig war ich's doch.
Für wen machst du dich so fein? fragte Richard, als ich mich für das Schulfest anzog. Für Wanda, sagte ich. Wow, du siehst vielleicht aus, grinste August anerkennend und pfiff durch die Zähne. Darf ich Sie begleiten, gnädige Frau? – Stolz sah er mich an. Das tat gut. Ich nahm es ihm nicht übel, als er sich vor Wandas Schule verdrückte, um im Gewimmel von Schülern, Eltern und Verwandten nach Ulrich und dem Weiler zu suchen.
Wandas Schule war ein imponierender Bau aus der Gründerzeit. Ein mächtiges Portal, Marmortreppen, kunstvoll gearbeitete, schmiedeeiserne Geländer und ein Festsaal, der gut dreihundert Personen faßte.

Im Vorraum war ein Buffet aufgebaut, auf das man sich in der Pause zu stürzen hatte, weil man seitens der Schüler mit saftigen Einnahmen aus dem großen Fressen rechnete. Handgemalte Schilder verwiesen auf den Turnsaal, in dem Wandas Verkaufsausstellung untergebracht war. Das Stimmengewirr in den hohen Gängen und im Festsaal war ohrenbetäubend. Die hellen Kinderstimmen der jüngeren, das aufmerksamkeitsheischende Kichern und aufgeregte Durcheinanderschreien der älteren Schülerinnen, das tiefere, betont lässige Gelächter der eingeladenen Buben über dem betulichen Gesumse, das Eltern, Großeltern, Verwandte und würdevolle Lehrpersonen verursachten. Rund zwei Dutzend Mädchen riefen: »Programm, bitte, Programm«, verkauften hektographierte Zettel und hatten nie genug Wechselgeld, um herausgeben zu können. Saalordnerinnen riefen: »Bitte Platz nehmen, wir beginnen in zehn Minuten!« –
Wie ich das alles liebe, dachte ich, diese Geräusche, diese Gerüche. Wie oft werde ich sie noch erleben, zwei, drei Mal vielleicht, wenn August nicht durchfällt, ist's in zwei Jahren für immer vorbei. Bei mir kommt kein Kind nach, ich kann nichts wiederholen. Wie komisch, irgendwann habe ich das alles als lästig empfunden. Vielleicht liebe ich es jetzt nur, weil sich das Ende eines Lebensabschnittes abzuzeichnen beginnt. –
Plötzlich standen Victoria und Marie neben mir. Wanda schickt uns, sagte Victoria, wir sollen Sie zu Ihrem Platz führen, wir sitzen neben Ihnen. – Sie bugsierten mich so sorgfältig durch das Gewühl, als wäre ich eine achtzigjährige Jubelgreisin. Zwei Reihen vor uns glänzte die Glatze des Padrone. Ihn rahmten seine Frau und die Zwillinge, mich rahmten die Satelliten ein. Victoria sah hübsch aus, wie immer, eine Hübschheit, an die man sich so gewöhnte, daß man sie nicht mehr registrierte. Marie hingegen hatte sich erschreckend verändert. Sie war gespenstisch mager geworden, ihre Wangen waren hohl, ihre Hände fleischlos, einfach Knochen mit ein bißchen Haut. Warst du krank? fragte ich sie. Nein, wieso, kerngesund, sagte sie und starrte mich unnatürlich lächelnd, mit weit aufgerissenen Augen an. Ich habe dich lange nicht gesehen, hast du nicht wahnsinnig abgenommen? – Gott sei Dank, ich war ja so fett, gab sie gespreizt zur Antwort. Ihr Stolz kam mir einfältig vor, irgend etwas ging mir im Kopf herum, ich angelte nach einer Gedankenverbindung

zwischen Marie und etwas, das mir nicht einfallen wollte, aber dann stand auf einmal Wanda neben unserer Sitzreihe, leichenblaß, und winkte mich zu sich heraus.

Ich quetschte mich an Väter-Mütter-Geschwisterknien vorbei in den Seitengang. Was ist los? frage ich Wanda. Aus ihren Augen blickte nackte Panik. Was soll ich tun, was soll ich bloß tun, flüsterte sie, ich muß in zwei Minuten auf die Bühne, und ich habe den Text von meiner Rede vollkommen vergessen, er ist weg, ausradiert, ich weiß kein einziges Wort. – Gefühle eines Menschen, den man sehr mag, sind ansteckend. Auch ich fühlte Panik. Nur nicht zeigen, dachte ich und griff nach Wandas Händen. Sie waren eisig. Hör mir gut zu, sagte ich leise, das ist ganz egal. Atme ein paar Mal ganz tief durch. Und dann geh hinauf. Laß dir Zeit. Beginn ganz ruhig mit »Meine Damen und Herren, liebe Freunde unserer Schule« und der Rest kommt von selbst. Alles wird dir wieder einfallen. – Nie, sagte Wanda mit Grabesstimme und entschwand in Richtung Bühnentüre.

Es wurde dunkel, als ich mich an den Geschwister-Mütter-Väterknien vorbei zurück auf meinen Platz zwängte. Ich sah, wie der Padrone sich mit dem Taschentuch über die schweißnasse Glatze fuhr und die Zwillinge unruhig auf ihren Sitzen wippten. Was ist los, wisperte Victoria. Alles okay, wisperte ich zurück. Kalter Schweiß rann mir den Rücken hinunter. Ich wünschte, ich wäre nicht gekommen, ich wollte nicht zusehen müssen, wenn sie sich blamierte. Lieber Gott, benimm dich väterlich und hilf ihr. Ein Gong ertönte. Und Wanda stand auf der Bühne.

Vielleicht war es ihre Kleinheit, die das leise Gemurmel im Saal rasch verstummen ließ. Der Anblick des schmalen Persönchens in dem silbrig schimmernden Hosenanzug vor der großen roten Fläche des Vorhangs hatte etwas Theatralisches an sich. Wanda stand in der Mitte der Bühne, dicht an der Rampe. Ihre Arme hingen bewegungslos herunter, als wäre sie eine Puppe. Sie schwieg. Die Stille wurde immer erwartungsvoller. Wanda sagte noch immer nichts. Ich glaube, ich hatte zu atmen aufgehört, ich hörte mein Herz gegen die Rippen hämmern. Das Publikum begann zu flüstern, irgendwo im Hintergrund hörte man ein Kichern. Herr Landesschulrat, Frau Direktor, meine Damen und Herren, begann Wanda laut und klar. Sofort verstummte das Geraune. Und Wanda verstummte ebenfalls. Ich

glaubte, die Spannung im Raum greifen zu können. Es waren Bruchteile von Sekunden, die Wanda von einem Debakel trennten, das Publikum setzte zum Sprung an. Plötzlich kam Leben in Wanda. Sie holte tief Atem, begann sich zu bewegen, als wollte sie sehen, ob ihre Starre wirklich gewichen war. Sie glänzte wie ein kleiner Silberfisch, als sie ihre Arme hob und laut sagte: Liebe Freunde, ich habe eine wunderschöne Rede vorbereitet, und bis vor zehn Minuten habe ich sie auswendig gekonnt. Haben Sie jemals Lampenfieber gehabt? Ich habe es jetzt, und deshalb habe ich jedes Wort meiner Rede vergessen. Werden Sie es mir übelnehmen, wenn ich improvisiere? – Sekundenlange Stille. Dann befreites Lachen und tosender Applaus.
Geschickt wartete Wanda ab, ehe sie zu sprechen begann. Fünfzehn Minuten lang, frei, was sie sagte, hatte Hand und Fuß, sie sprach über die Ausstellung und andere Projekte, über die Ziele der Schülergemeinschaft. Sie hatte ihre Zuhörer in der Hand, je mehr sie das spürte, desto sicherer wurde sie, versprühte Charme und Witz, ließ sich von der Gunst des Publikums tragen. Als sie geendet hatte, tobte der Saal. Wanda, Wanda, klatschten ihre Fans. Der Rest der Darbietungen verblaßte. Nach Wanda waren Schulchor und Sketches, Balletteinlagen und Geigensoli zweite Wahl. Wanda war der Star.
In der Pause wurden Wandas Eltern von einer Schar von Gratulanten umlagert. Na, was sagen Sie zu dem Mädel, ein rhetorisches Talent, rief mir der Padrone, sowie er mich erblickte, über die Köpfe der anderen zu. Er strahlte übers ganze Gesicht, seine Glatze spiegelte fröhlich, diesem glänzenden Halbrund von Schädel gelang es auf geheimnisvolle Weise, Gefühle auszudrücken. August, Ulrich und der Weiler drängten sich in der Hoffnung, ich würde etwas fürs Buffet springen lassen, zu mir durch. Ich enttäuschte diese Hoffnung selbstverständlich nicht, Kuchen mampfend umringten sie mich. Ulrich war von Wanda hingerissen, der Weiler meinte im Ton eines erfahrenen Regisseurs, der ein Jungtalent entdeckt, die Frau gehöre auf die Bühne. Ich schubste August an. Und was sagst du? – Ich hätte ihr das nie zugetraut. Ziemlich beachtlich, ihre Leistung, der Neid könnt' einen fressen. – Er klang nachdenklich.
Als die Pause zu Ende war und ich mich wieder auf meinen Platz zuschob, zupfte mich jemand am Haar, ich drehte mich um, es war Wanda. Ich hab dich schon gesucht, sagte sie. Wie war ich? – Ich

kann dir in dem Gedränge gar nicht sagen, *wie* gut du warst. Ich bin so stolz auf dich, daß ich fast platze. – Sie strahlte. Und es war ihr durchaus bewußt, daß die Leute um uns sie ansahen, ihr anerkennend zulachten. Ich komme in den nächsten Tagen vorbei, zum Tratschen, sagte sie, ehe sie sich durch den Menschenstau Richtung Bühne wand. Die Mütter und Väter rund um mich nickten mir zu. Sie kennen sie? Mit ihr verwandt? Außergewöhnliches Mädchen. – Ein wenig von Wandas Ruhm fiel auch auf mich ab.
Erzähl mir alles, forderte Richard mich auf, als ich nach Hause kam. Ich erzählte, aber weniger enthusiastisch, als es dem Anlaß entsprochen hätte. Was ist los, freust du dich nicht, Wanda ist doch deine Ziehtochter. – Es fiel mir schwer, mein Gefühlsmischmasch auseinanderzupflücken, ich stotterte herum. Schon, ich freue mich und bin stolz auf sie. Weißt du, diese Art, wie sie die fiese Situation da oben, auf der Bühne, in den Griff gekriegt hat, das war eine reife Leistung. Wanda war auf einmal ein fertiger, ein autarker Mensch. Und da ist mir dann viel durch den Kopf gegangen. Daß uns die Kinder nicht mehr lange brauchen werden. Daß sie die neue Generation sind, die dabei ist, die unsere abzulösen. – Richard blieb still und ließ mir Zeit. Und andererseits habe ich mich gefragt, wie August in der gleichen Situation reagieren würde. Glaubst du, er hätte es geschafft, wie Wanda, glaubst du, er wird es überhaupt schaffen? Es ist irgendwie schizophren, ich möchte nicht, daß August ohne uns auskommt, auskommen will; und gleichzeitig wünsche ich mir so sehr, daß er es kann, daß er ganz frei und mühelos zu leben imstande ist, falls uns morgen ein Ziegelstein auf den Kopf fällt. –
Richard hatte meine Ängste und Sentimentalitäten von jeher mit ruhiger Sachlichkeit aufgefangen. Erstens, sagte er, wird uns morgen aller Wahrscheinlichkeit nach kein Ziegelstein auf den Kopf fallen. Und wenn, würde es August auch ohne uns schaffen. Er wird sich ohnehin bald von uns lösen, und das ist gut so. Aber er wird sich, wenn wir unsere Sache halbwegs gut gemacht haben, nicht von uns befreien müssen. Er wird sich sein Leben anders einrichten als Wanda, darum werden auch seine Herausforderungen anderswo liegen. Aber er wird die seinen erkennen und annehmen, er hat auf seine Weise schon damit begonnen. Das mit der neuen Generation finde ich ausgesprochen positiv. Und daß Wanda und August autark werden, finde

ich überhaupt das Größte. Überleg einmal, in ein paar Jahren, wenn August selbständig ist, sind wir beide freie Menschen. – Ich reagierte wie der Blitz: Empfindest du August als Fessel? – Löwenmutter, grinste Richard gutmütig. Nein, nicht als Fessel, als Verantwortung. Die werde ich so lange wie nötig und so ordentlich wie möglich tragen. Aber eines sag ich dir, wenn ich sie einmal los bin, werde ich aufatmen. –

Drei Tage später kam Wanda zum Tee und um über das Schulfest zu tratschen. Hauptgesprächsthema war Wandas großer Auftritt, als sie oben auf der Bühne stand und nicht weiter wußte. Sie schilderte ihre Empfindungen so eindringlich, daß ich nachträglich noch einmal Herzklopfen und klamme Finger kriegte. Aber das Tollste, versicherte sie mir, sei doch der Augenblick gewesen, als sie spürte, daß sie die Leute im Griff hatte. Ich sage dir – sie schnaufte vor Erregung –, das ist ganz unbeschreiblich, du wirst echt high, du glaubst, du bist allmächtig, dir wachsen Flügel ... –
Ich hörte die Tür gehen, August war nach Hause gekommen. Normalerweise verschwand er, wenn er Wandas Stimme hörte, ungesehen in seinem Zimmer. Heute kramte er ein wenig in der Diele, dann ging er ins Wohnzimmer, raschelte eine Weile mit der Zeitung, schließlich hatte er es geschafft, er stand im Arbeitszimmer. Hallo, Wanda, sagte er, ich möcht dir gratulieren, deine Rede war wirklich Spitze, und auch sonst ...– Wanda war nur ein paar Sekunden verlegen gewesen, sie dankte ihm, schon wieder ganz ungezwungen. August quetschte sich in einen Sessel. Du hast auch einen tollen finanziellen Erfolg gehabt, glaub ich. – Wanda nickte. Ich hab's von einer aus eurer sechsten Klasse gehört. Weißt du schon, wieviel euch netto bleibt? –
Wanda schnatterte los, ganz sachbezogen. August fragte, sie antwortete. Ich blieb still sitzen und beobachtete ihre Gesichter. Frau Wichtig, hörte ich August irgendwann lachend sagen. Und dann: Weißt du schon, was du nach der Matura machen willst? – Nein, nicht wirklich, sagte Wanda. Und du? – August schüttelte den Kopf und sah sie an. Möchtest du Musik hören? fragte er. Okay, gern, sagte Wanda. Aber nichts Psychodelisches, und keinen Hardrock. Jazz oder Schlei-

cher, das liebe ich. – Shirley Bassey? – Ideal! – Sie verschwanden in Augusts Zimmer.
Gut zehn Jahre lang hatte Wanda keinen Fuß in Augusts Zimmer setzen dürfen. Was für eine Wende. »When the time was a little younger«, sang Shirley Bassey, als ich das Teegeschirr in die Küche trug.

Sit-in, Love-in, Talk-in

August in der siebenten, das ist vielleicht ein Hammer, hatte Ulrich gesagt, als er zum ersten Mal nach Schulbeginn bei uns aufgetaucht war. Aus dem einen, schnoddrig hingeworfenen Satz war eine ganze Tonleiter von Empfindungen herauszuhören gewesen: mit leisem Neid unterlegte Anerkennung für den Freund, der das Klassenziel geschafft, Wut und Unsicherheit über sich selbst, weil er es verfehlt hatte. Wehmut, weil er gerne mit August und den alten Freunden in der siebenten gesessen wäre, statt, »umgeben von lauter Blödmännern«, mit Ach und Krach erneut in der sechsten zu landen. Überdruß an der Schule überhaupt und Sehnsucht nach Freiheit, siebente, meinte Ulrich, ist fast so gut wie achte. Da hat man's fast geschafft, das Ende ist abzusehen. – Sei froh, war ich versucht zu sagen, die Schulzeit ist unbeschwerter als alles was danach kommt. Eine von Erwachsenen häufig gebrauchte Platitüde, die mir da auf der Zunge lag. Ich besann mich rechtzeitig. Nein, im Grunde hatte ich *nicht* vergessen, wie zentnerschwer Schulsorgen wiegen und wie endlos sich die Gymnasialjahre hinziehen. Acht Jahre sind, mit jungen Augen gesehen, eine Ewigkeit.
Armes Schwein, sagte August, als ich mich abends mit ihm über Ulrich unterhielt, mindestens ein Jahr länger muß er diesen Stumpfsinn aushalten. Hoffentlich fliegt er nicht noch einmal. – Er dachte eine Weile nach, ehe er fortfuhr. Und hoffentlich flieg *ich* nicht. Eines sage ich dir, ich werde wie ein Verrückter büffeln, ich will kein Paradezeugnis, nur durchkommen will ich. Wenn ich fliegen sollte, fügte er mit pathetischem Nachdruck hinzu, geb ich mir die Kugel. – Diese Erklärung dürfte eher stimmungsgeboren als programmatisch gewesen sein. August legte zwar eine erstaunliche, offenbar durch nichts zu erschöpfende Energie an den Tag, aber diese war fast ausschließlich auf das Erforschen und Durchdringen von außerschulischen Welten gerichtet.
Ich hatte völlig übersehen, wie es dazu gekommen war, es schien, als

hätte es sich über Nacht entwickelt, August war plötzlich in der Musik- und Jugendszene und im Reich der Subkulturen so daheim wie früher, als Zwölfjähriger, in Pareys *Reptilien- und Amphibienführer Europas*. Er kannte Grufties und Freaks, Punks, Hippies und Mods. Er kannte sämtliche Details ihrer atemberaubenden Outfits, die wiederum über ihre Zugehörigkeit zu bestimmten Untergruppen entschieden, wußte alles über ihre Ideen beziehungsweise ihre Negation jeglicher Inhalte, über ihren Kampf gegen bürgerliche Festlegung, ihre Wohngemeinschaften, ihre Treffpunkte. Mit Schaudern dachte ich an Augusts Mods-Phase zurück, die ich als durchgestanden und ad acta gelegt angesehen hatte. Sollte sich dieses neuerwachte Interesse zu einem Rückfall entwickeln? Nein, nein, er pflege bloß gelegentlichen, lockeren Umgang mit einigen dieser Gruppen, weil er sie studiere, antwortete August gutmütig auf eine vorsichtige Frage meinerseits. Es seien zwar »ziemlich viele faule Pflaumen« darunter, aber einige seien einfach gute Typen. Auch über die Verhaltensmuster von Rockern und Skinheads, die er allerdings aus sicherer Entfernung beobachtete, wußte er Bescheid.
Hingegen interessierten ihn politisch orientierte Gruppen gar nicht. Und der Welt der Erwachsenen näherte er sich äußerst selektiv. In ihrer Gesamtheit schätzte er sie nicht, empfand sie als verzopft, »total gestrig eben«. Aber einige Einzelexemplare begeisterten ihn dermaßen, daß er sogar ein Mädchen versetzte oder ein Konzert versäumte, um in ihrer Gesellschaft zu sein. Zu diesen Auserwählten zählte unter wenigen anderen Augusts Pate. Ferner ein Freund von Richard, ein alter, aus Prag stammender Anwalt, der ein wunderbares Deutsch sprach und der das Leben, obwohl es ihm, objektiv gesehen, weit mehr genommen als gegeben hatte, immer noch ironisch-liebevoll betrachtete, als sei es sein ganz persönlicher Freund. Und Claire, eine Freundin meiner Mutter, eine elegante, exzentrische, etwas esoterisch angehauchte Frau, die von ihren Gesprächspartnern voraussetzte, daß sie nicht nur hörten, was sie sagte, sondern auch, was sie dachte. Gespräche mit Claire, fand August zu Recht, seien ein Mittelding zwischen Rätsel und Abenteuer. Daß die eigenwillige Frau sichtlich Freude an seiner Gesellschaft empfand, schmeichelte seiner Eitelkeit und wirkte rückbezüglich auf seine Verehrung für sie. Es war übrigens Claire gewesen, die August gefragt hatte, was ihn an

den ausgeflippten Jugendkulturen fasziniere und mit welcher er sich am ehesten identifiziere. Identifizieren? hatte August gesagt und gelacht. Mit keiner. Ich bin kein Gruppenmensch. Ich bin überzeugter Individualist, das ist Programm genug. –
Im Gegensatz zu Claire fand sich meine Mutter, wiewohl im gleichen Alter wie ihre Freundin, mit dem neuen August nicht ganz zurecht. Sie gehörte zu jenen, die mit zunehmendem Alter ein gewisses Unbehagen gegenüber dem Unbekannten empfinden. Diese hauchzarte Angst vor dem Geist der übernächsten Generation, den zu begreifen man nicht in der Lage ist. Die erste Ahnung jener noch ferner Einsamkeit des hohen Alters: du bleibst allein am vertrauten Ufer zurück, während die Schiffe, die du gebaut und ausgerüstet hast, sich neuen Horizonten nähern, um schließlich für immer zu verschwinden. Meine Mutter unternahm keinerlei Versuch, das Phänomen der Punks, der Grufties oder der Rocker zu ergründen. Sie lehnte es in Bausch und Bogen ab und bediente sich einschlägiger Binsenweisheiten, wie: »Zu meiner Zeit hätte es das nicht gegeben«, oder: »Wie wir jung waren, war alles ganz anders«. Manchmal, wenn sie ihn nicht begriff, rechnete sie sogar ihren geliebten August den »Außenseitern der Gesellschaft« zu. August nahm ihr das seltsamerweise nicht übel. Als ich ihn einmal fragte, weshalb er, der sonst so mimosenhaft auf jede Form von Kritik reagierte, die seiner Großmutter mit geradezu vergnügter Gelassenheit hinnahm, zuckte er die Achseln. Ich weiß nicht, sagte er, Oma ist halt, wie sie ist. – Hinter dieser kryptischen Bemerkung stand die Sicherheit des Kindes, das sich rückhaltlos geliebt weiß; standen Nächte, in denen die Großmutter das weinende, zahnende Baby gewiegt, dem fiebernden Buben Essigstrümpfe oder Wickel verpaßt hatte; standen Abende, an denen sie vorgelesen hatte, bis ihre Stimme heiser war, und Nachmittage, an denen sie geduldig Kinderabenteuer anhörte, nachdem ich gestreßt etwas von »Später, August, jetzt habe ich keine Zeit« gemurmelt hatte; standen all jene Sandkuchen, Linzertorten und Krapfen, die ich nie gebacken hatte, weil ich nicht backen wollte und es daher auch nicht konnte, und die statt dessen aus dem Backrohr in der Küche meiner Mutter für August, immer nur für August mit der gleichen Zuverlässigkeit aufgetaucht waren wie der Geist aus Aladins Wunderlampe; standen Lieblingsjeans, die ich nicht gestopft, und

wundgeschürfte Knie, auf die ich nicht geblasen hatte, weil ich wußte, im Hintergrund war meine Mutter, die es für mich besorgen würde ... Oma ist immer da, auf sie ist Verlaß, Oma ist eben Oma, sagte August.
Richard fand es gut und richtig, daß August sich mit den Strömungen seiner Zeit auseinandersetzte. August ist neugierig, offen und kritisch, sagte er, ganz zufriedener Vater. Er ist dabei, sich ein Koordinatensystem zurechtzulegen, eine Wertordnung, an der er sich orientieren kann. Ohne eine solche würde er ja der reinste Traumtänzer sein, und man müßte ständig Angst um ihn haben. – Richard sah die Dinge gern von höheren Warten aus. Ich betrachtete sie aus der Sicht des Normalverbrauchers, weshalb ich von profanen Ängsten angefochten wurde, die Richard nicht zu kennen schien. War August nicht dabei, durch sein maßloses Rauchen seine Gesundheit zu zerstören, und deutete diese Maßlosigkeit nicht auf eine angeborene Haltlosigkeit hin? War August über die diversen Risiken des Geschlechtsverkehrs wirklich umfassend im Bilde? War August gegen harte Drogen gefeit? Richard fand meine Sorgen übertrieben. Wir haben das Glück, daß August inzwischen ziemlich gefestigt ist. Bei einem labileren Kind müßten wir natürlich auf der Hut sein, unauffällig wachsam und ständig einsatzbereit sein. Aber August ist standfest, der kann Freiraum zum Experimentieren vertragen, nur so lernt er, die Verantwortung für sich selbst zu übernehmen. – Indes, ich fuhr fort, die Zigarettenkippen zu zählen, die August in meinen Blumenkistchen vergrub und die in der Klomuschel schwammen, weil ein einziger voller Spülkasten gar nicht in der Lage war, den Inhalt eines augustinischen Aschenbechers auf einmal ins alles verschleiernde Dunkel des Kanalnetzes zu befördern. »Zwölf« oder »Achtzehn!« pflegte ich August die Zahl meiner Funde am Ende eines Tages vorzuhalten, worauf er auffuhr, wie von der Tarantel gestochen. Das ist ja schauerlich, schrie er, hört denn diese grenzdebile Art der Bevormundung nie auf? Ich bin ein freier Mensch, mein Körper gehört mir, wenn ich ihn ruiniere, ist das allein meine Sache. – Irrtum, biß ich zurück, es ist auch die meine. Ich bin immer noch deine Mutter und als solche verpflichtet, dich vor Selbstzerstörung zu bewahren. – Red doch keinen Scheiß, Mama ... – Bist du übergeschnappt, wie redest du denn mit mir ... – Handfeste Krachs waren

schon länger nicht mehr an der Tagesordnung, aber am Thema Rauchen konnten sie sich immer noch entzünden. Die Empfindlichkeit, mit der August darauf reagierte, betrachtete ich als Indiz dafür, daß ihn seine Abhängigkeit vom Nikotin störte. Bei der Erwähnung von Gefahren, die ihm allenfalls durch Geschlechtsverkehr oder durch Rauschgift drohen konnten, blieb er nämlich total unbefangen. Immer wieder glaubte ich, das Gespräch listig darauf bringen zu müssen, immer wieder merkte August diese meine Absicht und war darüber *nicht* verstimmt. Im Gegenteil, er pflegte mich dann aufzuziehen und mir liebenswürdig-gönnerhaft zu versichern, daß er mir über Verhütungsmittel, Geschlechtskrankheiten und Drogen mit Sicherheit mehr sagen könne als ich ihm.

Augusts spielerischer Erkundung der Gesellschaft, in der er lebte, stand seine fast dringliche Suche nach Anliegen gegenüber. Letztere mochte mit ein Grund dafür sein, daß ihn Demos und Sit-ins magisch anzogen. Vor allem, wenn es um ökologische Probleme ging, war August kaum zu bremsen. Er trug Transparente und skandierte Parolen gegen den Bau von Autobahnen, gegen Lärmbelästigung und Luftverschmutzung durch Industriebetriebe und gegen das Fällen von Bäumen. Schon im letzten Frühjahr hatte er sich einer Gruppe von Zoologiestudenten angeschlossen, die mit einem Sit-in auf einer Landstraße die Aufmerksam der Öffentlichkeit auf das Faktum zu lenken gedachte, daß auf dem Hochzeitsmarsch befindliche Frösche auf eben jener Straße zu Hunderten zu Brei gewalzt wurden. Die Gendarmerie zeigte sich uneinsichtig und beförderte die jungen Leute an den Straßenrand. Kurz darauf rief August daheim an, um uns mitzuteilen, daß er wahrscheinlich erst nach Mitternacht nach Hause kommen würde, die Gruppe hätte beschlossen, die Frösche über die Straße zu tragen und sie so zu retten. Vielleicht sind viele kleine Schritte wirksamer als ein großer Schrei – sagte August am darauffolgenden Sonntag, als er blaß, weil übernächtig, mit uns beim Frühstück saß. Offenbar hatte ich ihm meine Vorliebe für satte Metaphern vererbt. Es sei wohl eine überlegte Kombination von beidem, was die Dinge am ehesten weiterbewege, meinte Richard. August gab ihm recht. Ein halbes Jahr später jedoch ereignete sich ein Zwischenfall, der Augusts Begeisterung für Demos einen neuerlichen Dämpfer aufsetzte und das Ende seiner Sit-in-Ära einläutete.

Eines Adventnachmittags brachen August, Ulrich, der Weiler und noch drei Buben aus Augusts Klasse auf, um einer angesagten Friedensdemo im Stadtzentrum beizuwohnen. Wir nehmen nicht dran teil, wir gehen nur schauen, versicherten mir August und Ulrich. Der Weiler trug ein Kofferradio unterm Arm, aus der Tasche von Augusts Anorak ragte ein Päckchen jenes Tabaks, aus dem er seine Zigaretten zu drehen pflegte. Die Buben steckten in den unvermeidlichen Jeans, zwei trugen martialisch anmutende Winterstiefel, Militärjakken und schulterlanges Haar, zwei andere hatten handgestrickte Pudelmützen über die Ohren gezogen. Die letzten Jahre hatten mich offenbar geprägt, ich fand, daß sie als Ensemble durchaus manierlich wirkten, und wäre nie auf die Idee verfallen, daß man August und seine Freunde als »aufruhrverdächtige Elemente« festnehmen könnte.

Es war sieben Uhr abends und ich hatte eben den Tisch gedeckt, als das Telefon ging. Es war August. Erschrick nicht, Mama, sagte er – worauf ich selbstverständlich prompt erschrak; wir sind festgenommen. Kannst du auf die Wachstube neben der Marienkirche kommen, mich abholen? Aber bring meinen Paß mit, sonst lassen mich die hier nicht raus. – Ich komme, sagte ich, und stellte keine weiteren Fragen. Hysterisch flatterte ich durch die Wohnung, weil ich Augusts Paß nicht finden konnte. Als ich ihn schließlich hatte, klebte ich eine total bescheuerte Zettelnachricht für Richard auf den Spiegel. »Bin auf der Polizei, August holen.« Dann raste ich zum Marienplatz. Als ich die Wachstube betrat, sah ich die Buben in einer Reihe auf einer Bank sitzen. Weilers Vater und Ulrichs Bruder Martin waren bereits da. Hallo, grinste mir August etwas schief entgegen, schön, daß du gekommen bist. –

Aus dem Bericht des diensthabenden Wachebeamten und aus Augusts Version der Ereignisse rekonstruierte ich den Sachverhalt, der zur Festnahme der Buben geführt hatte, wie folgt: Als August und seine Freunde am Schauplatz der Demo anlangten, wurden sie enttäuscht. Um die barocke Pestsäule, die den Platz ziert, saß ein schütteres Grüppchen »alternder 68er«, wie August sich ausdrückte. Sie hatten ein paar Friedhofskerzen entzündet, die ein mickriges Schild beleuchteten: »Wir schweigen für den Frieden, schweigst du mit?« Reden wäre besser, fanden die Buben und versuchten das Haupt des

Sit-in, einen hageren Mann mit grauer Mähne und rotem Vollbart, in eine Diskussion zu verwickeln. Ein ergebnisloses Unterfangen. Hierauf setzten sich die Buben in einiger Entfernung der Oldies ebenfalls aufs Straßenpflaster, und zwar dicht neben den Stand mit den Christbäumen, »weil's dort so gut roch«. Sie drehten aus Augusts Tabakvorrat Zigaretten, knallten eine Kassette in Weilers alten Recorder, »James Brown, Sex-Machine, ein Sound, der irrsinnig einfährt«, und begannen über den Frieden zu diskutieren. Sie waren sich keiner Schuld bewußt, als sich ein Polizist vor ihnen aufpflanzte und sie barsch aufforderte, sich auszuweisen. Verpiß dich, hatte angeblich einer aus der wackeren Sechserseilschaft gemurmelt, worauf der Wachebeamte angeblich gedroht hatte, er werde ihnen »alle Milchzähne einschlagen«, wenn sie noch ein freches Wort sagten. Dem Wachebeamten erwuchs Verstärkung durch einen Kollegen, der gleichfalls abkommandiert war, die Demo im Auge zu behalten. Seiner Ansicht nach sah die Gruppe Jugendlicher mit ihren gedrehten Zigaretten und »der närrischen Musik« soviel gefährlicher aus als die Friedensdemonstranten, daß er dafür plädierte, sie zu arretieren, als sie sich nicht ausweisen konnten.
Du kannst doch nicht allen Ernstes behaupten, du hättest noch nie etwas von Ausweispflicht gehört, empörte sich Richard, als wir, reichlich verspätet, bei einem ungenügend gekochten Abendessen saßen. Das Fleisch war hart, der Reis ein Brei, Richard sauer, und August war verstört und bemüht, es nicht zu zeigen. Nein, Papa, das habe ich nicht gewußt, es hat mir ja auch niemand gesagt. – So etwas hat man in deinem Alter einfach zu wissen, schnaubte Richard und fuhr, noch ehe ich ihn auf mangelnde Logik in seiner Argumentation hinweisen konnte, in seiner ärgerlichen Tirade fort. Der Polizist war im Recht, Kinder und Jugendliche sind laut Jugendschutzgesetz dazu verpflichtet, im Zweifel ihr Alter nachzuweisen. Schon gar, wenn sie Veranstaltungen wie Demos, aber auch andere, besuchen. Im übrigen wäre wahrscheinlich gar nichts passiert, wenn ihr euch wie normale Menschen aufgeführt, nicht diese Zigaretten geraucht, euch nicht mitten im Winter aufs Straßenpflaster gesetzt und diese Lärmmaschine nicht angedreht hättet. Von eurer Aufmachung sehe ich dabei gänzlich ab ... – Er schwieg. August wartete, ob noch ein Nachsatz folgte, aber Richard hatte sein Pulver verschossen. Ich

werde mir's merken, Papa – sagte August mit einer geschmeidigen, an Boshaftigkeit grenzenden Sanftheit. Unsere Blicke trafen sich, August grinste verstohlen. Das Fleisch ist zäh wie Leder, nicht zu essen, sagte Richard und schob seinen Teller weg.

Unser August ist ein Don Juan, behauptete unsere Putzfrau Lena, die seit Jahren zweimal wöchentlich ins Haus kam, die August kannte, seit er zwei war, und die wir längst zur Familie rechneten. Lena wohnte in der Nähe von Augusts Schule und hatte öfters Gelegenheit, ihn zu beobachten. Ich sag ihnen, Frau Doktor, die Mädeln stehen auf unseren August, versicherte sie mir immer wieder. Mit der gleichen Halsstarrigkeit, mit der sie darauf beharrte, mich »Frau Doktor« zu nennen, weil Richard »der Herr Doktor« war, hielt die kinderlose Frau August für die Krone der Schöpfung.
Augusts Verhalten gegenüber dem weiblichen Geschlecht hatte sich in der Tat entkrampft, seit er im Lernlager gewesen war. Allein die Art, wie ungezwungen er neuerdings – seit ihrem Schulfest – mit Wanda umging, bestärkte mich in meiner Ansicht. Wenn August seinen Charme einsetzt, hat er etwas Unbesiegbares an sich, fand Claire. Ich hielt das zwar für übertrieben, aber gewisse Anzeichen deuteten sehr wohl darauf hin, daß August Sex-Appeal besaß. Es verging fast kein Tag, an dem nicht irgendein weibliches Wesen anrief, das August gern gesprochen hätte. Diese Mädeln heutzutage, keinen Stolz im Leib! ereiferte sich meine Mutter. Ich hätte doch nie im Leben einen jungen Mann angerufen, und du auch nicht, gib's zu. Na ja, seufzte sie und verleibte mich bedenkenlos ihrer Generation ein, zu unserer Zeit war halt alles anders. –
August selbst schien seinen Flirts keine große Bedeutung beizumessen, Mädchen waren ihm wichtig, aber just zu diesem Zeitpunkt sicher nicht das Wichtigste. Wie weit seine Beziehungen zu seinen diversen »Tussis« gingen, hätte ich nicht zu sagen vermocht. Ich neigte zu der Annahme, daß sie über intensives Petting nicht hinausreichten. Manchmal unterhielten August und ich uns über Sex, wobei ich fast immer zufällig und er fast immer mit Absicht auf das Thema zu sprechen kam. Wir behandelten es locker. AIDS hatte sich damals noch nicht als das allumfassende Schreckgespenst entpuppt, das es

heute für junge Leute darstellt. Noch durfte über Gefahren und Fallstricke im Geschlechtsleben hinweggelacht werden. Eines Nachmittags, als ich Augusts Hemden in seine Wäschelade räumte, fiel mir eine Packung Kondome in die Hände. August sah es und war nicht im geringsten verlegen. Erste Qualität, versicherte er mir grinsend, ich kaufe immer das Beste. Weißt du übrigens, warum Kondome Kondome heißen? Weil sie ein englischer Arzt namens Condom erfunden hat. Vorläufer der Verhütelis kannten jedoch bereits die alten Griechen, die Fischblasen verwendeten. – Es entspann sich ein Gespräch über die verschiedensten Methoden der Verhütung, August schien geschmeichelt, daß ich ihn als Mann voll nahm. Dennoch wurde ich das Gefühl nicht los, daß er die Kondome eher aus Angabe denn zum Gebrauch erworben hatte. Eine Annahme, die sich schlagartig revidierte, als Karin in unser Leben trat.

Es war Frühling, die Fenster in Augusts Zimmer standen weit offen, als ich nach Hause kam. Ich ging den Kiesweg entlang, auf das Haustor zu, als ich affektiertes Mädchengekicher aus dem ersten Stock vernahm. Es drang eindeutig aus Augusts Zimmer. Ich schlug die Wohnungstür heftig zu, um August auf diese nicht allzu subtile, aber zuverlässige Weise wissen zu lassen, daß er mit meiner Anwesenheit zu rechnen hatte. Wieder das Gekicher, Augusts Lachen, dann ein helles Quieken, als wäre man einer Maus auf den Schwanz getreten. August, ich bin da! rief ich laut. Ein paar Sekunden herrschte Schweigen. Ich bin auch da! rief August und lachte ausgesprochen dämlich. Ich war wütend, verzog mich ins Arbeitszimmer und schusselte zehn Minuten lang herum, ehe es mir zu bunt wurde. Die Situation war idiotisch. An sich war nichts dabei, daß August Mädchenbesuch hatte, aber das unbekannte Wesen sollte mir gefälligst Guten Tag sagen. Ich ging durch das Wohnzimmer, öffnete die Tür zum Flur und rief nach August. Es bedurfte einer dreifachen Aufforderung, ehe er erschien. Würdest du mir bitte das Mädchen vorstellen, das in deinem Zimmer ist, sagte ich, so kühl ich konnte. August zog ein schiefes Gesicht. Okay, sagte er schließlich, auf deine Verantwortung, und verschwand in seinem Zimmer, noch ehe ich ihn fragen konnte, wie das gemeint war.

Ich saß am Schreibtisch, als die beiden eintraten. Das ist Karin, Mama, sagte August mit einem trotzigen Unterton in der Stimme.

Ich drehte mich um. Wahrscheinlich stand mir die Fassungslosigkeit deutlich im Gesicht geschrieben, denn Karin erwiderte meinen Blick erschrocken.
Sie war ein Punk. Ihr braunes Haar stand struwwelpetergleich um ihren kleinen runden Schädel, eine Strähne war lila eingefärbt. Ihre Augen waren rabenschwarz und rot ummalt, ihre hinreißende Figur steckte in einem hautengen schwarzen Trikot, das ich nicht einmal zur Gymnastikstunde zu tragen gewagt hätte. Ihre biegsame, ohnehin schmale Mitte war mittels eines breiten silbernen Gürtels auf Wespentaille geschnürt. Sie hatte schöne Arme und Hände, einen graziösen Hals und den hübschesten Busen, den man sich denken konnte, ihre Beine waren makellos. Wahrscheinlich war sie eine Schönheit. Aber leider war sie auch ein Punk.
Sie tut ja nur so, weil sie es schick findet, versicherte mir August, als Karin gegangen war. Aber sie ist kein Punk im eigentlichen Sinn, glaub mir, da kenn ich mich aus, ihr Lebensrhythmus ist ganz anders. Außerdem ist ihr Background stockbürgerlich. Sie wohnt zu Haus', bei ihren Eltern, geht in eine Schauspielschule, raucht nie mehr als zehn Zigaretten am Tag und trinkt nie einen Tropfen Alkohol. Karin ist so normal wie du und ich. – Aber davon konnte er mich nicht überzeugen.
Karin besuchte uns weiterhin. Ich sagte mit keinem Wort, daß ich etwas dagegen hatte. Lieber hier, unter meinen Augen, als in irgendwelchen obskuren Jugendtreffs, dachte ich und biß die Zähne zusammen, wenn Karin auftauchte. Immer wieder forderte ich Richard auf, die beunruhigende Flamme seines Sohnes unter die Lupe zu nehmen, aber er fand, das wäre Unsinn. Wenn ich in Zukunft Augusts sämtliche Flirts begutachten soll, muß ich meinen Beruf an den Nagel hängen, ließ er mich abblitzen. Eines Abends sah er sie doch.
August wollte Karin eben nach Hause bringen. Sie standen im Vorzimmer, als Richard eintrat. Im Gegensatz zu mir schien ihn ihr Anblick nicht nur nicht zu erschrecken, sondern herzlichst zu erfreuen. Je länger er sie musterte, desto breiter wurde sein Lächeln, eine Mischung von Amüsement und Bewunderung. Ob sie nicht noch eine Weile bleiben könne? Wie schade. Vielleicht ein andermal, er würde sich gern mit ihr unterhalten. Er nickte August anerkennend zu, als

die beiden gingen, und sah Karin mit diesem versonnenen Blick nach, den er kriegte, wenn eine ausnehmend gut gewachsene Frau seinen Weg kreuzte. Ich weiß gar nicht, was du hast, sagte er, die ist doch ganz reizend.

Auch meine Mutter bekam Karin eines Nachmittags zu Gesicht, obwohl ich das gern verhindert hätte. Das habt ihr von eurer permissiven Erziehung! – Mami, bitte leise, sie kann dich ja hören, sagte ich und machte die Küchentüre zu. Meine Mutter fuhr fort, wie ein Rohrspatz zu schimpfen. Der arme Bub, das ist doch kein Umgang für ihn, so viele nette Mädeln gibt's, und ausgerechnet *er* muß diesen Mistkäfer erwischen! Aber ihr seid schon sehr viel schuld dran, du und Richard. Jetzt ist halt die Katastrophe da. – Welche Katastrophe? fragte ich verständnislos. Du wirst sehen, die läßt August nicht mehr aus. – Aber Mami, das ist doch Unsinn, die beiden sind siebzehn, und sie flirten ein bißchen, mehr ist doch da nicht dahinter. – Na, da wäre ich mir nicht so sicher, prophezeite meine Mutter düster.

In einem sollte sie recht behalten: Karin bewies eine erstaunliche Anhänglichkeit an unsere Familie. Für August war die Romanze nach sechs Wochen vorüber. Ich habe mich entliebt, teilte er mir eines Tages mit, aber sie nimmt das einfach nicht zur Kenntnis, immer wieder ruft sie an und paßt mich bei der Schule ab. Ich geh ab heute nicht mehr zum Telefon. Wenn's Karin ist, wimmle sie ab. Bitte, Mama, sie geht mir so auf den Nerv ... –

Karin fiel nicht nur August, sondern bald auch mir auf die Nerven. Nein, er ist nicht da, wiederholte ich bis zum Überdruß, denn das liebeskranke Mädel rief bis zu sechsmal täglich an. Eines Nachmittags stand sie vor der Tür, ob sie auf August warten dürfe, fragte sie leise. Soll er das doch endlich ausbaden, dachte ich, und verfrachtete Karin in Augusts Zimmer.

Als August nach einer Stunde immer noch nicht da war, sah ich nach, was Karin machte. Sie lag auf Augusts Bett, ihre schwarzen Stiefelchen hatten Spuren auf der frischgewaschenen Pikeedecke hinterlassen. Sie heulte. Gib die Füße vom Bett, setz dich auf und hör auf zu plärren, fuhr ich sie an. Erschrocken sprang Karin in die Höhe, ihr kompliziertes Augen-Make-up hatte sich zu einem streifigen Brei vermengt, der, soweit er sich nicht auf der Bettdecke be-

fand, über Karins Stirn und Backenknochen verschmiert war. Ihr Anblick war komisch, aber auch herzerweichend. Meine weibliche Solidarität erwachte, ich empfand plötzlich Wut auf August, den Macho, und Sympathie für Karin, das Opfer, dem weitere Demütigungen zu ersparen ich entschlossen war. Setz dich wieder hin, sagte ich sehr viel freundlicher. Im Laufe der folgenden zwei Stunden redete ich ihr August aus.
Noch heute schreibt mir Karin Weihnachtskarten. Ab und zu kommt ein Briefchen mit Familienfotos. Karin ist verheiratet, hat drei Kinder, lebt in Florida und sieht stockbieder aus. Nach August fragt sie nie, noch läßt sie ihn grüßen.

Irgendwann gegen Ende des Schuljahres fiel mir plötzlich auf, wie sehr August sich von den Meinungen anderer emanzipiert hatte. Wie sehr er bemüht war, nur zu sagen, was er durchdacht hatte, daß er hinter allem, was er sagte, auch stehen wollte. Neuen Informationen schien er sehr bewußt eigene Gedanken gegenüberzustellen. Widersprüche betrieb er nicht mehr bloß des Widerspruchs wegen, sondern aufgrund von Überlegung und Überzeugung. Es war der große Schritt in die emotionale Freiheit. Wie und wann hatte er ihn getan? Im Zeitlupentempo? Als ich gerade nicht hinsah? Ich wäre gern dabeigewesen.
Sein Zeugnis würde elend ausfallen, teilte August uns knapp vor Notenschluß mit, aber er würde durchkommen. Sechs Genügend, ein einsames Sehr Gut in Biologie, ich würde dieses Zeugnis einen Grenzfall nennen, fand Richard. Er war ein wenig enttäuscht. Was heißt Grenzfall, lachte mein Vater, der zum Abendessen bei uns war. August war ausgegangen, mein Vater mußte sich also kein Blatt vor den Mund nehmen. Was willst du denn, Richard, Hauptsache, der Bub kommt durch, du hättest *meine* Zeugnisse sehen sollen. – Er legte den Feuerzangenbowlenstolz des älteren Herrn an den Tag. Wir haben keinen Numerus clausus, und kein Mensch wird einmal fragen, wie Augusts Zeugnis in der siebenten Klasse war. Nicht einmal das Maturazeugnis ist wirklich von Wichtigkeit. Was er aus sich macht, *das* ist wichtig. Und du wirst sehen, auf der Universität wird August zur Hochform auflaufen. – Ich bin gar nicht sicher, ob August

überhaupt studieren will, sagte Richard nachdenklich. Unlängst hat er mir erklärt, ein Handwerk sei ein goldener Boden, er denke daran, sich zum Kunsttischler ausbilden zu lassen. – So ein Blödsinn, fuhr ich dazwischen. August kann kaum einen Nagel gerade in die Wand schlagen, er hat zwei linke Hände. – Lach ja nie über seine Berufswünsche, warnte mein Vater, nimm sie ernst und setze dich damit auseinander. Wenn du das nicht tust, kannst du großen Schaden anrichten. – Ich wußte, daß mein Vater, obwohl selbst Akademiker, vom Bildungsbürgerideal nur in begrenztem Ausmaß etwas hielt. Wehe dem, der Beruf primär als Charakterbildung auffaßte und reine Broterwerbstätigkeiten geringschätzte, mit dem legte er sich bis aufs Messer an. Besser was Handfestes als frustrierte Studenten, pflegte er zu predigen. Diese Lemminge, die die Universitäten überschwemmen, um sie als bestenfalls Halbgebildete wieder zu verlassen ... – Meine gelegentlich auftauchende Sorge, August werde nach der Schule planlos wie ein Schmetterling durch die Gegend gaukeln, war unbegründet. Augusts Blick, und der seiner Freunde, richtete sich zunehmend in die Zukunft, sie beschäftigten sich mit Berufsfindung und Lebensplanung. Neben Ulrich und dem Weiler waren im vergangenen Jahr etliche neue, sympathische Gesichter aufgetaucht. Oft saßen ganze Trauben junger Leute auf dem Balkon oder im Wohnzimmer, mitunter war auch Wanda dabei. Sie hörten Musik, neuerdings viel guten Jazz, weshalb ich oft die Tür zum Arbeitszimmer einen Spalt offenstehen ließ. Sie sprachen über Studium und Jobs und Partys und Politik und über das Leben. Als der Weiler, der ein Jahr älter war als die anderen, als erster in der Runde die Einberufung zur Musterung erhielt, gab es große Diskussionen um Wert oder Unwert des Militärdienstes, beziehungsweise Vorteile und Nachteile des Zivildienstes.

Diese Angelegenheit beschäftigte August sehr. Eines Abends brachte er das Thema während des Essens auf. Ich hoffe zu Gott, daß ich untauglich bin, wenn nicht, werde ich Zivildiener, sagte er. Richard blieb gelassen und aß weiter. Warum solltest du untauglich sein, meinte er eine Weile später, meines Wissens bist du kerngesund. An welche Form von Zivildienst denkst du? – August antwortete, Richard fragte, August antwortete wieder, aber dem Gespräch fehlte der rechte Biß. Ich hatte das Gefühl, daß es an meiner Anwesenheit lag, die beiden hätten lieber zu zweit darüber gesprochen. Nach dem Abendessen verschwanden sie im Arbeitszimmer, August schloß die Tür. Wenige Minuten später öffnete Richard sie noch einmal, lachte mich sehr lieb an und sagte: Du verstehst? – Ich glaube, ich verstand. – Ich hörte sie murmeln, ihre Stimmen stiegen und fielen. Ha, Papa, hörte ich August einmal deutlich sagen, jetzt hast du dir den disputativen Todesstoß versetzt. – Richard lachte.

Ich weiß nicht, wie lange sie sprachen. Gegen Mitternacht ging ich schlafen. Übrigens, das Thema Militär war seit jenem Abend vom Tisch. Eineinhalb Jahre später absolvierte August seinen Militärdienst. Ulrich war der einzige von Augusts Freunden, der Zivildiener wurde. Es ist mir immer schleierhaft geblieben, weshalb ausgerechnet Ulrich.

Ehe August in die Ferien fuhr, fand im Stadion unserer Stadt ein Pink-Floyd-Konzert statt. Unter der Jugend galt es als *die* Sensation, August und die seinen hatten selbstverständlich seit Monaten Karten. Am Abend des Konzerts sammelten sie sich vor unserem Haus, sie trugen ältestes Zeug, hatten sich auf »abgefuckt« zurechtgemacht. August hockte hinter Ulrich auf dem Moped, beide winkten zu mir herauf, ehe sie abfuhren. In den letzten Nachrichten wurde das Konzert aus dem Stadion kurz live eingeblendet. O Gott, dachte ich, als ich die jungen Leute mit verdrehten Augen, teils auf dem Rasen, teils dicht gedrängt auf den Bänken sitzen, stehen oder liegen und dem psychodelischen Sound verfallen sah; die haben ausgeklinkt. – Josef fiel mir ein. Alle meine August-Ängste ballten sich wieder einmal zusammen und machten einen Knopf in meinem Magen. Ich hörte August nach Hause kommen. Es war 3 Uhr früh.

Er schlief bis Mittag. Ist noch Kaffee da, fragte er, als er schließlich, ziemlich verknittert, auftauchte. Er beugte sich zu mir herunter, legte seinen Kopf flüchtig auf meine Schulter und schnurrte: Toll war's, Mama, so toll. – Ich habe ein Stück in den Nachrichten gesehen. Mir kam's ziemlich wüst vor, diese ausgeflippten Typen mit den verdrehten Augen . . . – Ich brach ab, weil ich August nicht kränken wollte. Er merkte es nicht. Du müßtest dabei gewesen sein, schwärmte er, dieser gigantische Sound, und die Lichteffekte, und darüber die Sternennacht, unvergeßlich. Es ist das Gesamterlebnis, das dich high macht. – Und ein kleiner Joint dazu, sagte ich spitz. Ja, auch ein Joint, sagte August gelassen. Gestern war die Nacht für einen Joint, ich habe auch geraucht. – Er hörte, wie ich die Luft einzog. Machst du dir Sorgen? fragte er und sah mir in die Augen. Das brauchst du nicht. Ich habe ganz bewußt, ganz kontrolliert geraucht. Gestern hat es einfach dazugehört. Sonst hätte ich es nicht getan. – Ich nahm es ihm ab, ich verstand ihn sogar. Wahrscheinlich war auch das ein Zeichen für Augusts neue Mündigkeit.

Das Es, das Ich, das Über-Ich

Psychoanalyse fasziniert mich, aber ich will nicht wissen, wie sie geht. Ich würde sie weder aktiv und schon gar nicht passiv betreiben wollen, ich fühle mich mit meinem Komposthaufen von Unbewußtem und Bewußtem durchaus gut bedient. Und doch empfinde ich einige grundlegende psychoanalytische Erkenntnisse als äußerst hilfreich und benütze sie bei Bedarf mit Wonne. Zum Beispiel jene von der Dreiteilung des Seelenlebens: Das »Es«, das »Ich«, das »Über-Ich«; Termini, deren Sprachmelodie ich bestechend finde und deren Inhalte ich unterschreibe

Unter »Es« subsumiert die Psychoanalyse alles Triebhafte, Instinktive, alles, was in das Reich des Unbewußten fällt. Das »Ich« steuert die bewußte Ebene unseres Lebens, alles, was auf Erkenntnis beruht, all unser Denken, Handeln, Planen, Wählen und Werten. Das »Über-Ich« stellt, auf einen verständlichen Nenner gebracht, unser Gewissen dar. Lotte Schenk-Danzinger, die weise alte Dame der Entwicklungspsychologie, nennt das »Über-Ich« den Träger unseres Wertsystems. An ihm unser Verhalten zu orientieren, seien wir bestrebt, sagt sie, und jedes Zuwiderhandeln würde mit Sanktionen, das heißt mit Schuldgefühlen und Gewissensbissen bestraft. Die grundlegende, typische menschliche Konfliktsituation bestehe in der Auseinandersetzung zwischen den Triebansprüchen des »Es« und dem »Über-Ich«; sie entstehe immer dann, wenn die Befriedigung dieser Triebansprüche als mit dem Wertsystem nicht übereinstimmend vom »Über-Ich« zurückgewiesen würde. Das Ausmaß der Triebbefriedigung, wobei wir vor allem an die Befriedigung des Nahrungsbedürfnisses, der Sexualität und der Aggressivität denken müßten, würde durch die Strenge des »Über-Ich« entschieden und diese wieder durch die Strenge der Erziehung. Am heftigsten sei der Konflikt dann, wenn die Triebkräfte sehr stark seien und das Gewissen sehr streng.

Irgendwann im Laufe von Augusts mühsamen Pubertätsjahren hatte ich meinem Freund, dem Psychiater, gegenüber geklagt, daß sich das »Über-Ich« meines Sohnes offenbar rückentwickle. Er hatte gelacht und gesagt, soweit er es beurteilen könne, bewege sich alles im Bereich gesunder Normen, vielleicht liege es daran, daß ich die Manifestationen von Augusts »Über-Ich« als solche nicht erkennen wolle. Wahrscheinlich hatte er recht. In eigener Sache mangelt es einem gern an Einblick und Übersicht. Klar hingegen ortete ich jenen Es-Ich-Über-Ich-Konflikt, der Wandas ins siebzehnte Jahr gehendes Leben durcheinanderbrachte. Ein wahrer Titanenkampf der dreigeteilten Seele, ein Kuddelmuddel, das Wanda bravourös ausfocht. Es ging als »die Affäre Leopold« in Wandas Geschichte ein.

Eigentlich hieß Leopold nur Leo, aber das war Wanda zu banal gewesen. Woher hast du den Kerl, hatte der Padrone sie einmal wutschnaubend angeplärrt. Aufgelesen, beim Joggen, hatte Wanda schnippisch geantwortet und sich damit über jenes Faktum hinweggemogelt, das im Verlauf der Ereignisse ihrem Über-Ich besonders schwer zu schaffen machen sollte. Denn Wanda hatte Leo mitnichten aufgelesen. *Leo* hatte *Marie* aufgelesen und war letzterer total ergeben, bis Wanda kam und fand, sie könne mit Leos Ergebenheit so viel mehr anfangen als die blutleere Marie.
Im Frühjahr nach Wandas fulminantem Auftritt bei dem Schulfest litt sie unter Bewegungsmangel. Schau mich an, ich hab einen Hintern wie eine Sitzkassiererin, raunzte sie, als sie mich nach den Semesterferien zum ersten Mal besuchte. Sei nicht lächerlich, sagte ich und blickte auf Wandas Kehrseite, die sie mit rückwärts verrenktem Kopf und ärgerlich gerunzelter Stirn in meinem Garderobenspiegel betrachtete. Doch, sagte sie, indem sie mit der flachen Hand auf ihren kleinen Jeanspopo hieb, es muß etwas geschehen. Mit Ballett habe ich schon zu lange ausgesetzt, da will ich jetzt nicht mehr hin. Ich werde mit Marie joggen gehen. Die rennt nämlich wie besessen, dreimal die Woche, in der Au. –
Die magere Marie war sportbesessen, aus unerfindlichen Gründen quälte sie ihrem Körper ständig athletische Höchstleistungen ab. Sie zeigte sich nicht begeistert, als Wanda sich ihr anschließen wollte, sie jogge lieber allein, sagte sie. Aber wenn Wanda sich etwas in den

Kopf setzte, war gegen sie kein Kraut gewachsen. Als die beiden Mädchen zum ersten Mal gemeinsam am weichen Auweg dahintrabten, brach plötzlich ein irrsinnig fescher Jogger aus dem Unterholz. Groß, braungebrannt, Schultern wie Batman, muskulöse, schöne Beine, und diese geschmeidigen Bewegungen, wenn du weißt, was ich meine. So ungefähr lauteten Wandas Worte, als sie mir, Monate später, die Faszination verständlich machen wollte, welche Leo auf sie ausübte.

Leo war einundzwanzig, von Beruf Maurer und aus Begeisterung Stürmer in einem kleinen Fußballverein. Er war eine simpel konstruierte, zufriedene Natur, hatte mit sich und der Welt keine Probleme und besaß den normalen Beschützerinstinkt eines starken, gesunden jungen Mannes. Als er im Herbst während seines täglichen Konditionstrainings in der Au zum ersten Mal der klapperdürren, joggenden Marie ansichtig geworden war, hatte sich dieser Instinkt geregt. Er lief hinter ihr drein und sprach sie an. Es sei gefährlich für sie, hier in der Au, so allein, erklärte er ihr, wenn sie nichts dagegen hätte, würde er auf sie aufpassen. Somit hatte eine einseitige platonische Love-Story begonnen. Leos Liebe für Marie war zart und ergeben, nie wäre er auf die Idee gekommen, ihr nahezutreten, zumal sie an eine solche Möglichkeit überhaupt nicht zu denken schien. Marie machte sich nicht viel aus Leos Präsenz. War er da, gut. War er nicht da, auch gut. Er war zwar so gut wie immer da, aber für Marie hatte er etwa soviel Bedeutung wie ein Aubaum: Er war nichts anderes als Staffage für ihren Bewegungstrieb. Sie unterhielt sich auch kaum mit ihm. Wenn sie ihr Laufpensum für erledigt hielt, durfte er sie zum Autobus bringen. Bis übermorgen, sagte er dann, tschüs. – Oft nickte Marie nicht einmal zum Abschied. Aber Leo schien sich damit zu bescheiden.

Mit Wandas Auftauchen begann die Atmosphäre zu knistern. Ohne erkennbare Absicht erreichte Leo so ziemlich alles in ihr, was triebhaft war. Als sie zum ersten Mal hinter ihm dreinlief, wußte sie instinktiv, daß sie ihn wollte; und sie bekam ihn. Sie richtete es so ein, daß man nach Abschluß des Joggens auf einer Wiese Entspannungsübungen trieb, eine ideale Gelegenheit für Wanda, ihren hübschen Körper ins rechte Licht zu rücken. Sie war lebhaft und lachte viel, sie neckte Leo und sprach seinen Stolz an und schmeichelte seiner Eitelkeit, kurz, sie reizte und verführte ihn mit allen ihr zur Verfügung stehenden Mitteln. Mitte April nahm Leo Marie, die, sowieso ziemlich stumm, inzwischen völlig verstummt war, gar nicht mehr zur Kenntnis. Er hatte nur mehr Augen für Wanda. Als sie schließlich ganz bewußt – »So was Blödes, ich hab mich geirrt, ich hab geglaubt, heute wäre Mittwoch« – an einem Tag auftauchte, an dem sie und Marie normalerweise nicht liefen, war's um Leo geschehen. Auf einem Bett aus weichem Auwaldlaub schlief er mit Wanda und schenkte ihr dabei offenbar etwas, das ihr bis dato unbekannt gewesen war: Lust. Nur so kann ich mir erklären, daß die alles dominierende, willensstarke Wanda dem nicht sehr differenzierten Leo verfiel. Und zwar in einem Maß, das bald ihre besorgte Familie auf den Plan rief.

Mit dem ihr eigenen starrsinnigen Stolz bekannte sich Wanda zu ihrer Leidenschaft, eines Tages präsentierte sie Leo zu Hause. Der Padrone war fassungslos. Siehst du denn nicht, daß der Mensch überhaupt nicht zu dir paßt, daß er aus einer völlig anderen Welt kommt? appellierte er an Wandas Urteilsvermögen; aber just das hatte zur Zeit ausgesetzt. Er ist vom Bau, wie du, Papi, sagte sie maliziös, zumindest versteht er dein Handwerk. – Wandas Mutter stöhnte ein übers andere Mal »Kind!« und rang hauptsächlich die Hände. Veruschka rümpfte die Nase und sagte, von nun an müsse sie sich in acht nehmen, wenn sie ihre Freunde nach Hause bringe, denen sei Leos Gesellschaft nämlich nicht zumutbar. Blöde Kuh, rutsch mir den Buckel runter, zischte Wanda. Einmal rief mich der Padrone an und bat, ob ich nicht ... Nein! lehnte ich kategorisch ab, *eine* Einmischung hätte mir gelangt. Überdies bekam ich Wanda während der Affäre Leopold kaum zu Gesicht. Ein einziges Mal, anläßlich eines Kurzbesuchs, hatte sie mir ein wenig von ihm erzählt. Hast du ein Foto? fragte ich. Etwas verlegen holte Wanda einen Schnappschuß aus ihrer Börse. Ein gut gewachsenes Mannsbild, breite Stirn, eine gutmütige Harmlosigkeit im Blick. Madonna, dachte ich, der arme Kerl, was fängt der mit einem komplizierten Wesen wie Wanda an. Fesch, sagte ich laut, tolle Figur, und reichte ihr das Bild zurück. Das von Wandas Familie verursachte Zeter und Mordio bewirkte zunächst das Gegenteil; je mehr der Padrone tobte, die Mutter flehte und Veruschka ätzte, desto heftiger bekannte sich Wanda zu Leo.

Nur ihrem ältesten Bruder Ladislaus gelang es, sie nachdenklich zu stimmen. Er hatte Leo anläßlich eines Familienessens kennengelernt; Wanda hatte darauf bestanden, den Freund mitzubringen, und ihren Willen durchgesetzt. Spät abends, als Leo längst gegangen war, kam Ladislaus auf einen Tratsch in Wandas Zimmer. Wenn du ihn wirklich gern hast, tu ihm unsere Familie nicht an, riet er der Schwester. Siehst du denn nicht, wie unwohl sich der arme Mensch hier fühlt? Die Zwillinge feixen bei jedem Wort, das er sagt, Verusch starrt ihm penetrant auf den Mund, wenn er kaut, Mami redet nicht mit ihm, weil sie nicht weiß, was sie sagen soll, und Papa redet nicht mit ihm, weil er ihm zeigen will, daß er ihn ablehnt. Triff ihn, Wanda, schlaf mit ihm, lieb ihn, wenn du nicht anders kannst. Aber zerr ihn nicht hierher, wo er leidet. –

Ich halte es für wahrscheinlich, daß Wandas »Ich« sich zu diesem Zeitpunkt längst gemeldet, daß der kognitive Prozeß des Denkens und Wertens hinsichtlich Leos schon eingesetzt hatte. Er wurde jedoch durch einen kapitalen Krach unterbrochen, den der Padrone vom Zaun brach. Er wolle »den Kerl« nie wieder in seinem Haus sehen, schrie der Vater im Zuge eines Wortwechsels zum Thema Leo seine Tochter an. Letztere drohte mit Ausziehen. Dann lasse er »den Kerl« einsperren, drohte der Vater zurück. Worauf Wanda ihm mit vor Wut kippender Stimme versicherte, sie halte ihn für den fleischgewordenen Hitler-Stalin-Pakt. Der Padrone verstummte. Dann sagte er mit erschreckender, weil ungewohnter Eiseskälte: Ich werde so lange kein Wort mehr mit dir wechseln, bis du den Kerl aufgegeben hast. –

Der Padrone hielt, was er versprochen hatte. Und Wanda hielt an Leo fest. Das totale Patt also. Wanda litt, Leo litt, der Padrone litt. Letzterer glaubte irrigerweise, seine Vaterwürde nur mit Konsequenz retten zu können. Das Schweigen zwischen ihm und Wanda ging in die sechste Woche. Die Familie ging auf Zehenspitzen. Wer weiß, wie lange sich die Affäre Leopold noch hingezogen hätte, wenn die Sache mit Marie nicht plötzlich aufgebrochen wäre.

Zwei Wochen nach Ende der Pfingstferien fiel Wanda bei mir ein wie eine Sturmmöwe. Etwas Grauenhaftes ist passiert, sagte sie, und in

ihrer Stimme lag Panik, Marie hat eine Todeskrankheit, und ich bin schuld daran! –
Es dauerte eine Weile, ehe ich das verstörte Mädel ins Arbeitszimmer verfrachtet und soweit beruhigt hatte, daß ihr Zusammenhängendes zu entlocken war: Durch einen Unfall in der Schule war entdeckt worden, daß Marie an Magersucht litt. Und Wanda war davon durchdrungen, daß sie die Schuld an Maries Krankheit trug, weil sie ihr Leo weggeschnappt hatte. Es bedurfte kannenweise starken Tees und vieler, mit leiser, ruhiger Stimme gestellter Fragen, bis ich den Fall einigermaßen rekonstruieren konnte.
Im Turnunterricht war einer von den schweren Böcken gekippt und so unglücklich umgestürzt, daß er Marie an der Hüfte streifte. Laß sehen, sagte die Turnlehrerin, aber Marie entwich ihr und meinte, es sei gar nichts, obwohl sie ziemlich stark hinkte. Gut, dann gehen wir zum Schularzt, beschloß die Lehrkraft und führte Marie trotz heftigen Sträubens ab. Als der Schularzt Marie aufforderte, ihre überweite Trainingshose auszuziehen, weigerte sie sich. Sei doch nicht so zickig, fuhr die Lehrerin sie ungeduldig an. Zögernd streifte Marie die Hose herunter. Der Anblick, den Maries Beinchen boten, muß erschreckend gewesen sein. Eingefallene Oberschenkel, Haut und Knochen. Ich habe so etwas noch nie gesehen, es war zum Heulen, erzählte die Lehrerin später. Der Arzt bat sie, zu gehen, er wolle sich mit der Schülerin allein unterhalten.
An diesem Tag kehrte Marie nicht mehr in die Klasse zurück. Offiziell hieß es, sie habe eine schwere Prellung erlitten und sei nach Hause geschickt worden. Aber die Mädchen merkten, daß etwas nicht stimmte. Es herrschte ein Kommen und Gehen, die Klassenlehrerin wurde zum Schularzt gerufen, Maries Eltern verständigt, und als sie eintrafen, fand im Untersuchungsraum des Schularztes eine Konferenz statt, zu der die Turnlehrerin wieder hinzugezogen wurde. Die Klasse tuschelte. Soviel Aufhebens um eine Prellung, da stimmte doch etwas nicht. Was war los mit Marie, was fehlte ihr? Mußte sie sich für etwas schämen oder vor etwas fürchten? Schließlich machte die Klassenlehrerin mit Maries und deren Eltern Einverständnis den Spekulationen ein Ende. Zwei Tage später – Marie fehlte immer noch – klärte sie die Mädchen auf. Hört zu, sagte sie, Marie ist ziemlich krank. Sie hat die Magersucht, auch Anorexia ner-

vosa genannt. Es ist dies eine sehr schwere Krankheit, die auch zum Tode führen kann, fuhr die Lehrerin fort. – Wanda und die anderen saßen vor Schreck mucksmäuschenstill. In der Hauptsache leiden Mädchen an Magersucht, bei Buben kommt die Krankheit höchst selten vor. Am häufigsten tritt sie in der Pubertät oder kurz danach auf. Es handelt sich um eine Störung, deren Hauptmerkmale hartnäckige Essensverweigerung und erschreckender Gewichtsverlust sind. Marie wiegt bei einer Größe von 1,72 Meter nur mehr 41 Kilogramm. In die Magersucht rutscht man scheinbar zufällig, indem man eine Abmagerungskur macht, und noch eine, und noch eine. Diese gewissen Illustriertendiäten und euer Schlankheitsfimmel, ihr wißt schon, was ich meine. Warum manche Menschen plötzlich nicht mehr aufhören können zu hungern, weiß man noch nicht genau. Fest steht nur, daß die Ursachen für Magersucht in der Seele liegen. Deshalb erzähle ich euch das alles. Marie wird sich, um gesund zu werden, einer Psychotherapie unterziehen müssen, und sie wird sehr zu kämpfen haben, um da herauszukommen. Letztlich kann sie es nur allein schaffen. Aber weil es primär ihre Seele ist, die gesund werden muß, können wir alle ihr vielleicht dabei helfen. – Wandas Klassenlehrerin unterrichtete Deutsch, weshalb sie ihren Appell mit Schnitzler schloß. Die Seele, sagte sie, ist ein weites Land. – In Wandas Hirn hatten sich zwei Satzfragmente festgehakt. »Krankheit, die zum Tode führt«, und: »Die Ursache liegt in der Seele.« Ich kann mir schon denken, warum Marie krank geworden ist, sagte sie mit Grabesstimme. Weil ich ihr den Leopold gestohlen habe. – Sie starrte mit weit aufgerissenen Augen vor sich hin. Und wenn sie stirbt, lebe ich mit einer Leiche im Schrank. – Sie beutelte sich ab, als hätte sie Schüttelfrost. Wenn der Anlaß nicht so ernst gewesen wäre, hätte ich laut gelacht, Wanda in Konfrontation mit ihrem plötzlich erwachten Über-Ich hatte etwas Komisches an sich.

Laß die dummen Reden, sie wird nicht sterben. – Ich war überzeugt, daß Marie es schaffen würde. Wandas Schulfest kam mir in den Sinn, Marie und Victoria an meiner Seite, und dieses vage Gefühl beim Anblick Maries, ich müsse mich an etwas erinnern ... Jetzt erst fiel es mir wieder ein: Vor etwa zwei Jahren hatte ich im Auftrag eines populärwissenschaftlichen Magazins einen medizinischen Bericht über Anorexia nervosa übersetzt, der etliche Fallstudien ent-

hielt. Einer dieser Fälle glich dem Maries. Einzelkind, Bilderbuchfamilie, dominierender, erfolgreicher Vater, Mutter, die sich total unterordnet. Die Familienatmosphäre von reibungsloser Kühle. Dann die Pubertät mit ihren Umstürzen und Unsicherheiten, durch den Vater vorgegebene Leistungsbetontheit einerseits, mangelndes Selbstbewußtsein andererseits. Reiß dich zusammen, hört das Kind immer wieder, sei nicht so, sondern so, mit ein bißchen gutem Willen geht doch alles. Das Kind weiß, daß es erwachsen werden soll, und will doch lieber Kind bleiben. Marie! Dieses eine, im Bericht beschriebene Kind hätte Marie sein können!
Wart einen Augenblick, ich muß etwas suchen, sagte ich zu Wanda und wühlte mich durch etliche Schränke, bis ich die Kopie meiner Übersetzung gefunden hatte. Da, nimm das mit und lies es. Wenn du das Bedürfnis hast, darüber zu sprechen, komm zu mir. Und noch etwas, fügte ich nach kurzem Zögern hinzu, belaste deinen Leopold nicht mit dieser Sache. – Wanda umarmte und küßte mich auf beide Wangen. Danke, sagte sie, danke, danke, danke. –
Von nun an kam sie wieder häufiger. Sie hatte nicht nur meinen Bericht genau studiert, sondern sich noch zusätzliches Material über Magersucht verschafft. Sie wußte über die Krankheit ziemlich viel; daß sie in zehn bis fünfzehn Prozent zum Tod führt; daß bei magersüchtigen Mädchen die Regel ausbleibt und daß selbst von der Sucht befreite Frauen oftmals unfruchtbar bleiben; sie wußte um den krankhaften Bewegungsdrang der Süchtigen und um ihre Listen, sich um Mahlzeiten zu schummeln, und um ihr aberwitziges Kalorienzählen, und um ihr manisches Abwiegen. Immer wieder wendete sie das Wissen, das sie akkumulierte, auf den Fall Marie an. Glaubst du, daß es bei Marie auch so war? Glaubst du wirklich, daß sie kein Interesse an Männern und Sex hatte, daß sie nie auf die Weise gefallen wollte wie ich oder Victoria? Wie oft bin ich im Laufe dieses Frühlings auf solche und ähnliche Fragen eingegangen, wie oft habe ich versucht, Wandas Gewissensbisse zu lindern. Marie und Leo. Es schien mir, als würden sie für Wanda zu einem Monsterproblem zusammenwachsen.
Paß auf, warnte ich sie eines Nachmittags, du bist dabei, einen Schuldkomplex zu entwickeln, und das ist nicht sehr gesund. Du mußt die Affäre Leopold von der Affäre Marie trennen. Leo hat mit

Marie nur insofern etwas zu tun, als du ihn durch sie kennengelernt hast. – Wanda überlegte eine Weile. Du glaubst, ich habe ein schlechtes Gewissen wegen Leopold, stimmt's? Hab ich aber nicht mehr. Das hab ich durch- und ausgedacht. – Wieder überlegte sie, ehe sie fortfuhr. Es ist etwas ganz anderes, über das ich jetzt viel nachdenke. Weißt du, ich bin draufgekommen, wie sehr man aneinander vorbeilebt. Seit bald zwei Schuljahren bin ich mit Marie zusammen. Ja, sage ich, wenn mich jemand danach fragt, sie ist meine Freundin. Und ich habe doch nie gewußt, wie allein und einsam sie ist. Ich hab sie nie verstanden. –

Das Schuljahr ging seinem Ende zu. Es war Juni, heiß und gewittrig. Ich saß auf dem Balkon, als Wanda auftauchte. In einer Hand trug sie einen prall gefüllten Einkaufssack, in der anderen hielt sie ein Windrad aus pfauenblauer und pfingstrosenroter Folie. Willst du sehen, was ich eingekauft habe? Alles für Amerika. – Der Padrone hatte seinen Willen durchgesetzt, Wanda wurde, um sie wenigstens den Sommer über von Leo zu separieren, zu einer befreundeten Familie nach Virginia geschickt. Schau, sagte sie und breitete ihre Schätze aus. Shorts, Sandalen, Regenmantel. – Es klang nicht sehr enthusiastisch.
Sie ließ sich auf einem der etwas schäbig gewordenen Korbstühle nieder. Wie lange habe ich die jetzt schon, dachte ich flüchtig, als ich Wandas Gesicht vor dem Hintergrund des längst nicht mehr reinweißen Geflechts sah – ich müßte sie einmal streichen. Oder neue kaufen. Wann fährst du? fragte ich Wanda. In zehn Tagen. – Sie hielt das Windrad über ihren Kopf, leise raschelnd drehte es sich etwas, blieb stehen. Wie geht es Marie? – Du weißt ja, sagte sie, dann und wann ein Rückfall. Sie plagt sich sehr, aber ich glaube, sie wird durchhalten. Und ihre Eltern ziehen mit. Sie machen immer noch Familientherapie. – Wir schwiegen eine Weile. Was wird Leopold im Sommer machen, fragte ich schließlich, weil die Frage in der Luft lag. Wanda gab dem Windrad mit ihrem Zeigefinger einen sachten Schubs. Arbeiten, trainieren und im Sommer einen Englischkurs machen, glaube ich. – Wieder drehte sie am Windrad, schwieg. Dann räusperte sie sich und sagte: Ich bin nicht gekommen, weil ich dir die

neuen Sachen zeigen wollte. Ich wollte dir sagen, daß ich mit Leopold Schluß gemacht habe. Heute. Jetzt, vor einer Stunde. –
Ich blieb ganz still sitzen und sah sie nicht an. Wie früher, als Wanda noch klein war und ich bügelte, wenn sie mir ihr Herz ausschüttete. Weißt du, es hat sein müssen, wir haben uns ja nichts mehr zu sagen gehabt ... Vielleicht haben wir uns nie wirklich etwas zu sagen gehabt ... Aber was war's dann, was ich so lieb gehabt habe an ihm? – Ihre Stimme klang weh, als sie fortfuhr. Wir haben beide geheult, als wir uns getrennt haben. Warum haben wir uns dann getrennt? – Sie erwartete keine Antwort. Schau, sagte sie, das Windrad hat er mir zum Abschied geschenkt. – Sie strich damit über ihre Wange und wischte eine Träne damit fort. Schsch-schsch ..., machte ich leise, als wäre Wanda noch ein kleines Kind. Jetzt erst sahen wir uns in die Augen. Glaubst du, daß ich ihn geliebt habe? fragte Wanda. Glaubst du, kann ich überhaupt lieben? – Da waren sie wieder, Wandas Zwischentöne, die ich im Herbst verloren geglaubt hatte.

August und Wanda

Der Frosch ist das Symbol der heilen Welt, erklärte uns August mit missionarisch angehauchter Begeisterung.
Richard und ich hatten ihn vom Bahnhof abgeholt. Vier Wochen lang war er mit einer Gruppe Zoologen, Biologiestudenten und einigen ausgesuchten, an Biologie interessierten Schülern durch das schottische Hochland getrekkt, um Naturbeobachtungen in einem intakten Ökosystem zu betreiben. Das ist die sinnvollste Art, Ferien zu verbringen, die mir je untergekommen ist, hatte Richard gefunden, als August ihn vor Monaten mit flehenden Augen von der Möglichkeit unterrichtet hatte, an der Exkursion teilzunehmen. Fahr, ich bin dafür, hatte Richard gemeint. Aber es ist furchtbar teuer, Papa, hatte August zaghaft zu bedenken gegeben. Er wußte, daß sein Vater Extravaganzen nicht unterstützte; er gebe kein Geld für Blödsinn aus, wenn es sich vermeiden lasse, pflegte er zu sagen und sich daran zu halten. Indes, für den Schottland-Trip war Richard Feuer und Flamme und machte ohne viel Umstände die nötige Summe locker. In diesem Fall sei die Preisfrage sekundär, hatte er entschieden. Ich glaube, er wäre selbst gerne gefahren.
August war voll von Eindrücken. Er erzählte von unbesiedelten Lochs und menschenleeren Glens, von unregulierten Bächern, jahrhundertealten Weiden, Erlen, Birken und Föhren. Er sprach von Hochmooren, Rieden und Sümpfen, er ahmte die Rufe von Fischadlern, Wanderfalken, von Feldschwirln, Brachvögeln und Austernfischern nach, er erzählte von Ottern und von Fröschen. Von Fröschen insbesondere, immer wieder.
Er ist ganz fasziniert von den Viechern, er tut, wenn er von ihnen redet, als hätte er eine einschneidende persönliche Bekanntschaft gemacht, sagte ich zu Richard, als wir zu Bett gingen. Richard grinste listig. Aufgefrischt, eine alte Liebe aufgefrischt, korrigierte er und machte ein Gesicht, als hätte er schon immer gewußt, daß es so kommen würde. Er drehte das Licht ab, wir lagen eine Weile im Dunkel,

ich dachte, er wäre eingeschlafen, als er leise vor sich hin murmelte: Ich glaube, wir müssen uns keine Gedanken mehr machen, was aus August werden wird, der Sommer dürfte es entschieden haben. Du wirst sehen, August wird Biologie studieren. – Es klang zufrieden.
In diesem Herbst, in dem August und Wanda und ihre Freunde in die achte Klasse kamen, war bei uns viel von Zukunft die Rede, wobei es weniger um persönliche Schicksale, als um die Welt im allgemeinen und die Umwelt im besonderen ging. Junge Leute kamen und gingen, sie rotteten sich zu hitzigem Debattieren zusammen, im Zigarettenqualm von Augusts Zimmer, bei Tee und Wurstbroten in der Küche, bei Soul im Wohnzimmer. Sie ereiferten sich über die Vernichtung des Regenwaldes und die durch giftige Abgase zerstörten Atmungswege von Kleinkindern. Sie wußten über Schadstoffe in der Luft und die Zusammensetzung von saurem Regen und die Ursachen für Grundwasserverschmutzung Bescheid. Sie waren gegen Atomkraft und die Zerstörung von Auwäldern und die Erschließung von Gletschern und immer neuen Schipisten; und sie waren für Abrüstung, Kat und Tempolimit auf den Autobahnen. Sie mißtrauten Politikern und verehrten Denker. Sie waren überzeugt, daß unser herrschendes politisches System zu schwerfällig, zu schwunglos sei, um die anstehenden Probleme zu bewältigen. Und doch waren sie, trotz ihrer Skepsis, nicht hoffnungslos, weil sie daran glaubten, selbst etwas gegen die drohenden Gefahren tun zu können.
Es waren auch einzelne darunter, deren Haltung mir unsicher, überwiegend skeptisch, ängstlich und passiv zu sein schien. Aber sie wurden von den anderen, den Bewegern, nicht zurückgelassen, sondern, sofern sie es zuließen, mitgerissen, wer weiß, wie lange, aber mitunter genügt eine einzige Einsicht, ein einziger positiver Gedanke, um einen Wandel einzuleiten. Ich habe in meinem erwachsenen Leben selten mehr gelernt als an jenen Nachmittagen und Abenden, an denen ich, über lang ausgestreckte junge Beine hinweg, in einen stillen Winkel unserer Wohnung turnte, um den jungen Stimmen zuzuhören. Um diese beweglichen, feurigen Gesichter zu betrachten. Um zu sehen, wie sie ihre Flügel bewegten, bereit zu fliegen, schon Libellen.
Manchmal besprachen sie auch persönliche Pläne. August drückte sich bei solchen Gelegenheiten stets sehr vage aus. Irgend etwas in

Richtung Naturwissenschaft, meinte er, wenn Ulrich drängte: Also sag, weißt du endlich, was du studieren wirst? Jetzt wird's langsam Zeit. – Ulrich selbst erklärte immer wieder, er wolle Geld verdienen. Keine Stunde länger auf einer Schulbank, als unbedingt nötig, ließ er uns wissen, nie wieder Schule! Ich möchte eine schicke Wohnung und eine tolle Stereoanlage und eine fesche Freundin, mit der ich ins Kino gehe und italienisch essen, und mit der ich auf die Seychellen fliege, wenn's mir Spaß macht. Und ich möchte einen Lancia fahren. Und weil ich das alles möchte, bin ich auch bereit zu arbeiten wie ein Berserker. – Wenn ich Ulrich solche Töne spucken hörte, fühlte ich mich um ein Vierteljahrhundert zurückversetzt, glaubte einen Altvorderen zu hören. Konsumorientiertes Wohlstandsdenken, war's das nicht gewesen? Die neuen Jungen schienen mir so anders, schienen mir, frei nach Erich Fromms Devise »Mehr Sein statt Haben«, auf der Suche nach neuen Wegen. August wenigstens war so. Würde die voraussehbare Divergenz ihrer Lebensstile die Kinder- und Jugendfreunde August und Ulrich einmal trennen? Ich beobachtete August, wenn Ulrich seine Visionen von einem Werbespot-Dasein entwarf. Kein Zeichen von Ablehnung oder gar Verachtung. Nichts als friedfertige Zurkenntnisnahme.

Jeder nach seiner Fasson. Auch das war ein Zeichen »meiner« Kinder: Toleranz.

Einmal fand sich die Gelegenheit, mit Ulrichs Bruder Martin über Ulrichs Zukunftsträume zu sprechen. Martin war angehender Jurist, ein ernster junger Mann, der sich nach der Scheidung der Eltern nicht nur sehr rasch freigeschwommen, sondern stillschweigend auch einen Teil der Verantwortung für den verunsicherten jüngeren Bruder übernommen hatte. Unaufdringlich, aber mit ruhiger Autorität beriet und leitete er Ulrich, der sich schrecklich verloren vorgekommen war und dem Bruder, knapp nachdem die Mutter zu ihrem Freund gezogen war, einmal gestanden hatte: Martin, Martin, ich bin so ein Schwein. Weißt du was? Mir wäre lieber, Mami wäre tot, statt daß sie uns verlassen hat. – Martin erklärte mir, weshalb er es richtig fand, daß Ulrich gleich nach der Schule verdienen wolle. Ich glaube, er will und muß sich bestätigen, profilieren. Beim Studium würde er immer hinter den Freunden sein, immer der Letzte, genau wie heute, in der Schule. Wenn er verdient, kann er sich und den an-

deren beweisen: Schaut her, ich bin auch wer, anders als ihr, aber auch gut. Er braucht das, für sein Ego. –
Und Wanda, Victoria, Marie? Karriere wolle sie machen, erklärte Wanda neuerdings. Großformatige Karriere als Kunstmanagerin, das würde ihr gefallen. Was ist das, Kunstmanagerin? fragte ich. Weiß ich auch nicht, sagte Wanda, aber wenn ich's bin, kann ich's dir sagen. – Victoria hingegen bekam die gewissen verklärten Hausmütterchenaugen, wenn man sie fragte, was sie nach der Matura machen wolle. Hugo und ich ..., begann sie. So begann jeder zweiter ihrer Sätze. Marie fragte ich *nicht* nach Plänen. Maries ganze Kraft floß in die Bewältigung ihrer Sucht. Ihre Zukunft hieß »frei werden«. Ein gewaltiges Vorhaben. Marie war mir immer konturlos erschienen. Seit sie beschlossen hatte, um sich zu kämpfen, besaß sie nicht nur Konturen, sie entwickelte Format.
Monate redeten und lachten und lebten August und seine Freunde dahin, als wäre dieses Schuljahr kein besonderes, als wäre die Tatsache, daß sie die Schule in etwas mehr als einem halben Jahr für immer verlassen würde, keine Tatsache, sondern eine Gedankenkonstruktion. Realität war für August die vorletzte Bank der 8a. Und sein alter Feind, Klassenlehrer Mandl. Und Hübner, Mathematik, sein Freund. Realität war der Weiler und Ulrich und dessen Moped. Real waren die langen Nachmittage, die man verträumte, vertratschte, verlas. Eines Tages waren sie zu Ende.
Mama! schrie August schon im Vorgarten. Mama! – Ich riß das Küchenfenster auf. Was ist los, rief ich, alarmiert. Wart, ich komm schon, rief August. Seine Stimme klang nach Unfall, Feuersbrunst oder Lottotreffer. Ich rannte in den Flur, öffnete die Wohnungstür, August kam, drei Stufen auf einmal, die Stiegen heraufgehetzt. Wir haben den Maturatermin! keuchte er, einen ganz frühen! Schon Ende Mai! –
Ich wußte nicht gleich, daß sich von diesem Zeitpunkt an manches ändern würde, ich merkte es erst im Laufe der nächsten Wochen und Monate: Was für mich immer noch unter der Bezeichnung »Augusts Kindheit« gelaufen war, war vorüber. August verhielt sich anders, erwachsen, zielgerichtet. Es war, als hätte man ihm, nach einem endlos langen, mühevollen Hürdenlauf, das Blinde-Kuh-Tuch von den Augen genommen, um ihm endlich den Blick auf die letzte

Hürde freizugeben: die Matura. Dahinter lag die Erwachsenenwelt. Wenn August die letzte Hürde genommen hat, wird er meinem Blick entschwinden, dachte ich. Ein beklemmender Gedanke. Vielleicht habe ich Augusts und Wandas Maturaball aus der Ahnung bevorstehenden Abschieds so intensiv erlebt. In diesem Ball schien mir alles – die Jahre der Pubertät, meine Wut und meine Ängste, mein Weh und mein Glück um und mit diesen Kindern – in einer Art Apotheose zu kulminieren.

Der Ball hatte Tradition. Seit mehr als dreißig Jahren wurde er von den achten Klassen des Knabengymnasiums, das August besuchte, und von denen des Mädchengymnasiums, in das Wanda ging, gemeinsam veranstaltet. Schüler anderer Schulen rissen sich darum, diesen Ball zu besuchen, Karten gingen weg wie warme Semmeln, die Veranstalter erzielten einen ansehnlichen Erlös, den sie zur Aufbesserung des Maturareise-Budgets verwendeten. Das Fest fand immer am letzten Samstag im Fasching in einem hübschen kleinen Palais statt, das man für Tanzveranstaltungen anmieten konnte. Die Maturantinnen und Maturanten beider Schulen eröffneten den Ball mit einer Polonaise, auf die sie wochenlang von einem Tanzlehrer gedrillt wurden. Mit wem eröffnest du? hatte ich August gefragt, als er von der ersten Probe nach Hause kam. Mit einer aus Wandas Klasse, Ingrid oder so, keine Schönheit, sagte er desinteressiert. Warum nicht mit Wanda? – Genau das hatte ich im stillen gehofft. August sah mich an, als hätte ich nicht alle Tassen im Schrank. Mit dem Zwerg? Da müßte ich ja beim Walzertanzen in die tiefe Hocke gehen. –

Drei Wochen vor dem Ball ging ich mit August einkaufen. Anzug blau, mit weißen Streifen, auch für die Matura gut zu brauchen, schlug August vor. Anzug dunkelgrau, viel eleganter und brauchbarer, fand ich. Kauf nicht das Teuerste, August könnte noch wachsen, gab mir Richard mit auf den Weg. Jaja, sagte ich und führte August in ein bekannt gutes Geschäft für Herrenbekleidung. Papa läßt dich entmündigen, wenn er sieht, wo du zuschlägst, warnte August. Er sieht's ja nicht, sagte ich.

Ich setzte mich durch. Anthrazitgrauer Fresko, weißes Hemd aus

England, Schuhe schwarz, edel, rahmengenäht, reinseidene Krawatte, klein gemustert. Ich praßte glücklich. Fabelhaft siehst du aus, sagte ich stolzgeschwellt, als ich den langen, schlaksigen Kerl im Standspiegel betrachtete. Auf Augusts Gesicht lag ein halb verlegenes, halb ungläubiges Lachen. Der eigene Anblick war ihm ungewohnt, aber er mißfiel ihm nicht. Automatisch straffte er die Schultern, schlenkerte ein wenig mit dem linken Bein, steckte die rechte Hand in den Hosensack und hatte somit versuchsweise jene lockere Männerhaltung angenommen, die heute längst ein Teil von ihm ist. Unsere Augen begegneten sich im Spiegel. August drehte sich zu mir herum. Danke für die tollen, tollen Sachen, Mama, sagte er und umarmte und küßte mich. Der Verkäufer war gerührt. Ich auch.
Wir kauften noch weiße Zwirnhandschuhe, die die Buben zur Polonaise tragen mußten, um die Mädchen nicht dem direkten Zugriff von Schwitzhänden auszusetzen. Wir kauften drei Leinentaschentücher und feine Socken und einen Seidenschal ... Ich hätte August gern die Welt gekauft. Aus, Schluß! sagte August. Und nach einem Augenblick des Überlegens: Wenn du mir wirklich noch etwas kaufen willst, dann bitte ein Taschenbuch, Karel Capek, »Der Krieg mit den Molchen«.
Zwei Wochen vor dem Ball kam Wanda. Was wirst du anziehen? wollte ich wissen. Großes Geheimnis, lachte sie, niemand weiß es, laß dich überraschen. – Sie überbrachte mir eine handgeschriebene Einladung ihres Vaters: Liebe, verehrte gnädige Frau, so vieles, was in den letzten Jahren geschah, verbindet uns. Würden Sie und Ihr Mann meiner Frau und mir die Freude machen, dieses Fest unserer Kinder gemeinsam mit uns zu feiern? Wir haben einen Tisch ... – Ja, mit Freuden, ließ ich ihn wissen und ärgerte mich über Richard, der murrte: Muß das sein? Ich kann mit dieser Wanda-Sippe ja gar nichts anfangen. Und den Vater finde ich gräßlich.
Eine Woche vor dem Ball kam Richard nach Hause und teilte mir so nebenbei mit, daß er am Tag des Balles leider in Genf sein müsse, er würde Augusts Paten bitten, mich an seiner Statt zu begleiten. Wenn du das tust, laß ich mich scheiden, jaulte ich auf. Richard war ganz verdattert. Ist dir denn der Klamauk so wichtig? – Ich würdigte ihn keiner Antwort. Zwei Tage später verkündete er mir säuerlich, er hätte die Reise nach Genf abgeblasen, sein Kollege würde seine mü-

den alten Knochen nach Genf schleifen müssen, nur wegen eines Schulfestes ... Kein Schulfest, Augusts erster Ball. Auf seinen zweiten wird er dich sicher nicht mehr mitnehmen, sagte ich scharf. Und dir würde im Leben etwas fehlen, wenn du dir das entgehen ließest. – Dann war der Tag des Balls gekommen. Ich war beim Friseur gewesen und hatte lang hin und her überlegt, was ich anziehen sollte, das Schwarze und meine Perlenkette, oder lieber das Glitzernde aus Rom? Man möchte meinen, es sei *dein* erster Ball, lachte Richard. Ist es auch irgendwie, als Mutter jedenfalls. Was soll ich anziehen? – Was du lieber hast. – Richards Standardantwort. August, schrie ich durch die geschlossene Badezimmertür, was soll ich anziehen? – Das Schwarze, es macht dich jünger! – Ich hörte, wie er die Dusche wieder anstellte. Seltsam, daß man sich an nebensächliche Details, an Geräusche, Gerüche und belanglose Sätze, über Jahre hinweg so genau erinnert.
August mußte früher weg, sein Polonaise-Mädchen abholen, für die Eröffnung Aufstellung nehmen. Als er ins Wohnzimmer kam, um sich zu verabschieden, pfiff Richard leise durch die Zähne. Du siehst gut aus, ausnehmend gut sogar. – August, du Depp, du hast den Pikkel auf der Nase gedrückt, fuhr ich dazwischen. Warte, ich tu ein bißchen Puder drauf ... – Untersteh dich, wehrte August ab und entfloh.
Als wir das Foyer des Palais betraten, herrschte ein derart ohrenbetäubender Krach, daß Richard gepeinigt die Augen schloß. Ich sah mich um, schnatternde, kichernde, albernde Jugendliche, strahlende Gesichter. Sie sind nur fröhlich, dann sind sie immer so, Richard. Freu dich, bitte freu dich, sagte ich und drückte seinen Arm. Ich freu mich ja, sagte er und drückte zurück.
Der Saal mit Buchs- und Lorbeerbäumen garniert, in den Nebenräumen weiß gedeckte Tischchen und Goldsessel für Eltern und Honoratioren, zu meiner Zeit war es genau so gewesen. Eine von vier vorhandenen Logen hatte der Padrone für sich und die Seinen gemietet. Hallo, hallo, winkte er und steuerte uns an, um uns feierlich einzuholen. Ich freu mich, ich freu mich ja, murmelte Richard und knirschte mit den Zähnen. Zunächst wußten wir nicht recht, was wir miteinander anfangen sollten. Der Padrone war ein lautstarker Gastgeber, was Richard genierte. Ich atmete erst durch, als ich hörte, wie

er sich mit Wandas Mutter über Lech Walesa und die politische Situation in Polen unterhielt. Victorias Eltern erschienen, sie waren ebenfalls gebeten, bei Padrones einzusitzen. Veruschka, ebenso hübsch wie hochnäsig, kam in Begleitung eines faden jungen Mannes, der Legastheniker Paul tauchte kurz auf und wieder unter. Ich sah Ulrich übers Parkett streichen, er kam zu mir herüber. Bist du allein? fragte ich ihn. Nein, Martin ist auch da. Und später kommt meine Mutter. Vielleicht. Aber es ist eh egal, weil ich ja erst nächstes Jahr eröffnen kann. –
Das Stimmengewirr nahm zu, die Spannung stieg, als die Kapelle Aufstellung nahm. Ein Tusch, zwei Livrierte öffneten die Flügeltüre am Ende des Saales. Ramtararattatata, ramtarrattatata ... Fächerpolonaise. Sie kommen, sagte der Padrone und zwickte mich in den Arm. Als das erste Paar in Sicht kam, drehte ich mich zu Richard um. Taschentuch, bitte, sagte ich, ich muß leider heulen. –
Wanda und ein dünner, blonder Knabe bildeten das dritte Paar. Wanda trug ein weißes Kleid aus Moiré im Stil des ausgehenden 19. Jahrhunderts, tief dekolletiert, wenig Stoff an den Schultern, vorne schmal gearbeitet, im Rock gerafft, hinten ein winziger Cul de Paris. Sie sah hinreißend aus und bewegte sich mit der Grazie, die mich schon beeindruckt hatte, als sie, ein ernstes Kind im Schottenrock, in meiner Küche gesessen und mir erklärt hatte, sie wolle Frau August werden. Wanda glitt an der Loge vorüber, ihre Fingerspitzen schienen die zwirnverhüllten ihres Partners kaum zu streifen, ihre Füße den Boden kaum zu berühren. Sie zwinkerte zu uns herauf. Brombeerrote Lidschatten? Heute waren sie blau.
Dicht hinter ihr Victoria, in schwerem Satin, ganz fraulich schon, ihr Teenagertemperament, noch kürzlich da, total verpufft. Und Marie. Tapfer lächelnd, eine Wolke weißen Tülls, etwas gläsern, immer noch sehr allein; bezuglos bewegte sie sich neben dem jungen Mann, der ihre Hand umklammert hielt. Der Weiler tauchte auf, war hoffnungslos aus dem Takt geraten, zwang seine Partnerin zu verzweifelten Wechselschritten, sie kamen auf keinen grünen Zweig und hatten rote Köpfe. Und dann August, mein August. Rattararattatata ... Ist Ihnen nicht gut, gnädige Frau? fragte der Padrone. O doch, sehr gut, sagte ich, ich weine immer, wenn ich glücklich bin. Ich war nicht glücklich. Ich fühlte mich symphonisch. Bilder, Emo-

tionen, Gedanken. Gestriges, Heutiges, Zukünftiges. Ein Kulminationspunkt. Die Kinder entfernen sich, ramtarrarattattata ... wollen entlassen sein. Denn das Leben läuft nicht rückwärts, noch verweilt es im Gestern, hatte mir Josef vor einer kleinen Ewigkeit vorgelesen. Ihr seid die Bogen, von denen eure Kinder als lebende Pfeile ausgeschickt werden. – Khalil Gibran, »Der Prophet«. Und Josef? Wo war Josef.

Es wurde still in mir. Wanda versank in einen tiefen Knicks und sah mit filmreifem Lächeln zu ihrem mickrigen Partner auf, August verbeugte sich vor seinem Mädchen, das wirklich nicht sehr hübsch war, die Polonaise war zu Ende. Applaus. Bravo! schrie der Padrone. Alles Walzer! kommandierte der Tanzlehrer. Und dann begannen sie sich zu drehen, die Kinder, etwas steif noch, zunächst, dann immer sicherer, schneller. Linkswalzer ist teuflisch, sagte mir Richard ins Ohr. Aber wenn es langsamer wird, möchte ich mit dir tanzen. – Auch der Walzer klang aus, die langen, weiten Röcke der Mädchen wischten noch einmal über das Parkett, raschelten, verstummten. Die Tänzer schwitzten, August fuhr sich mit den Fingern zwischen Hals und Hemdkragen, Wanda fächelte sich mit beiden Händen Luft zu. Dann klatschte der Tanzlehrer in die Hände. Ich bitte um Ihre Aufmerksamkeit! Die jungen Damen werden jetzt ihre Väter und die jungen Herren ihre Mütter zum Tanz bitten. – Füßescharren, Gerenne. Darf ich bitten, Papi, sagte Wanda und strahlte ihren Vater an. Kommst du, Mama, sagte August und hatte eine so lächerliche Ähnlichkeit mit Richard, daß ich sehr vergnügt wurde.

Wir schoben uns aufs Parkett. Es gibt zwei Möglichkeiten, sagte August, entweder wir tanzen, oder wir reden, beides auf einmal kann ich nämlich nicht. – Ich entschied mich für die zweite Möglichkeit. Gefällt's dir, bist du froh? fragte August. Ja und nein, sagte ich. Es ist wunderschön, aber es ist auch ein Abschied. – Von wem? – Augusts feuchte Hand rutschte aus der meinen, er faßte sie wieder, Gott, ist das heiß, stöhnte er und versuchte, mich aus dem Getümmel der Walzertänzer zu bugsieren. Nicht von wem, von etwas, sagte ich, von deiner und Wandas Kindheit. – August stieg mir auf die Zehe, auf die er mir schon immer gestiegen war. Und das stimmt dich elegisch? An deiner Stelle würde ich jubilieren! –

Als er mich zur Loge zurückbrachte, bat ich ihn, er solle einmal mit

Wanda tanzen. Warum? – Weil es sich gehört und weil ich euch gern zusammen sehen möchte. – Was bringt dir das? – Vielleicht viel, vielleicht gar nichts, sagte ich. Also gut. – Er seufzte. Dann tu ich es gleich, dann hab ich es wenigstens hinter mir. –
Das Parkett war ziemlich leer, als August und Wanda zu tanzen begannen. Es war ein Englischer Walzer, langsam, etwas melancholisch. Sie sahen schön aus, meine beiden Kinder. Wanda schaute zu August auf, sie unterhielten sich, lachten, drehten sich. Dann füllte sich das Parkett, andere Paare verdeckten sie, ich sah Augusts Kopf und den der kleinen Wanda nicht mehr, sie tanzten ans andere Ende des Saales. Als der Walzer ausgeklungen war und das Parkett sich leerte, waren sie verschwunden.
Eine allegorische Schlußszene für einen Lebensabschnitt. Ende der Pubertät, Ende der Zeit des Werdens, die Kinder waren fertig. Wenn du müde bist, können wir gerne gehen, sagte Richard hoffnungsvoll. Wir waren auf der Treppe zum Foyer, als ich August und Wandas Stimmen hörte. Sie standen in einer Nische und stritten. Als sie uns sahen, kamen sie auf uns zu. Wir haben gerade eine Debatte über das Leben nach dem Tod, sagte August, und Wanda ist so verbohrt ... – Schade, daß du schon gehst, sagte Wanda zu mir, wir haben überhaupt nicht miteinander geredet, ich muß dich etwas ganz Wichtiges fragen. Morgen schlaf ich mich aus, aber kann ich übermorgen kommen? –
Alles war im Fluß und zugleich schon viele Male abgeschlossen worden. Ich dachte mir, daß auf diese Pubertät eine neue folgen würde und auf diese wieder eine, und wieder ...

Schlußbemerkungen zu einem Alltagswunder

Die eigentliche Geschichte ist erzählt. Aber da die Pubertät, wie jeder Schritt, Voraussetzung für das Folgende ist, mag es interessieren, was aus August und Wanda und den anderen geworden ist.

August studiert Biologie, Hauptfach Limnologie, im achten Semester; die Frösche haben ihn nicht mehr losgelassen. Nach Beendigung seines Militärdienstes hat er uns mitgeteilt, er würde gern selbständig leben, nicht etwa aus mangelnder Sympathie für uns, sondern weil er es für seine Entwicklung als notwendig erachte. Seit dreieinhalb Jahren bewohnt er ein Untermietzimmer mit Bad- und Küchenbenützung, weit weniger komfortabel als seines daheim, in der Nähe der Universität. Ich hielt das Ganze zunächst für eine von Augusts Marotten, wehrte mich dagegen und ärgerte mich, daß Richard das Unternehmen unterstützte. Heute weiß ich, daß Augusts Instinkt richtig war, unsere Beziehung hätte es nicht schadlos überstanden, wenn wir länger aufeinandergeklebt wären: die alternde Glucke und ihr frustrierter Nesthocker. Je später man mit dem Fliegen anhebt, desto schwieriger wird es. August erhält sich übrigens zur Hälfte selbst. Er verdient sein Geld mit Führungen durch Au- und Flußgebiete und mit gelegentlichen naturbetrachtenden Beiträgen für Magazine. Biologen haben zur Zeit Hochkonjunktur. Augusts Ansprüche sind eigen, er fährt ein altes Fahrrad und liebt gute englische Sakkos und Kordhosen. Er verköstigt sich oft tagelang an der Würstchenbude, aber für eine Strindberg-Dünndruckausgabe blätterte er kürzlich ein kleines Vermögen hin. Er teilt vieles mit mir, anderes wieder nur mit seinem Vater. Liebe und Sex fällt immer noch in mein Ressort. In einem Jahr wird August im Rahmen eines Forschungsprojektes für unbestimmte Zeit an den Amazonas gehen. Ich bin froh, daß ich bereits weiß, wie es ist, ohne ihn zu leben.

Wanda begab sich nach der Matura auf einen Zick-Zack-Kurs, den August einmal als Mischung aus Freiheitsrausch und Amoklauf bezeichnet hatte. Sie begann Kunstgeschichte zu studieren, brach aber nach einem Semester ab, weil sie sich in eine Affäre mit einem verheirateten Mann gestürzt hatte, die ihre gesamte Energie aufbrauchte. Der Mann, eine angesehene Persönlichkeit in unserer Stadt, Vater dreier Kinder, verlor den Kopf, er wollte sich Wandas wegen scheiden lassen. Seine Frau wehrte sich, es kam zu einem häßlichen Skandal, der Wanda ziemlich zusetzte. Der Padrone verschiffte sie in die USA, wo sie von einem Höhere-Töchter-Job zum anderen hüpfte, sich in einen schwarzen Tänzer verliebte und mit ihm zusammenzog. Auch diese Beziehung endete tumultuarisch, mit einem Nervenzusammenbruch Wandas. Der Vater holte sie zurück, lust- und tatenlos verdämmerte sie die nächsten Monate. Vor einem Jahr begann sie wieder zu studieren, Kunstgeschichte und Wirtschaftswissenschaften. Sie ist ernster geworden, sie ist kein Mädchen mehr, sondern eine aparte junge Frau, der man ansieht, daß sie intensiv lebt. Wanda steht meinem Herzen immer noch nahe, als wäre sie mein eigenes Kind.

Victorias Pläne standen so unverrückbar fest, ihre Zukunft schien vorgegeben. Und dann kam alles anders. Drei Monate nach der Matura feierte sie offiziell Verlobung mit ihrem Hugo. Sie absolvierte einen Stenotypiekurs und nahm einen schlecht bezahlten Job in einer Anwaltskanzlei an, um Hugo, der ein endloses Technikstudium vor sich hatte, finanziell unterstützen zu können. Eineinhalb Jahre später verknallte Hugo sich in eine Frau, die älter war als er, erfahren, Assistentin an irgendeinem Universitätsinstitut. Victoria wäre an ihrer Enttäuschung fast verkümmert. Ein volles Jahr brauchte sie, ehe sie sich umsah und wahrnahm, daß die Welt auch ohne Hugo bestand. Heute zieht sie sogar die Möglichkeit in Betracht, daß der Verlust Hugos ihr Glück bedeutet haben könnte. Victoria ist übrigens in die Modebranche umgestiegen. Sie ist Einkäuferin für eine Kette von Boutiquen und mit einem Jungdesigner zusammen, dem man Zukunft voraussagt.

Und Marie. Auf ihre Art eine Heldin. Jahre investierte sie in den Kampf gegen ihre Sucht. Immer wieder Rückfälle, plötzliches Umkippen in Freßsucht, gewaltsam herbeigeführtes Erbrechen, ein höllischer Kreislauf. Marie durchbrach ihn. Seit zwei Jahren bereitet sie sich auf das Lehramt vor. Sie möchte Volksschullehrerin werden. Bei den Kleinen nämlich müsse man ansetzen, meint sie, um ihnen ihr,

Maries, Schicksal zu ersparen. In ihrer Freizeit leitet Marie zusammen mit einer Psychologin eine Selbsthilfegruppe für Magersüchtige. Sie hat Leo wiedergefunden und ist viel mit ihm zusammen. Meine seinerzeitige Warnung an Wanda, sie solle Leo nicht mit Maries Problemen belasten, er würde sie ja doch nicht verstehen, war eine Fehleinschätzung gewesen. Leo kennt Maries Krankengeschichte genau. Und versteht sie. Mit dem Herzen.

Ulrich ist auf dem Wege zum Tycoon. Davon sind zumindest er selbst und sein Bruder Martin überzeugt. Nach der Matura absolvierte er seinen Zivildienst als Sanitäter, dann stürzte er sich mit ungebremster Energie ins Berufsleben. Er begann als Laufbursche in einem Reisebüro, ein Jahr später war er im nämlichen als Sachberater tätig, ein weiteres Jahr später wollte man ihn ins Hauptbüro nach Zürich holen. Ulrich lehnte dankend ab, er machte sich selbständig. Noch fährt er keinen Lancia, sondern einen VW, aber er hat eine schicke kleine Junggesellenwohnung in der Stadt. Und wo ist die fesche Freundin, Ulrich? fragte ich ihn unlängst, auch er kommt mich immer wieder besuchen, die Kinder sind treu. Keine Zeit, keine Zeit, lachte er, ehe er davonschusselte. Ich glaube, ich nehme mir lieber gleich eine Frau. Um eine Freundin muß man immerzu herumtanzen, Frauen sind weniger anspruchsvoll. Seit sein Bruder Martin verheiratet ist, findet der scheidungsgeschädigte Ulrich die Ehe als Form des Zusammenlebens wieder erstrebenswert. Mit August trifft Ulrich nach wie vor regelmäßig zusammen. Im Grunde haben sie sich immer noch so wenig zu sagen wie damals, als sie noch kleine Buben waren. Das ist mir vollkommen klar, sagt August, wenn man ihn darauf hinweist. Aber das macht nichts. Ich fühle mich mit Ulrich einfach wohl. –

Josef schließlich. Eine Zeitlang war ich überzeugt, Josef sei tot. Es sprach auch niemand mehr von ihm, die Kinder erwähnten ihn nie, und Pater Anselm zuckte bloß die Achseln, wenn ich nach Josef fragte. Ich weiß erst seit einem halben Jahr, daß Josef lebt. Ich erfuhr es von Lena, unserer Putzfrau. Frau Doktor, wissen Sie, wen ich heute gesehen hab, sagte sie eines Morgens, als sie mit dem Staubsauger über die Schwelle zum Arbeitszimmer rumpelte, den Freund von unserem August, der mit den Drogen, der verschwunden ist. – Wo, Lena, wo? – Ich sprang so heftig auf, daß der Stuhl hinter mir zu

Boden fiel. Er sei vor unserem Haus gestanden, sagte Lena, habe zum Balkon heraufgeschaut. Schlecht habe er ausgesehen, eingefallen, mönchisch rasierter Schädel. Als er merkte, daß Lena ihn erkannt hatte, verschwand er wie ein Schatten.
Ich setzte mich sofort mit Pater Anselm in Verbindung. Ja, er wisse, daß Josef hier sei, Josef wohne bei ihm. Aber er wolle mit niemandem von früher Kontakt aufnehmen, noch nicht, und diesen Wunsch solle man respektieren. Später erzählte mir der Franziskaner ein wenig aus Josefs Leben. Irrfahrten durch die Hölle des Drogenabhängigen. Europa, Afrika, Orient. Haschisch, LSD, Opium, Kokain. In Indien war Josef am Krepieren gewesen. Man hatte ihn einem Heiler mit magischen Händen und der Aura des Weisen vor die Tür gelegt. Der Mann brauchte ein Jahr, bis Josef sauber war. Josef wäre gerne bei seinem Guru in Indien geblieben, aber der hatte ihn »auf die Suche nach dem eigenen Weg« geschickt. Glauben Sie, daß er es schaffen wird? habe ich Pater Anselm gefragt. Anselm glaubte daran. Josef hat etwas ganz Wichtiges gelernt, sagte er. Er weiß: Wenn man sich traut, kann man leben. Man kann auch Fehler machen. Man muß nur aufpassen, daß man sie aushält. –

Ich habe die Geschichte von August und Wanda und den anderen so erzählt, wie ich sie sah und sehe. Es sind sehr subjektive Geschichten. Manch einer wird vielleicht sagen, sie seien nicht typisch, August und Wanda und die anderen seien schon aufgrund ihres persönlichen Umfeldes Sonderfälle. Da ist sicher einiges dran. Andererseits, wer könnte allen Ernstes von sich behaupten, er sei *kein* Sonderfall. Manche werden vielleicht sagen, »meine« Kinder hätten heftiger pubertiert, als es normal der Fall sei. Sicher gibt es auch Jugendliche, die die Pubertät verschlafen. So, wie es Menschen gibt, die fünfzig werden und in Pension gehen und nie erlebt haben, daß das Leben ein Problem ist. Nur, »meine« Kinder waren eben anders.
Mancher wird vielleicht finden, daß ich der Pubertät zuviel Bedeutung beimesse. Ich habe mir von Fachleuten, Ärzten vor allem, immer wieder bestätigen lassen, daß sie, physiologisch gesehen, die wichtigste, weil die arterhaltende Phase einleitende Entwicklungsstufe im menschlichen Leben ist. Und daß sie, psychisch gesehen,

den Schritt über den Rubikon darstellt: aus dem Kind wird ein erwachsener Mensch.
Schließlich werden sich wohl auch einige finden, die sagen: Pubertät ist Pubertät, irgendwann ist sie abgeschlossen, der Mensch, den sie entläßt, ist ein Endprodukt. So wie er jetzt ist, wird er, von der naturgegebenen Verwitterung absehen, bleiben. Ihnen möchte ich am heftigsten widersprechen. Der Mensch, den die Pubertät entläßt, hat sich mit einigem Glück als einmaliges, unverwechselbares Wesen begriffen. Wie könnte ein Wesen, dessen Persönlichkeit sich eben erst zu entfalten beginnt, dessen Bewußtsein sich erweitert, das mühsam gelernt hat, zu reflektieren, wie könnte ein solches Wesen behaupten, seine Entwicklung sei abgeschlossen!

Vor einem Jahr, ehe ich die Geschichte von August und Wanda und den anderen aufzuschreiben begann, traf ich auf einer Gesellschaft den bekannten Aggressionsforscher und Psychiater Friedrich Hacker. Witzig, boshaft, brillant, zuweilen kindisch, dann wieder überlegen, immer sensibel. Und jung, sehr jung. Er war 75 und voll der Pläne und hatte eben begonnen, ein neues Buch zu schreiben. Keiner der vielen Menschen, die ihn umdrängten, wäre auf die Idee gekommen, daß er vier Tage später anläßlich einer TV-Dokumentation vor laufender Fernsehkamera einen spektakulären Herztod sterben würde. Ich fragte Hacker, ob ich ihn aufsuchen und ihm einige Fragen zum Thema Pubertät stellen dürfe. Er lachte. Pubertät, sagte er, aber ja. Da bin ich Fachmann. Ich bin gerade wieder in einer drin. –

Mit Ausnahme von Friedrich Hacker sind alle in diesem Buch vorkommenden Personen frei erfunden. Ähnlichkeiten mit Lebenden oder Verstorbenen sind zufällig.

Ich danke Dr. Gertrude Bogyi, Dr. Peter Hermann und Dr. Sepp Leodolter für die langmütigen Gespräche, die sie mit mir zum Thema Pubertät geführt haben.

Martin Massow

Perspektiven für eine Partnerschaft

320 Seiten

Das Buch wirbt für eine ganzheitliche, menschenwürdige Gleichberechtigung, die die Grenzen kleinlicher, gefährlicher Geschlechterideologien sprengt. Es warnt vor feministischem Radikalismus und zeigt Männern und Frauen neue Wege aus dem sinnlosen Krieg der Geschlechter.

Anne Mair/David Jessel

Brainsex

268 Seiten

Gibt es einen Unterschied zwischen Mann und Frau? Anne Mair und David Jessel weisen in diesem Buch nach, daß über den sozialen, geschlechtlichen und historischen Unterschied hinaus die Gehirne von Männern und Frauen unterschiedlich sind. Mit dieser sensationellen These öffnen die Autoren durch wissenschaftlich exakt beweisbare Tatsachen den Weg zu einem neuen Rollenverständnis.

Connell Cowan · Melvyn Kinder

Was Männer wollen

336 Seiten

Was erhoffen sich Männer wirklich von Frauen? Was stößt sie ab, was zieht sie an? Die erfahrenen Psychotherapeuten und erfolgreichen Autoren Cowan und Kinder warten mit überraschenden Erkenntnissen auf, durch die Frauen Männer besser verstehen lernen.